Rudolf Landau (Hg.)
Und seine Güte währet ewiglich

Den theologischen Lehrern und Freunden

Rudolf Bohren
zum 80. Geburtstag am 22. März 2000

Gerhard Sauter
zum 65. Geburtstag am 4. Mai 2000

Klaus Schwarzwäller
zum 65. Geburtstag am 13. März 2000

»ABER DAS IST MEINE FREUDE,
DASS ICH MICH ZU GOTT HALTE
UND MEINE ZUVERSICHT SETZE
AUF GOTT, DEN HERRN,
DASS ICH VERKÜNDIGE ALL DEIN TUN«
(Psalm 73,28)

Und seine Güte währet ewiglich

Predigten und Bilder zu den Psalmen

Herausgegeben von Rudolf Landau

Calwer Verlag Stuttgart

Der Druck dieses Bandes wurde ermöglicht durch Zuschüsse von zwei
ungenannt bleiben wollenden Spendern und durch die Zuschüsse von:

Evangelische Landeskirche in Baden

Wolfgang Lachermund

Die Deutsche Bibliothek – CIP-Einheitsaufnahme

Und seine Güte währet ewiglich:
Predigten und Bilder zu den Psalmen /
hrsg. von Rudolf Landau. –
Stuttgart: Calwer Verl., 2000

ISBN 3–7668–3711–7

Satz: Karin Klopfer, Calwer Verlag
Umschlaggestaltung: ES Typo-Graphic, Stuttgart
Umschlagmotiv: Ausschnitt aus der »Sängerkanzel« des
Luca della Robbia (1400–1482), Museo dell' Opera del Duomo, Florenz
Druck und Verarbeitung: Gutmann + Co., 74388 Talheim

Inhalt

6

Vorwort

Die Psalmen sind ... das ergreifendste und erschütterndste wie auch edelste und ehrwürdigste Zeugnis aller poetischen Literatur. Die trefflichsten Geister unseres Volkes werden sie stets und in jedem Abschnitt ihres Lebens um Trost, Beistand und Ruhe angehen. (John Cowper Powys)[1]

Ich habe die Nacht einsam hingebracht ... und habe schließlich ... die Psalmen gelesen, eines der wenigen Bücher, in dem man sich restlos unterbringt, mag man noch so zerstreut und ungeordnet und angefochten sein. (Rainer Maria Rilke)[2]

Seltsames Singen

Nie besser als
Mit dem Messer an der Kehle,
Nie freier als
Mit gefesselten Händen und Füßen,
Nie klarer als
An den Wassern der Trübsal,
Nie jünger als
Im Steinalt der Klage,
Nie menschlicher als
Unter Gottes drohendem Kehrbild.

Seltsames Singen,
Unser Geheimnis
Im Geheimnis des Psalters. (Jürgen Rennert)[3]

David
...
Da hatte die Königszeit begonnen –
Aber im Mannesjahr
maß er, ein Vater der Dichter,
in Verzweiflung
die Entfernung zu Gott aus,
und baute der Psalmen Nachtherbergen
für die Wegwunden ... (Nelly Sachs)[4]

Die Psalmen sind keine theologischen Aufzeichnungen.
Die Psalmen sind Geburtswehen der Theologie;
ihre Worte sind das Lot, das in die Tiefe der
göttlich-menschlichen Situation hinabreicht,
aus der echte Theologie entsteht. (Abraham J. Heschel)[5]

Seiten über Seiten könnten gefüllt werden mit solchen Zeugnissen, die die einmalige, Welten und Menschenherzen umfassende Geschichte der Psalmen aussprächen.»Wirkungsgeschichte« das zu nennen, wäre viel zu schwach geredet. Psalmen werden zuerst gesungen und gebetet, nachgesprochen und vorgesprochen, zersplittern im Munde der Leidenden und füllen den Mund der Jubelnden. Sie geben Worte denen, die keine mehr haben, ihr Elend auszurufen. Die Höfe des gebrochenen Schreis umgeben das Lob Gottes wie die Corona der tödlichen Eruptionen die Leben schaffende Sonne. Aber »*auch das klagende Lied klagt getröstet*« (Albrecht Fabri)[6] – das ist der Hinweis auf das Geheimnis der Psalmen: »*Die Psalmen orientieren sich ... am Herzen eines aufgewühlten oder begeisterten, enthusiastischen oder deprimierten, hilflosen oder dankbaren, immer aber: Menschen, der nach Worten sucht und sie findet ... Die Richtung des Psalms ist Gott, der Ewige in seiner Herrlichkeit, das Staunen des Menschen darüber, dass es einen Gott gibt, der so etwas wie den Menschen geschaffen hat und dessen Herrlichkeit alles überstrahlt ...*« (Arnold Stadler)[7]

Die Frage, ob über diese Psalmen in christlicher Kirche gepredigt werden »dürfe«, ist müßig. Es wurden diese Psalmen von Anfang an, im Mundes Jesu und seiner Jünger schon, hineingebetet und -gesungen in die Zukunft des Volkes Gottes, nun aus Juden *und* Heiden! Und sie wurden gepredigt. Nicht immer. Und nicht immer sachgerecht. Der Ton der Psalmen gab nur selten den Ton der Predigt an und die Sprache der Psalmen war nur selten Maßstab der Sprache der Predigten über sie. Eine Geschichte der Psalmenpredigt wäre eine Geschichte auch der Vergewaltigung der Psalmen durch ihnen unsachgemäße Predigtsprache. Es ist wohl so und wird so bleiben: »*Das ist einer von den Texten, über die man eigentlich gar nicht predigen sollte. Zwanzig oder dreißig Minuten Kanzelrede drohen allzu leicht abzuschwächen und zu verwässern, was in diesen Worten gesagt ist. Besser wäre es wohl, wenn wir uns einfach der Gewalt dieser Worte überließen, so wie sie sind, sie auf uns wirken ließen, bis wir sie in- und auswendig wüssten, bis sie ganz unser Besitz – oder richtiger: wir ganz ihr Besitz geworden wären. Denn sie bleiben größer und stärker als wir, wir sind auf sie angewiesen, nicht sie auf uns.*«[8]

Das zu erkennen, nach gehörter oder hier gelesener Psalmenpredigt, hieße: der gepredigte Psalm spricht weiter, fließt über, nimmt Leserin und Hörer mit in die Zukunft des Gottes, in dessen Lob die Welt gerichtet und geordnet, erhoben und begnadet ist, alle Welt, jeder Mensch, die Schöpfung.

Denn Psalmen – auch die aus dem unermesslichen Quantum der Trauer in dieser Welt geseufzten und gebeteten – sind aus auf das Lob der Herrlichkeit des Namens Gottes:

>*Lobet ihn ob seiner mächtigen Taten,*
lobet ihn nach der Fülle seiner Majestät!<

So übersetzte Claus Westermann in einer Lesepredigt, die er mir auf meine Bitte hin zu Psalm 150 schrieb, und notierte dazu:
>*Wenn dieser Psalmenschluss auf das Ganze der Psalmen bezogen ist, so heißt das auch: auf jeden einzelnen; und dann ist jeder, der dies hört oder liest, auf einen Psalm gewiesen, den er liebt, der ihm teuer ist und ihm vielleicht einmal viel bedeutet hat. Denn wenn diese beiden knappen Sätze den ganzen Psalm umfassen sollen, dann denkt der Dichter nicht nur an die Lobpsalmen, sondern ebenso an die Klagepsalmen. Für ihn bilden Klage und Lob ein Ganzes, es umfasst das ganze Menschenleben als Sprache der Freude und Sprache des Leides.*<

Predigt der Psalmen hat ihr Maß und ihr Ziel darin, diesen Gott im Leben der Gemeinde und der Menschen anzusagen, damit sie Sprache gewinnen, >neue Lieder< des Lobes und der Klage singen, beten, seufzen, jubeln zu lernen.

Von diesem bewegenden Gotteslob, zu dem, den Psalter abschließend, Psalm 150 aufruft, zeugen die in diesem Band abgedruckten Bilder. Sie stammen alle von der >Sängerkanzel< aus dem Dom in Florenz, die der überragende Künstler *Luca della Robbia* (ca. 1399–1482) zwischen 1432 und 1437/38 bildete. Heute ist sie im Museo dell' Opera del Duomo in Florenz ausgestellt.>Die zehn streng gerahmten Relieffelder der Kanzel zeigen als Illustration des 150. Psalms Szenen mit musizierenden und tanzenden Kindern<.[9]

Möge die Betrachterin und der Betrachter sich von der bewegten Freude der Tanzenden und Spielenden und Singenden anstecken lassen und mit neuen Augen dann wieder in die Predigten eintauchen!

Am Ende bleibt auf Zukünftiges hin der Dank: an diejenigen, die mir vertrauensvoll Predigten zum Abdruck überließen; an Frau Eva Geißler, Heidelberg, die das Manuskript erstellte und Frau Karin Klopfer aus dem Calwer Verlag, die es zum Druck einrichtete; an Frau Ellen Steglich, die den Umschlag gestaltete und den Band so in die Reihe der beiden Predigtbände >Gottes Sohn ist kommen< (1994) und >Christ ist erstanden< (1997) hineinstellte; an die, die den Druck des Bandes durch namhafte Zuschüsse ermöglichten und an Herrn Dr. Berthold Brohm, mit dem zusammenzuarbeiten wie immer größtes Behagen bereitete, da er diesen Band sach- und fachkundig nicht nur betreute, sondern zu >seiner Angelegenheit< machte.

Ein Wort des Gedenkens bilde den Schluss des Vorwortes: Claus Westermann, der Liebhaber der Psalmen und deren unermüdlicher Ausleger und
Prediger, fertigte für diesen Band auf meine Bitte hin drei Lesepredigten an,
von denen zwei, die zu Psalm 19 und zu Psalm 71, hier abgedruckt sind. Die
Predigt zu Psalm 71 ist zugleich das Vermächtnis dieses großen theologischen
Lehrers, er schrieb den Text wenige Monate vor seinem 90. Geburtstag am
7. Oktober 1999. Psalmen begleiteten ihn in seinem Leiden zum Tode hin und
in sein Sterben. Ich gedenke seiner in großer Dankbarkeit, wohl mit vielen,
die ihn kannten. Soll also der Schluss der Predigt zu Psalm 150[10], die hier
nicht abgedruckt wird, das zeigen, woraus Psalmen erwuchsen und wohinaus
sie weiterwachsen: aus Leben in Leben.

*»Wenn ich den Psalmenschluss mit dem Dazugehören der vielen Instrumente
zum Gotteslob lesen, muss ich an eine Orgel denken. Das war gegen Ende des
Krieges an der Südfront im Osten. Das deutsche Heer hatte sich aufgelöst, es
gab keine Führung mehr und nichts zu essen. Jeder versuchte einzeln, sich nach
dem Westen abzusetzen. Ich war bis an die Grenze gekommen, die Brücke über
die Oder stand noch. Ich erreichte die Stadt Glogau, völlig erschöpft, am Rande
meiner Kräfte. Ich kam vor eine Kirche, sie war offen. Ich betrat sie, eine leere
Kirche. Als ich den Mittelgang nach vorn betrat, setzte die Orgel ein und spielte
nach einem kurzen Vorspiel den Choral: ›Großer Gott, wir loben dich . . . !‹, der
ja dem Schluss der Psalmen nahe steht. Ich setzte mich und hörte zu. Die
Orgel mit ihrem Lied sprach zu mir. Damals erfuhr ich, was das eigentlich
bedeutet: Gott loben. Was der Dichter und der Komponist mit dem Choral
gemeint haben, haben sie aus den Psalmen vernommen; aber die Orgel hat zu
mir gesprochen, die Orgel verband mich in diesem Augenblick mit der Kette,
die bis zu den Psalmen reichte. Beim Ausgang traf ich den jungen Organisten.
Er war zum Heer abberufen und wollte von seiner Orgel Abschied nehmen.
Wir grüßten uns. Ein jeder ging seinen Weg.«*

Schillingstadt, am 10. Sonntag nach Trinitatis 2000   *Rudolf Landau*

---

1 J. C. Powys, 100 beste Bücher, Zürich 1978, S. 43.
2 R. M. Rilke, Briefe an seinen Verleger, 1934, S. 247.
3 J. Rennert, Hoher Mond, Berlin 1983, S. 9.
4 N. Sachs, Fahrt ins Staublose, Frankfurt a. M. 1961, S. 104.
5 A. J. Heschel, Die ungesicherte Freiheit, Neukirchen-Vluyn 1985, S. 99.
6 A. Fabri, Der schmutzige Daumen, Frankfurt a. M. 2000, S. 698.
7 A. Stadler, Warum toben die Heiden, Salzburg 1995, S. 30f.
8 R. Smend, Altes Testament christlich gepredigt, Göttingen 2000, S. 98.
9 Zu Luca della Robbia: dtv Lexikon der Kunst, Bd. 6, S. 178 (dort Zitat). – Margit Lisner,
   Luca della Robbia. Die Sängerkanzel. Eine Einführung, Stuttgart 1960. – Fiamma
   Domestici, Die Künstlerfamilie Delle Robbia, Mailand 1997.
10 Zu Psalm 150 verweise ich auf die *vorzügliche* Auslegung von H. P. Mathys, Psalm CL,
   in: VT 50, 2000, S. 329–344.

Rudolf Bohren
Psalm 1

Wohl dem Manne, der nicht wandelt im Rate der Gottlosen,
noch tritt auf den Weg der Sünder,
noch sitzt im Kreise der Spötter,
sondern seine Lust hat am Gesetz des Herrn
und über sein Gesetz sinnt Tag und Nacht.
Der ist wie ein Baum, gepflanzt an Wasserbächen,
der seine Frucht bringt zu seiner Zeit
und dessen Blätter nicht verwelken,
und alles, was er tut, gerät ihm wohl.
Nicht so die Gottlosen;
sondern sie sind wie die Spreu, die der Wind verweht.
Darum werden die Gottlosen nicht bestehen im Gericht,
noch die Sünder in der Gemeinde der Gerechten.
Denn der Herr kennt den Weg der Gerechten;
aber der Gottlosen Weg führt ins Verderben.

Unser Psalm beginnt mit einer Entdeckung, mit einem Ausruf der Freude und Überraschung:»Wohl dem Mann!« Martin Buber übersetzt:»O Glück des Mannes!« Er ist nicht wie Spreu im Wind, sondern wie ein Baum an Wasserbächen, kein sauertöpfischer Pharisäer; er grünt. Sein Leben verdorrt nicht in Hetze oder Langeweile. Er trägt Frucht für die Ewigkeit.»O Glück des Mannes!«

Nicht wahr, das wäre schön, wenn man auch bei deinem Leben ein solches Glück entdecken könnte, wenn auch du ein solcher Baum wärest, gespeist und getränkt von himmlischen Wasserbächen, wenn es auch von dir heißen könnte:»Alles, was er tut, gerät ihm wohl.«

Und das ist meine Hoffnung und meine Freude, dass das mit den Ersten und Letzten von uns geschehen kann, dass er dem Manne dieses ersten Psalmes gleicht. Glaub es mir, das kann werden! Dazu bist du jetzt hier, damit dein Leben sich verwandle in das Bild jenes Menschen, dessen Glück hier gepriesen wird!

Dieses Glück hat eine Voraussetzung, ein Geheimnis. Unser Mensch ist dauernd beschäftigt mit dem Lesen seiner Heiligen Schrift, dem Gesetz. Und dieses Gesetz ist für ihn nicht toter Buchstabe, sondern Gottes lebendiges Wort, Gottes lebendige Gegenwart. Der Mensch des ersten Psalmes ist der Mensch in Gottes Gegenwart.

Das Wort Gottes umgibt ihn von allen Seiten, so wie uns hier in Grindelwald die Berge von allen Seiten umgeben. Tag und Nacht ist er drin im Wort Gottes, in Gottes Gegenwart – so wie wir hier Tag und Nacht umgeben sind von den Bergen. – Und wir? Sind wir nicht auch Leute der Gegenwart? – Gewiss; denn deshalb ist Gott in Jesus zur Welt gekommen! Jetzt heißt er Immanuel: Gott mit uns. Deshalb hat der Vater den Sohn von den Toten auferweckt, damit der Sohn alle Tage bei uns sei bis an der Welt Ende. Deshalb hat der Vater und der Sohn den Heiligen Geist in die Welt gesandt, um bei uns zu sein. Der Dreieinige will bei uns sein!

So wahr wie die Berge dich umgeben, auch wenn du schläfst und nichts von ihnen siehst, so wahr ist dein Leben von den mächtigen Gipfeln der Gegenwart des Vaters, des Sohnes und des Heiligen Geistes umgeben, auch wenn du bis jetzt ein Schlafender gewesen bist und das nicht gemerkt hast. Er ist da. Gott ist gegenwärtig. Es ist keiner hier, für den er nicht gegenwärtig wäre. Du bist in Gottes Gegenwart drin und wirst nie aus ihr herauskommen. Vielleicht hast du das noch gar nie entdeckt. Aber es ist wahr für dich, wie es wahr ist für David, der's entdeckt hat: »Du hältst mich hinten und vorn umschlossen, hast deine Hand auf mich gelegt.« Auch du bist hinten und vorn umschlossen von deinem Schöpfer und Richter. – Aber nun stellt sich die Frage, welche Konsequenzen du aus dieser Gegenwart ziehst.

Unser Psalm redet von zweierlei Weisen, Gott zu begegnen. So wie es auch in unserem Tal zweierlei Weisen gibt, den Bergen zu begegnen.

Ein Gast aus Norddeutschland, der unsere Gegend schon kennt, hat mir gesagt, in den ersten Tagen seines Hierseins habe er die Berge gesehen, sie aber nicht in sich aufnehmen können.

So gehen viele Gäste durch unser Tal; sie sehen, ohne aufzunehmen. Vielleicht fahren sie auf First oder aufs Jungfraujoch, sie sehen die Berge, knipsen und schreiben Ansichtskarten; aber die Berge können sie nicht in sich aufnehmen. So gibt es auch Christen, sie besuchen wohl den Gottesdienst, sie kennen den Namen Gottes. Sie wissen von Gottes Wort. Aber sie bleiben kalt und gleichgültig. Sie begnügen sich mit einer Ansichtskarte von der Ewigkeit; aber die Ewigkeit selber – Gottes lebendiges Wort –, die Ewigkeit selber können sie nicht in sich aufnehmen. – Wir dürfen eine solche Einstellung nicht leicht nehmen. Es ist schrecklich, wenn man Gott schon kennt und ihn nicht aufnimmt in seinem Wort und Geist.

Unser Psalm spricht hier von Gottlosen, deren Weg ins Verderben führt. Das ist schockierend hart, aber logisch. Wer die Ewigkeit nicht aufnimmt, geht ins Verderben.

Aber nun gibt es andere Gäste, die lassen sich durch kein Wetter hindern, ihre Gänge zu machen, sie gehen auf markierten und unmarkierten Wegen und entdecken so immer neue Schönheiten unseres Tales. – Sie sind uns Gleichnis für den Mann, der hier glücklich gepriesen wird: Gottes Wort ist für ihn unendlich. Tag und Nacht kann er darin herumwandern. Immer wieder entdeckt er Neues, neue Schönheit, neue Pracht.

So wie die Berge in ihrer Schönheit und Pracht für euch da sind, so ist Gottes Wort für euch da. Und nun wollen wir genau hinsehen auf den glücklichen Mann des ersten Psalmes und wollen bedenken: was er kann, können wir auch!

Wir wollen heute nicht darüber reden, was der Glückliche des ersten Psalms *nicht* tut. Wir wollen uns dem zuwenden, *was* er tut; denn das sollen und dürfen auch wir tun. Und dieses Tun hat wiederum eine Voraussetzung:

Er hat »seine Lust am Gesetz des Herrn«. – Eva bekam Lust am Apfel. So kamen die Sünde und der Tod. Der neue Mensch bekommt Lust am Wort Gottes. So kommen die Vergebung und das Leben. »O Glück des Mannes«, der »Lust hat an *Seiner* Weisung«! – Wie aber, wenn du nun gar keine Lust hast an Gottes Wort? Wie, wenn die Bibel dich nicht interessiert und die Predigt dich nach der Uhr sehen lässt? Dann leidest du geistlich an Appetitlosigkeit, und dann gilt das französische Sprichwort: »L'appetit vient en mangeant.« Der Appetit kommt beim Essen.

Wenn du also ein appetitloser Christ geworden bist, dann musst du dich zum Essen zwingen, zum Hören der Predigt zwingen, zum Lesen der Bibel zwingen. – Ich muss es auch. Und ich habe erfahren, dass aus regelmäßigem Hören und Lesen Freude wächst. Blaise Pascal hat die tiefe Einsicht ausgesprochen, dass der Glaube mit der Gewöhnung zusammenhängt. So braucht es Zeit, bis du richtig in die Schrift hinein kommst. Vielleicht nicht nur Wochen. Aber es lohnt sich! Jener Gast aus Norddeutschland sagte mir, dass nach und nach die Ruhe über ihn gekommen sei, so dass er die Berge genießen konnte. Und darum kann der Weg zum Glück jetzt für einen Menschen damit anfangen, dass er sich morgen eine Bibel kauft und mit der Übung beginnt.

Nun wird uns gezeigt, wie wir die Bibel lesen und wie wir die Predigt hören sollen: der Mann des ersten Psalmes sinnt über das Gesetz Gottes Tag und Nacht. In der lateinischen Bibelübersetzung steht hier für »nachsinnen« das Wort: »meditari«. Glücklich der Mensch, der meditiert!

Wäre nicht dies der Weg zum Glück, wenn wir in der Hetze und in der heimlichen Angst unserer Zeit Sammlung und Stille finden könnten? Besinnung. Meditation. Das spüren wir wohl alle, das hätten wir nötig, ein neues Sinnen, eine neue Gesinnung.

Aber wie kommt es dazu? Was ist Meditation? Hier wird's uns gesagt: das Sinnen über Gottes Gesetz. Im Urtext steht hier für Sinnen das Wort »jähgäh«, und das bezeichnet das »leise murmelnde Sich-selbst-Vorlesen der Heiligen Schrift«. Das tut der Mann, der glücklich gepriesen wird. Und das können wir auch tun. Es ist so enttäuschend einfach: sich selber die Bibel vorlesen. Immer wieder nur das: leise murmelnd sich die Schrift vorlesen.

Achten wir auf den Ursinn des Wortes! Das Wort »jähgäh« wird ursprünglich gebraucht von der Taube, die gurrt, wenn sie verlangend auf etwas aus ist. Hiskia, der um Hilfe schreit, vergleicht dies mit dem Gurren der Taube.

Von der Taube ist zu lernen, wie die Bibel gelesen und meditiert werden muss. Wenn ich als kleiner Bub Klavier spielte, geschah es, dass die Taube des Nachbarn sich aufs Fensterbrett setzte und gurrend hin und her trippelte. So ist es oft wie Glas zwischen uns und dem Wort. Wir lesen, wir hören das Wort, aber es bleibt uns fremd, da müssen wir eben wie die Taube hin und her trippeln, bis das Fenster aufgeht und wir hineinkommen ins Geheimnis. Wir müssen das Wort, das wir lesen, mit auf unsern Weg nehmen und dürfen nicht aufhören, es uns selber vorzusagen, uns selber vorzupredigen, bis es uns aufgeht. Und so geht's beim Bibellesen nicht darum, dass ich ein möglichst großes Pensum lese; es geht darum, dass ich um ein Wort, um einen Satz herumtrippple und gurre, bis ich ihn in mich aufnehmen kann. Glücklich der Mann, bei dem die Predigt nach dem Amen des Pfarrers nicht fertig ist, der nun beginnt zu predigen: nämlich sich selber! –

»Jähgäh« wird nun auch gebraucht vom Löwen, der behaglich knurrend und genießerisch über seiner Beute sitzt. So kann es geschehen, dass das Bibelwort oder Predigtwort dir zufällt wie die Beute dem Löwen; dann lass es nicht aus den Pranken. Wenn du nur ein Wörtlein aus dem unendlichen Schatz der Schrift begreifst, dann setze dich dazu, wende es hin und her, nage daran und knurre darüber. Du bist ein glücklicher Löwe! Du wirst mit diesem Wort dich stark machen, zum Sieg über dich selber und über alle Bosheit. Über dem Gesetz nachsinnen Tag und Nacht heißt also zweierlei; es wird deutlich an den Bildern von der Taube und vom Löwen: einmal das begehrliche Gurren: wir haben Gottes Wort nicht, verstehen es nicht. Darum gilt es, solange beim Lesen eines Bibelverses zu verweilen, bis er uns packt, bis wir ihn aufnehmen können. So heißt es im Psalm 119 zweimal: »Ich harre auf dein Wort.« – Zum andern das satte Knurren: wir begreifen Gottes Wort. Darum sagt Psalm 119: »Ich freue mich über deine Satzung wie einer, der große Beute davonträgt.« »Ich berge deinen Spruch in meinem Herzen.«

Noch einmal: Gott und sein Wort sind uns gegenwärtig, wie uns die Berge gegenwärtig sind; darum gilt es ständig nach den Höhen zu blicken, nach den Höhen zu wandern. Wenn Gott uns sein Wort gibt in der Schrift, erfordert das von uns Training wie das Bergsteigen, tägliche und nächtliche Übung. Es gilt, das Wort Gottes ständig zu wiederholen, davor zu gurren wie die Taube und darüber zu knurren wie der Löwe.

Und nun spricht der erste Psalm den selig und glücklich, der Tag und Nacht sich selber Gottes Wort vorsagt. Der gerechte Israelit liest nachdenklich Tag und Nacht im Gesetz. Auch der 119. Psalm spricht von einer dauernden Beschäftigung mit Gottes Wort, und zwar wird sie begründet mit der Unendlichkeit und Allgegenwart des Gebotes: »Dein Gebot ist unendlich ... den ganzen Tag ist es mein Sinnen ... allezeit ist es mir gegenwärtig. – Jesus spricht in der Bildrede vom Weinstock vom Bleiben in ihm und verheißt dem Bleibenden viel Frucht:»Wer in mir bleibt und ich in ihm, der trägt viel Frucht.«

So können wir vom Neuen Testament her sagen: der Mensch des ersten Psalmes ist der Mensch, der in Jesus bleibt. Dann geht es beim Nachsinnen über Bibel und Predigt um dieses doppelte Bleiben. Er in uns. Wir in ihm. Der auferstandene Christus will zu uns kommen, in uns Wohnung machen, in uns bleiben. Um diese Verheißung geht's im Sich-Selber-Vorsagen, im Repetieren des Wortes Gottes!

Darum darf der Zusammenhang mit seinem Wort nicht abreißen; denn allein aus diesem Zusammenhang mit dem lebendigen Wort wird die Frucht wachsen, die bleibt. O das Glück des Menschen, der im Himmelreich einmal nicht arm und nackt dasteht! O das Glück des Menschen, aus dessen Leben mit dem Worte Gottes Frucht herauswächst für die Ewigkeit!

Man könnte noch die Frage stellen, wie das möglich sei, »Tag und Nacht« über dem Gesetz nachzusinnen. Es muss möglich sein. Unser Geist arbeitet ja Tag und Nacht. Irgend etwas reden wir doch ständig mit uns selber, bei jedem Arbeitsgang, bei jedem Spaziergang. Glücklich der Mensch, der anfängt, Gottes Wort zu sich selber zu reden! Ob du Steine klopfst, Kartoffeln schälst, Buchhaltung führst oder Psalmen singst, überall bist du umgeben von Gottes Gegenwart. Er spricht mit dir, und du darfst zu ihm reden.

Aber nun fällt uns gerade dies immer wieder schwer. Immer wieder lassen wir uns von Gottes Gebot ablenken und werden dadurch unglücklich – aber wir dürfen immer wieder umkehren, immer wieder uns an Gottes Wort erinnern, und wir dürfen vorwärtsgehen! Gott bleibt ja nicht um uns wie ein Berg, der immer die gleiche Distanz wahrt. Er kommt. Sein Reich kommt. Und damit die Zeit, wo alle Ablenkung aufhört. Die Zeit des Schauens.

Sollte es da nicht möglich sein, jetzt schon wie der Mensch des ersten Psalmes zu leben? Mich dünkt, es sollte möglich sein. »Denn der Herr kennt den Weg der Gerechten; aber der Gottlosen Weg führt ins Verderben.«

Hartmut Sierig
Psalm 2,1–7 und Galater 4,4–7

*Warum toben die Heiden und murren die Völker so vergeblich?
Die Könige der Erde lehnen sich auf, und die Herren halten Rat
miteinander wider den Herrn und seinen Gesalbten:
»Lasset uns zerreißen ihre Bande und von uns werfen ihr Stricke!«
Aber der im Himmel wohnt, lachet ihrer, und der Herr spottet ihrer.
Einst wird er mit ihnen reden in seinem Zorn, und mit seinem Grimm
wird er sie schrecken:
»Ich aber habe meinen König eingesetzt auf meinem heiligen Berg
Zion.«
Kundtun will ich den Ratschluss des Herrn. Er hat zu mir gesagt: »Du
bist meine Sohn, heute habe dich gezeugt.*

In ganzer Linie rückt gegen die Menschheit eine neue Eiszeit vor. Das
hat vor ein paar Jahren der frühere Hamburgische Hauptpastor Paul
Schütz gesagt. Und er hat von dieser Eiszeit gesprochen als von einer
neuen Epoche, in der des Menschen Herz erfrieren, ja der Mensch
gleichsam zerquetscht werden wird und seine Person verliert. Und er
hat hinzugefügt: So gilt es denn im Angesichte dieser neuen Eiszeit,
die eine einzige Frage zu stellen: Wo denn die Macht wäre, die dieser
Macht begegnen könnte, der Macht, die den Menschen nach Leib und
Seele vernichten kann. Der Massivität dieses Eises, der Massivität
dieser Macht, die das Leiden der Kreatur hervorbringt, müsse man die
ganze Massivität des Heiles entgegenstellen. Und er hat einen überaus
kühnen Satz geschrieben: Ja sollte denn Gott Mensch geworden sein,
bloß damit ein paar Sünder gewiss sind, dass sie getröstet werden?
Das Unternehmen ist zu groß, als dass es darauf beschränkt bliebe. Es
geht um ein neues Sein. Es geht um eine ganz andere Zukunft der
Erde, wenn Gott sich in diese Welt hinein eingestiftet hat.

Ich finde das sehr kühn und sehr großartig und überdies sehr biblisch. So haben wir denn, indem wir an dieser Stelle jetzt Weihnachten
noch einmal bedenken, uns keiner Idylle hinzugeben, was wir ja

sowieso nicht getan haben, sondern wir haben das zu tun, was Weihnachten in seiner letzten Tiefe bedeutet, nämlich die Machtfrage zu
stellen: Wo ist die Massivität des Heiles, die sich diesem Eisblock, der
sich vorschiebt über die Menschheit, entgegenstellt? Als ich diese
Stelle bei Paul Schütz las, wurde ich unwillkürlich erinnert an die
unheimliche Vision, die Thornton Wilder in seinem Stück »Wir sind
noch einmal davongekommen« schildert, wo jemand aufgeregt in die
schon bedrohte Stadt stürzt, in der mitten im August die Hunde am
Trottoir kleben – so friert es Stein und Bein –, und jemand in die
Stube hineinschreit: Um Gottes Willen, die Kathedrale von Montreal
wird von dem Eis vor sich hergeschoben. Ich sage, es ist eine unheimliche Vision, denn man hat wirklich manchmal den Eindruck, als
würde die Kathedrale, als würde die Kirche vor dem Eis hergeescho-
ben. Und man wartet förmlich auf den Augenblick, wo sie von diesem
Eis niedergeschmettert wird und zerbricht. Aber ein anderes Bild, ein
anderer Dichter, ein Märchendichter, hat diesen Gedanken vom Eis
und von des Menschen Herzen, das erfriert, und von der Person des
Menschen, die unter dem Andrang des Eises zerquetscht wird, geschildert, und zwar ist das der dänische Dichter Hans Christian Andersen gewesen in seinem Märchen »Die Schneekönigin«. Die Schneekönigin, Inbegriff jener elementaren Gewalten, von denen hier die
Rede ist, die Schneekönigin, Inbegriff dessen, was wir heute morgen
gesehen haben, als wir aus dem Fenster sahen. Wer wäre schon nicht
fasziniert von der Schönheit eines Wintermorgens, wer sähe nicht mit
Lust in den Augen den Glanz des Rauhreifs? Und wenn dann im frü-
hen Mittag die Sonne auf den Schnee fällt, dann ist es wirklich der
Glanz einer scheinbar heilen Welt. Und dahinter klirrt der Frost.

Die Schneekönigin, sage ich, ist der Inbegriff jener Eiszeit, die über
die Menschheit kommt, der Inbegriff jener elementaren Gewalten, die
des Menschen Herz so verzaubern. Ja, wir sagen das natürlich nicht
nur im Märchen, wir sagen es in unserer alltäglichen Sprache, dass
uns etwas so übermächtigt hat, Macht gewonnen hat, dass es uns
gleichsam verzaubert, dass wir ihm völlig verfallen. Was ist das
eigentlich, was da diese Kälte an unser Herz herankommen lässt, was
ist das eigentlich, was eine ganze Kirche vor sich herschiebt bis zu
jenem bangen Augenblick, zu dem auch sie unter dem Eisblock begraben wird. Was ist das eigentlich?

Wer dieses Märchen von der Schneekönigin gesehen hat, wird sich
an jene erschütternde Szene erinnern, wo der kleine Kay, verzaubert

von ihr, in den großen Palast gekommen ist und dort einsam steht an einem Thronsessel, und davor in eigentümlichen Rhythmen ein Ballett, das diese letzte Reflektion und die eisige Kälte menschlichen Geistes widerspiegelt. Und dann kommt das kleine Mädchen Gerda in diesen Palast durch das tobende Element, durch den pfeifenden Sturm, um den kleinen Kay aus den Fängen der Verzauberung zurückzuholen. Und sie sieht den Jungen mit einem starren Gesicht und einem großen Stab in der Hand. Und mit diesem Stab fährt er immer auf dem Boden entlang. Da sagt die kleine Gerda: Kay, was machst du denn? Und da kommt eine der großartigsten Stellen, die Andersen je geschrieben hat. Da sagt dieser Junge: Sieh an, mit diesem Stabe soll ich aus Eisstücken das Wort »Ewigkeit« zusammensetzen.

So ist das mit uns. Da haben wir einen Stab in der Hand, und wir treiben das große Puzzlespiel des Geistes und meinen, dass wir damit das Wort »Ewigkeit« zusammensetzen können. Ob Theologen oder keine Theologen, ob nun schon in dem Bewusstsein, dass auch die Kirche unter dem Andrängen der Eiszeit noch eben gerade vor sich hergeschoben wird, oder schon mit dem zitternden Herzen der kleinen Gerda, die spürt, dass es nicht mehr stimmt, dass wir, um es mit Paulus auszudrücken, Sklaven elementarer Gewalten geworden sind – der elementaren Macht des menschlichen Geistes, das, was sich in der Geschichte der Philosophie, in den großen Denkbewegungen immer wieder ausspricht, dieser großartige, und doch dieser eiskalte Versuch, alle Dinge dieser Erde in die letzte intellektuelle Evidenz erheben zu wollen. Intellektuelle Gewissheit. Nur dann ist es gewiss, wenn es wirklich bewiesen werden konnte durch die scharfe Rationalität meines Geistes oder, um es noch einmal im Bilde des Märchens zu sagen, wie es in der Gestalt des Kommerzienrates dargeboten wird, jenes menschgewordenen Apparates, der alles in die Wahrheit seiner Kästchen, in die Wahrheit seiner Schubfächer, so einordnet, dass er schließlich den königlichen Orden bekommt. Der Kommerzienrat und die Schneekönigin, die sitzen beide gleichsam auf dem Eisblock, der sich vorschiebt und uns so gefährdet, und in diesem Augenblick wird dem Eis Halt geboten. Ich sage noch einmal, es geht um die Machtfrage, es geht wirklich um die Massivität jenes Heiles, das allein in der Lage ist, der Massivität der Macht der Vernichtung sich entgegenzustellen.

Davon reden wir jetzt im zweiten Schritt. Ich fange an mit einer Bemerkung über das Märchen. Ich meine, wer Märchen erzählt, redet von der Wahrheit. Nein, genauer, wer Märchen erzählt, sagt die Wahrheit. Andersen hat die Wahrheit gesagt, und jene grandiose Vision Wilders stimmt genauso wie ein Märchen, aber, und das ist das Großartige des christlichen Glaubens, und das nenne ich Weihnachten, diese Wahrheit, die wir durch das Märchen wiedergeben können im Bild, in Figur, in Gestalten, dem Kommerzienrat, der Schneekönigin und dem kleinen Kay und der Gerda, die durch den Sturm, den heulenden, gegangen ist, um ihn herauszuholen. Diese Wahrheit, die dort erzählt wird, ist in der Person Jesu Christi Geschichte geworden. Sie reden im letzten Sinn von ein und demselben, das Märchen und die Geschichte Jesu Christi.

Wie versuchen die beiden Dichter den andringenden Eisblock zum Stehen zu bringen? In der Schneekönigin sagt der Dichter, der Märchenerzähler, zu Gerda: Eins kann ihn erlösen, den Kay, den, der mit dem Stab aus Eisstücken das Wort »Ewigkeit« herbringen soll, dein heißes Herz, und bei Wilder geht es ein wenig humorvoller zu und doch nicht weniger tiefsinnig: Gebt doch die Bänke aus dem Parkett herauf, dass wir Feuer machen, und fang schon ein anderer an, den Anfang der Bibel zu lesen. Im Anfang schuf Gott Himmel und Erde.

Horch, im Anfang war das Wort, und das Wort wurde Mensch. Darf man es im Bilde des Märchenerzählers aussprechen? Ich meine: Ja! Hier hat Gott sein heißes Herz in eine drohende Eiswüste gegeben, und plötzlich schmolz es. Und dann hast du den Herzschlag Gottes gespürt, und dann wurde es Weihnachten. Mitten durch die Sperre der elementaren Gewalten unseres leidenschaftlichen Geistes und unseres ebenso leidenschaftlichen Gefühls der Irrationalität und der Rationalität unserer Seele und unseres Geistes hindurch bricht er sich Bahn und ist plötzlich anwesend. Gott durch die elementaren Gewalten als derjenige, den wir »Vater« nennen dürfen. So werden wir zu Söhnen, nicht Kindern. Man darf sagen, der Sohn und die Söhne. In dem Maße nämlich, wie der Durchbruch durch jene beherrschenden Kräfte, die wie ein tragisches Schicksal über uns zu kommen drohten, jetzt, wie dieser Durchbruch erzielt worden ist, gibt es tatsächlich nur diese eine Möglichkeit, zu sagen: Sohn und Söhne. Das lesen wir an dem Sohn in seiner einzigartigen Weise ab, wie das ist, wenn der Vater hindurchscheint durch einen Menschen, wie das ist, wenn ein Herz schlägt, für mich, für dich, und weil wir das absehen, ist er unser Bruder; wir sind nicht nur Kinder, sondern Söhne, Söhne Gottes, damit wir die Stellung von Söhnen Gottes hätten, nicht unter der Lawine, nicht unter dem Andringen der Eiszeit, nicht unter dieser vernichtenden Masse jenes eiskalten Geistes, aber auch nicht einfach nur mit einem bisschen Gemüt und ein wenig Gefühl ein bisschen mehr als bisher, sondern mit diesem Feuer, das Dornensträucher brennen lässt und die Eiszeit zurückhält und die Erde verwandelt. Das ist die elementare Macht Gottes, die den Elementen widerspricht und die uns aus dem Schicksal einer bedrohlichen Zukunft herausreißt und uns aufbricht und nicht mehr Sklaven, sondern solche sein lässt, die nicht das Puzzlespiel des Geistes mit dem langen Stabe vollziehen müssen und aus Eisstücken »Ewigkeit« legen, sondern die das Wort »Ewigkeit« aussprechen können, weil sie es von den Lippen des Vaters ablesen.

Wir kommen zu den dritten und letzten Erwägungen: Ich habe vorhin gesagt, dass Märchen und Mythos die Wahrheit sagen, und dass diese Wahrheit in Christus Geschichte geworden ist. Etwas, was man historisch anzeigen kann, und was zugleich darin besteht, dass einer uns begegnet ist, durch den der Vater leuchtet, wärmt, ja dass man das Herz sieht.

Und das fasst der 2. Psalm, den wir am Anfang des Gottesdienstes am Altar gelesen haben, in einem ganz großartigen und tiefsinnigen Bilde zusammen. Die Weltrevolution gleichsam wird geschildert, sehr anschaulich. Der Aufstand der Völker, der Aufstand der Menschen, und dann die sehr realistische Fragestellung, nachdem sie einen Rat gehalten haben: Ja, sollen wir vielleicht nicht endlich die Bande zerschneiden? Sollen wir nicht endlich etwas tun, um uns von der Abhängigkeit zu befreien? Und er lässt sie scheinbar gewähren. Diese unerhörte Langmut und Souveränität Gottes, das, was wir ihm da oben immer so anrechnen als Ohnmacht und Unfähigkeit, diese Welt der drohenden Vereisung anzugreifen, das ist etwas viel Furchtbareres. Ich empfinde es jedenfalls als schrecklich, dass Gott diese leidenschaftliche Bewegung des Abkappens der Taue, des Neinsagens, des Zerreißens der Bande mit einer Art von grimmigem Humor quittiert, mit einer Art von Sarkasmus, der einen leisen Zug von Verbitterung zu tragen scheint: Lasst sie doch machen, was wollen sie wohl gegen mich ausrichten? – Ich sage, das ist etwas Furchtbares! Und das ist das, was man mit dem so menschlichen Begriff des Zornes Gottes auszudrücken versucht, die Tatsache, dass er uns schrecklicherweise in unserer Revolte gegen ihn offenbar weitermachen lässt.

Nein, da die Zeit abgeschlossen war, da schickte er seinen Sohn. In dem großartigen Bilde der Thronbesteigung eines Königs in Israel wird das geschildert, unnachahmlich. Diese Formel, die alle Jahre wiederkehrte, wenn das Thronbesteigungsfest gefeiert wurde, wenn ganz Israel sich mit Pauken und Trompeten in Jerusalem versammelte und den König feierte als den Sohn Gottes. Heute habe ich dich eingesetzt, du bist mein Sohn. Und an jeden König, der in Israel die Thronbesteigung mit Pauken und Trompeten feierte und in einer symbolischen dramatischen Handlung den Sieg über die Mächte des Chaos, an jeden König stellte man die Frage: Bist du es, der da kommen soll oder sollen wir auf einen anderen warten? Wir brauchen nicht mehr zu warten. Er ist da! Er ist anwesend auf dem Berg, an dem der Eisblock zerschellt. Auf dem Berg ist er, wo das Herz schlägt, das Herz der Erde; denn Gott ist in die Erde gekommen, in die Tiefe der Erde.

Ich schließe, indem ich auf eine einzige Eigentümlichkeit im Alten und Neuen Testament aufmerksam mache:
Der 2. Psalm hat im Hebräischen als Gipfelpunkt jene schreckliche Stelle, wo es heißt, dass Gott zu dem König sagt: Bitte doch, so will ich dir die Völker geben, wie Töpfergeschirr, dass du es zerschmeißen kannst, und ich will dir einen eisernen Stab geben, damit du sie vernichten kannst. Und da, wo im Neuen Testament dieser Psalm noch einmal aufgenommen wird, ist das Wort von dem Stab der Vernichtung gestrichen, und da heißt es: So will ich dir einen Stab geben, damit du die Völker weiden kannst. Großartiger kann das nicht mehr ausgesprochen werden. Weihnachten, das ist das Herholen der Menschheit mit dem Hirtenstab des Sohnes, mit dem königlichen Stabe werden wir herangezogen an das schlagende Herz, auch die Schneekönigin und auch der Kommerzienrat, und deswegen finde ich es so großartig und auch dem Sinne entsprechend, wenn die Geschichte vom Stern zu Bethlehem in der Legende erzählt wird als die Geschichte von Königen, die kommen, um ihre Gaben darzureichen. Könige, solche, die gleichsam in Palästen des Eises gesessen haben, treten zu dem Kind, in dem Gott anwesend ist. Vater von Söhnen. Es gibt ein schönes mittelalterliches Bild vom Stern von Bethlehem. Dieser elementaren Macht »Stern« folgen die Könige, und dann sieht man sie, wie sie aufblicken, als der Stern ganz hell aufstrahlt, und wenn man genau hinsieht, da ist inmitten der elementaren Gewalt des Sternes, diesem kalten Licht, das Kind zu sehen.

In diesem Gleichnis und Zeichen feiern wir Weihnachten. Das ist das, was Paul Schütz meint, wenn er sagt: Das Unternehmen ist so groß, dass es die Welt in der Tiefe wandelt, und also auch wie im Märchen die Sterne befreit werden, die Tiere und die Könige, die kleinen und die großen Könige dieser Erde, und am Ende jener kleine Junge, der sich verzaubern ließ, wie du und ich, und der das Puzzlespiel des Eises mit den Eisstücken machte. Aber heute: »Ewig-Vater« heißt er, der kommt, so sagte der Prophet. Und nun lasst uns ihn loben, den »Ewig-Vater«, der das Eis zum Stehen gebracht hat und dir ein neues Herz gab, an Weihnachten.

Fritz Dürst
Psalm 8

Ein Psalm Davids.
Herr, unser Herrscher,
wie herrlich ist dein Name in allen Landen.
Besingen will ich deine Hoheit über dem Himmel mit dem Munde des
Unmündigen und Säuglings.
Eine Feste hast du dir gegründet
um deiner Widersacher willen,
dass du zum Schweigen bringest
den Feind und den Rachgierigen.
Wenn ich schaue deine Himmel,
das Werk deiner Finger,
den Mond und die Sterne, die du hingesetzt hast:
Was ist doch der Mensch, dass du seiner gedenkst?
und des Menschen Kind, dass du dich seiner annimmst?
Du machtest ihn wenig geringer als Engel,
mit Ehre und Hoheit kröntest du ihn.
Du setztest ihn zum Herrscher über das Werk deiner Hände,
alles hast du ihm unter die Füße gelegt:
dazu auch die Tiere des Feldes,
die Vögel des Himmels, die Fische im Meere,
was da die Pfade der Fluten durchzieht,
Herr, unser Herrscher,
wie herrlich ist dein Name in allen Landen!

Ein Nachtgesang ist das. Aber er strahlt und jubelt so überwältigend
einher, wie man es nächtlicherweile eigentlich nicht erwarten würde.
Nachtgesänge klingen sonst eher dunkel.

Da haben also die Sterne vom Firmament gefunkelt, lautlos, un-
zählbar. Da hat auch der Mond sein mildkühles Licht vergossen. Zu
diesem nächtlichen Himmel hinauf geht der Blick des Beters: »Wenn
ich schaue deine Himmel, das Werk deiner Finger, den Mond und die

Sterne, die du hingesetzt hast.« Aber im Aufblick zu jenem erhabenen Gefunkel kann es passieren, dass die fürchterlichste aller Fragen vor einem aufsteigt. Die Frage:»Was ist der Mensch?« Simpel einfach, stahlhart, abgrundtief, glutheiß und eiskalt kann sie einen überfallen, jene Frage, die unter allen Wesen dieser Erde wohl nur der Mensch so stellen kann: Die Frage nach sich selber! Die Hinterfragung des eigenen Daseins:»Woher kommst du, wohin gehst du, wo stehst du, wer bist du?« Geradezu lebensgefährlich ist es, diese Frage zu stellen. Denn sie erheischt Antwort. Und jede Antwort, die man da gibt oder findet, wird eine Auskunft sein, welche uns selber, existenziell (eben in der Existenz als ein solcher »Mensch«) betrifft! Und es müssten letzte Abgründe der Sinnlosigkeit aufbrechen, fände sich allenfalls *keine* Antwort. Dann müsste die einmal gestellte Frage im Raum, im All stehenbleiben, müsste quälend, ruhelos umhergeistern, als flammendes Fragezeichen, als böses, knochenklirrendes Grinsen über allem, was wir sagen und denken, über allem, was wir zu sein wähnen: Was ist der Mensch? Was bildest du dir eigentlich ein? Frage ohne Antwort. Man weiß es nicht. Und der die Frage stellt, weiß es offenbar am allerwenigsten. Lebensgefährlich ist die Frage: Denn wenn *wir* keine Antwort wissen, und wenn von nirgendwoher Antwort kommt, so wölbt sich über uns jedenfalls dieser funkelnde Himmel und kündet erbarmungslos von des Menschen Kleinheit: Ein »Stäublein«, winziges, kratzendes Sandkorn, federleichtes Fliegengewicht, verschwindendes Nichts, Tröpflein im Meer! Wenn *wir* keine Antwort haben und keine erhalten, dann gähnt da jedenfalls der Tod neben uns her und sagt uns *seine* Antwort, *seine* Menschenkunde, die da lautet: »Hauch und Schatten! Gras, das verdorrt, Blume, die verwelkt! Erde, die wieder zu Erde wird.« Lebensgefährliche Frage! Nicht umsonst wird sie so geflissentlich gemieden. Nicht umsonst stürzt der Mensch sich in jeden Krawall, Klamauk und Karneval, wenn es darum geht, dass diese Frage übertönt, überspielt, unterdrückt werde. Nicht umsonst wird genau an dieser Front so viel geschwindelt. Und nicht umsonst glaubt der Mensch beinahe jeden Schwindel, wenn der nur diesen Abgrund zu überbrücken verspricht. Wo es darum geht, dieser Nichtigkeit und Flüchtigkeit irgend etwas entgegenzusetzen, da ist der Mensch tatsächlich imstande, an die Macht zu glauben, an Geld und Gut, an Waffen, an sich selbst, an das Märchen von der Unsterblichkeit sogar. Er ist imstande, mit dem alten Dichter zu schwärmen: »Vieles ist gewaltig, doch nichts ist gewaltiger als der Mensch!«

Woher, um alles in der Welt, nimmt dieser Psalmsänger eigentlich den
Mut, die Verwegenheit, unter Mondenschein und Sterngefunkel gerade
diese lebensgefährliche Frage zu stellen? Liebe Gemeinde! Hören wir
doch gut hin: Hier ist weder Mut noch Verwegenheit; hier ist lauter
Anbetung! Hier ist gar nicht eine Frage ohne Antwort, hier ist lauter
staunendes Gotteslob, das von der Antwort bereits herkommt. Denn:
Vor und über aller Kleinheit und Hinfälligkeit des Menschen, vor und
über den harten Stichworten von Staubkorn, Wassertropfen, Hauch
und Schatten – steht die Botschaft, dass dieses Menschlein, dem unter
dem Sternenhimmel die Sinne schwinden wollten, dass dieses Erden-
kind, das angesichts des Todes sich selber nicht mehr einzuordnen
weiß – dass dieses Menschenkind *unter Gottes Gedenken steht!* Dass
Gott sich seiner annimmt! Dass zu ihm Ja gesagt ist. Von weit oberhalb aller Sterne herunter. Von tief jenseits des Todes herüber. Hören
wir das gut: Hier ist gar kein Fragen mehr. Hier ist nur noch stau-
nend-anbetendes Gotteslob: »Was ist der Mensch, wer bin ich denn,
dass DU, Herr, an mich denkst, dass DU dich meiner annimmst, dass
DU mich offenbar interessant, der Rede wert, des Liebhabens gar
würdig findest?«

Und so sind wir jetzt mittendrin im Evangelium, in jenem Trost,
der trägt, der unser einziger aber wirklicher Trost sein will, im Leben
und im Sterben. Dieses Evangelium macht den Mann des 8. Psalms zu
einem nächtlicherweile so zuversichtlichen Sänger. Dieses Evangelium, welches lautet: Es ist nicht wahr, dass der Mensch erniedrigt
werden müsse, damit über seiner Niedrigkeit Gott groß herauskomme!
Und es ist noch weniger wahr, dass man Gott abschaffen, verdrängen,
beseitigen müsse, damit der Mensch endlich emanzipiert werde, damit
der Mensch endlich seinen Eigenwert finde, seine Persönlichkeit
entdecke und seine Würde entfalte! – Dieser nächtliche Sänger weiß
es anders: Er besingt die *Größe* des Menschen, die Menschen-*Würde*,
indem er an Gott denkt, der diesem geringen und unwürdigen Ge-
schöpf sich gnädig zugewendet hat. Ähnlich etwa, wie es später der
Apostel tut: »Was hast du, das du nicht empfangen hättest; durch
Gottes Gnade bin ich, was ich bin.«

Denn die Gnade ist nun eben da, der Mensch steht nun einmal
unter dem liebenden Gedenken Gottes! Und genau hier, genau in
diesem Gottesgedenken haben Menschenwürde und Menschenrechte
ihren Grund, ihre Realität, ihre Unantastbarkeit und Unzerstörbarkeit:
»Gekrönt mit Ehre und Hoheit, um weniges geringer als Gott«!

So weiß denn unser Psalmsänger, dass Gott auch seine eigene Ehre nicht so sehr im erhabenen Sterngefunkel, in den Wundern der Natur, in allerhand kosmischen Erstaunlichkeiten ausgedrückt, verkündigt wissen will, als vielmehr »aus dem Munde der Unmündigen und Säuglinge«. Der Schrei des Neugeborenen, wenn es unüberhörbar verkündet, dass es nun denn also da sei und lebe! Das zufriedene Schmatzen an der Mutterbrust! Das Lallen eines Daumenlutschers, das glucksende Gurren eines noch Sprachlosen, das so ähnlich klingt wie das französische »heureux«, die quietschende Lebensfreude eines Einjährigen, dem soeben seine ersten Schrittlein geraten sind – solches alles will Gott stehen und gelten lassen als gewaltige, gültige Predigt seiner Ehre! Mehr noch: Solches alles soll sogar eine »*Macht*« sein, ein »Bollwerk«, ein Damm gegen die grämliche und greuliche Gottlosigkeit, gegen die trostlos traurige Selbstherrlichkeit, in die der Mensch sich immer wieder zu versteigen droht.

Wirklich: Es ist nicht wahr, dass Gott oder der Mensch nur je einer auf Kosten des andern zu Größe und Würde käme. Das Gegenteil ist wahr! Dieser nächtliche Sänger weiß es. Darum singt er angesichts des Sternenheeres nicht: »Herr, unser Herrscher, wie groß bist du, wie mächtig und geheimnisvoll, schwebt deine Gewalt über allen Landen«. Nicht so! Sondern er singt: »Herr, unser Herrscher, wie herrlich ist *dein Name* in allen Landen!« Der Name ist das *Zeichen der Gemeinschaft.* Der Name Gottes umschreibt das Wunder, dass Gott und Mensch zusammengehören. Es ist der Name des Vaters, der Name dessen, der sagt: »Ich habe dich bei deinem Namen gerufen« und »Ich habe dich in meine Hände gezeichnet«. Es ist der Name dessen, der nicht groß und gewaltig sein will auf Kosten des Menschen, der vielmehr so weit geht, um des Menschen willen klein und gering zu werden. Es ist der Name dessen, der freilich gesenkte Häupter und gebeugte Knie will – aber nicht gesenkt, gebeugt, geduckt unter der Fuchtel, unter dem Druck, dem Übergewicht seiner Übermacht. Sondern er will Häupter, die sich senken unter der niederen Türe eines Viehstalles. Und er will Knie, die sich beugen vor jenem Kindlein, das dort in der Futterkrippe liegt.

Und so hat uns dieser Psalm jetzt ganz genau nach Bethlehem geführt. Die Weihnacht bricht in diesen Nachtgesang herein. Im Himmelsgefunkel, zu dem der alte Sänger aufblickt, kommt irgendwie bereits der Stern von Bethlehem in Sicht.

Es wird kein Zufall sein, dass gerade dieser Psalm im Neuen Testament so auffällig oft zitiert wird. Jenes Kind von Bethlehem ist eben die »Macht«, die bis heute und die in Ewigkeit den Widersachern Gottes trotzt, die »zum Schweigen bringt den Feind und den Empörer«. Jenes Kind von Bethlehem ist eben das »Bollwerk« gegen die Verachtung Gottes, die immer auch zur Verachtung des Menschen führt! Das Kind von Bethlehem, zusammen mit allen »Unmündigen«, über die Jesus sich gefreut hat, dass Gott ihnen, und »nicht den Klugen und Weisen sich offenbart« habe, zusammen auch mit jenen Gassenbuben und -mädchen von Jerusalem, die sich nicht geschweigen ließen mit ihrem »Hosianna dem Sohne Davids! Gepriesen sei, der da kommt im Namen des Herrn!« Und die Leute, denen das missfiel, hat Jesus eben auf diesen Psalm verwiesen: »Habt ihr nicht gelesen: Aus dem Munde der Unmündigen und Säuglinge ...?«

Und wenn dann vom Auferstandenen geredet wird: Dass IHM »alle Gewalt gegeben sei im Himmel und auf Erden«, dass ER »sitzt zur Rechten Gottes, des allmächtigen Vaters«, dann sind das ja noch einmal die Aussagen dieses Liedes, dann will das heißen: Hier im auferstandenen Christus ist es erfüllt, ist es gültig; und von da her darf es auch für den kleinen, vergänglichen Menschen in seiner Schuld und Schäbigkeit gelten: »Nur wenig geringer als Gott! Mit Ehre und Hoheit gekrönt! Herrscher über das Werk Seiner Hände, über Schafe, Rinder, Tiere des Feldes, Vögel des Himmels, Fische im Meer!« In Christus ist es gültig. Mit ihm und durch ihn könnte der Mensch seinen Platz (seinen verantwortlichen Ehrenplatz!) wieder finden im Gefüge der Schöpfung. Von Christus her könnte ihm die erlösende Antwort zukommen auf die lebensgefährliche Frage: »Was ist der Mensch?«

Und so finden wir denn im Gesangbuch für die evangelisch-reformierten Kirchen der Schweiz (1998) das eigenartige Lied Nr. 7: Die Umdichtung eben dieses Psalms durch den Alttestamentler Wilhelm Vischer, der sein Leben lang besonders intensiv und hartnäckig gefragt hat nach dem »Christuszeugnis im Alten Testament«. Und aus seiner engen Zusammenschau von altem und neuem Bund hat er es gewagt, diesem Psalm ganz folgerichtig drei Christus-Verse anzufügen, hat er den »Namen, der herrlich strahlt in allen Landen«, den Namen, den der alte Psalm noch verschweigt, in der letzten Strophe denn also genant: »Wie herrlich strahlt dein Name, *Jesus Christ*!« Amen.

Claus Westermann
Psalm 19,2–7

Die Himmel erzählen von der Herrlichkeit Gottes;
von den Werken seiner Hände kündet das Firmament.
Ein Tag sagt es dem andern,
eine Nacht tut es der andern kund.

Da ist kein Reden, da sind keine Worte,
unhörbar bleibt ihre Stimme.
Doch in alle Welt geht aus ihre Stimme,
ihre Kunde bis zu den Enden der Erde.

Der Sonne hat er ein Zelt aufgestellt,
und sie – wie ein Bräutigam geht sie hervor aus ihrer Kammer,
jubelnd wie ein Held läuft sie ihre Bahn.
Sie geht auf an einem Ende des Himmels
und ihr Kreislauf geht bis zum anderen Ende,
nichts kann sich vor ihrer Glut verbergen.

»Die Himmel rühmen des Ewigen Ehre ...!« Beim Lesen oder Hören
dieses Psalms klingen die Lieder auf. Es ist ein sonderbarer Psalm!
Kein Mensch kommt darin vor, nur Gott und der Himmel und die
Sonne.

Der Himmel und die Sonne, sie haben eine Botschaft, aber es ist
keine Botschaft in Menschenworten. Welche Kühnheit des Gedankens:
eine Botschaft ohne Worte. Diese Kühnheit des Redens bestimmt den
ganzen Psalm; wir können schon bei den ersten beiden Worten des
Psalms: »Die Himmel erzählen« ahnen, worum es dabei geht: diese
Kühnheit hat das Ziel, unseren Horizont zu erweitern, den Horizont
unseres Denkens und den Horizont unserer Frömmigkeit.

Das, was der Himmel erzählt oder wovon er erzählt, nennt er die
»Herrlichkeit Gottes«; und noch einmal mit anderen Worten: »von den
Werken seiner Hände kündet das Firmament«.

Die Vorstellungen, die sich die Menschen in Jahrtausenden gemacht haben und die sich in den Worten spiegeln, wandeln sich; auch das, was die Menschen sehen und empfinden, wenn sie vom Himmel sprechen; aber der Himmel ist der gleiche wie der, den Tausende von Menschengenerationen vor uns gesehen haben, und der eine Feste über ihrem Leben und Treiben war, ist derselbe.

Die Himmel erzählen – das Firmament kündet: die Ehre Gottes oder die Herrlichkeit Gottes, die Majestät Gottes. Man kann dieses Erzählen und Künden auch so ausdrücken: Es erweckt Ehrfurcht.

Diese Botschaft kann jeder vernehmen. Ich erinnere Sie an die außerordentlichen Situationen, in denen Sie einen Sonnenaufgang, einen Sonnenuntergang gesehen haben: von einem hohen Berg, an der See, aus dem Flugzeug; an den Widerhall in Gedichten und Liedern: »Die Sonn erwacht in ihrer Pracht . . .«. »Die güldne Sonne«. Wenn diese Erlebnisse Ehrfurcht erwecken, dann ist damit ihre Botschaft erfüllt, dann hat das Firmament etwas gekündet.

In unserem Psalm ist der Himmel, ist die Sonne nicht gegenständlich gemeint, nicht als Objekte unserer Betrachtung, als solche brauchten sie nicht etwas von der Majestät Gottes zu künden. Ehrfurcht erwecken können sie nur als Geschöpfe, als »das Werk seiner Hände«, als lebendige Geschöpfe, die in ihrem Dasein auf Gott den Schöpfer weisen, so dass die Ehrfurcht von selbst eine Ehrfurcht vor dem Schöpfer wird, ohne dass man das erst denken muss. Von dieser Lebendigkeit redet der Psalm:

> *»Ein Tag sagt es dem andern,*
> *eine Nacht tut es der andern kund.«*

Es ist die Lebendigkeit des Himmels, in Jahrtausenden immer gleich und dabei dennoch dem menschlichen Atmen ähnlich. Die Kette dieses Wechsels von Tag und Nacht darf dabei nicht abreißen; das ist eine Beschreibung der zeitlich stetigen Dauer; in der zweiten Strophe kommt dann hinzu:

> *»Sie geht auf an einem Ende des Himmels*
> *und ihr Kreislauf geht bis zum anderen Ende«*

das ist die grenzenlose Erstreckung im Raum. Dieses Miteinander der grenzenlosen Erstreckung in der Zeit und im Raum ist Absicht des

Dichters. Hier muss es jeder merken, der den Psalm hört: das Erzählen und das Künden des Himmels und der Sonne will unseren Horizont erweitern.

Was diese Zeilen sagen, ist kein alltägliches Reden. Die kleinen und winzig kleinen Horizonte unseres Redens und unseres Handelns sind uns wichtiger, sie genügen uns vollkommen und beschäftigen uns vom Morgen bis zum Abend völlig ausreichend. Was kümmern uns die Jahrtausende, was kümmern uns die Entfernungen der Lichtjahre!

So ist es auch bei unserer Gottesbeziehung, sofern wir überhaupt darüber nachdenken! Sie ist weitgehend beschränkt auf das Nächstliegende der täglichen Sorgen und des täglichen Befindens. Sogar wenn wir nach dem Sinn des Lebens fragen, was ja immer eine beliebte Frage ist: wir meinen natürlich unser eigenes Leben damit und vielleicht noch dazu das Leben unserer Generation. Ob bewusst oder unbewusst: was geht uns an, was außerhalb dieses Kreises liegt?

Und genau dies will unser Psalm, genau dies ist seine Botschaft: Gott ist größer! Gott ist größer, das sagt der Himmel, Gott ist größer, das sagt die Sonne. Von Gott reden, heißt vom Ganzen reden. Auch von der Sonne redet der Psalm als von einer lebendigen Kreatur. Auch sie ist kein ferner Gegenstand, den man betrachtet.

Der Psalm spricht nur vom Sonnenaufgang und der Sonnenhitze am Mittag, der Sonnenuntergang ist nur angedeutet in ihrem Lauf vom Osten zum Westen. Hier lässt der Psalm uralte mythische Vorstellungen anklingen von einem Sonnengott.

> *»Der Sonne hat er ein Zelt aufgestellt;*
> *und sie – wie ein Bräutigam geht sie hervor aus ihrer Kammer,*
> *jubelnd wie ein Held läuft sie ihre Bahn.«*

Haben Sie einmal darauf geachtet: diese Beschreibung klingt noch an in dem Lied »Die güldne Sonne voll Freude und Wonne bringt unsren Grenzen mit ihrem Glänzen ein herzerquickendes, liebliches Licht«. Die Wendung »voll Freud und Wonne« ist direkte Wiedergabe des Psalms; aber auch die Wendung »bringt unsren Grenzen« bezieht sich auf die grenzenlose Weite des Himmels und der Gestirne im 19. Psalm.

Achten Sie auch einmal darauf: von der Weite und Fülle und der Schönheit der Schöpfung redet die Volksfrömmigkeit in den Morgen- und Abendliedern, aber auch in den Wander- und Heimatliedern viel

mehr und viel deutlicher als die offizielle Theologie! Wer weiß denn
und ist sich dessen bewusst, dass in dem Lobwort am Ende des Vaterunsers der Satz »dein ist das Reich« die gesamte Königsherrschaft
Gottes meint, auch die Herrschaft über seine ganze Schöpfung? Dass
also ein Lob des Schöpfers zum Schluss des Vaterunsers gehört?

Fragen wir nun am Ende noch einmal nach der Besonderheit dieses
Psalms. Was wollte der Dichter zu seiner Zeit seinem Volk, der
Gemeinde des Tempels, sagen?

Er hat wohl bemerkt, dass die Menschen, mit denen er zusammen-
lebte und denen er vielleicht als ein Priester diente, zu sehr nur an
ihrem eigenen Lebensweg und in dem Tun und Lassen des Kreises, in
dem sie lebten, befangen waren und dass ihnen dabei Gott viel zu sehr
nur ihr eigener Gott wurde, der sich nur um sie selbst bekümmerte. Er
las aber in den Schriften, dass darüber das weltweite Walten Gottes
über allen Geschöpfen und über die Menschheit als ganze, ohne alle
Grenzen zwischen ihnen als der Segnende und diese Welt in den
Rhythmen des Segens Erhaltende waltet, als Schöpfer Himmels und
der Erde.

Er las auch in den Schriften, dass die grundlegende Haltung Gott
gegenüber die Gottesfurcht, die Ehrfurcht war. Darum wollte er den
Menschen seiner Zeit den weiten, unendlich weiten Horizont des
Waltens Gottes und des Wirkens Gottes wieder erschließen.

Und sein Psalm, dieser 19. Psalm, kann das auch für uns tun.
Dieser Psalm steht dem 148. Psalm ganz nahe, eine Aufforderung zum
Lob an alle Kreatur:

>*»Lobet den Herrn vom Himmel her*
>*lobet ihn, Himmel der Himmel,*
>*lobet ihn, Sonne und Mond . . . «*

und dann:

>*»Lobet den Herrn von der Erde her,*
>*ihr Ungeheuer und alle Fluten,*
>*ihr Berge und alle Hügel,*
>*Fruchtbäume und alle Zedern.*
>
>*Sie sollen loben den Namen des Herrn,*
>*denn sein Name allein ist erhaben.« Amen.*

Gerhard Sauter
Jona 2

Und der Herr entbot einen großen Fisch, Jona zu verschlingen, und Jona war drei Tage und drei Nächte in dem Bauche des Fisches. Da betete Jona im Bauche des Fisches zu dem Herrn, seinem Gott, und sprach:

Aus meiner Not rief ich zu dem Herrn,
und er erhörte mich.
Aus dem Schoß der Unterwelt schrie ich.
Du hörtest meine Stimme.

Du warfst mich in die Tiefe, mitten ins Meer,
und die Flut umschloß mich;
all deine [!] Wogen und Wellen gingen über mich hin.

Schon dachte ich, ich sei verstoßen, hinweg aus deinen Augen.
Wie werde ich je wieder schauen deinen heiligen Tempel?

Die Wasser gingen mir bis an die Seele, die Tiefe umschloß mich,
Meertang umschlang mein Haupt an den Gründen der Berge.
Ich war hinabgefahren in die Erde,
ihre Riegel schlossen sich hinter mir auf ewig –

da zogst du mein Leben empor aus der Grube,
o Herr, mein Gott!

Als meine Seele verzagte, da gedachte ich des Herrn,
und mein Gebet drang zu dir in deinen heiligen Tempel.

Die an nichtige Götzen sich halten, verlassen [ihn], ihre Zuflucht.
Ich aber will mit lautem Danken dir Opfer bringen; was ich gelobt habe, will ich erfüllen!

Die Hilfe steht bei dem Herrn.

Und der Herr gebot dem Fisch, und er spie Jona ans Land.

Kinder träumen manchmal unsagbar Schreckliches: Von einem Wasserfall werde ich in die Tiefe gerissen. Durch die Wassermassen hindurch kann ich gerade noch das felsige Ufer vor mir erkennen und hoffe, mich mit letzter Kraft daran klammern zu können. Doch dann packt mich ein weiterer Strudel, die Wasser öffnen sich wie zu einem Schlund, und ich falle wieder ein Stockwerk tiefer. Wenn ich aufblicke, sehe ich oben durch die Öffnung noch ein Stückchen Himmel. Vielleicht gelingt es doch, diese Kluft zu überwinden, ein Stockwerk hochzuklettern – aber nein: Wasser reißen mich in eine neue Tiefe, und so geht es fort und fort. Bald sehe ich kein Fleckchen Himmel mehr, ich fühle nur noch unendliche Ströme einer dunkeln Gewalt, die mich immer weiter hinunter schlingt, in einen Abgrund hinein, dem ich hoffnungslos ausgeliefert bin.

Das ist nicht bloß ein Alptraum. Es ist ein metaphysischer Traum – und damit mehr als ein bloßer Traum. Der Abgrund, aus dem wir nie und nimmermehr emporsteigen können: ist nicht gerade dies die Tiefe, von der der Beter des Psalms spricht: »Aus der Tiefe rufe ich, Herr, zu dir: Herr, höre meine Stimme« (Psalm 130,1f)? Es ist eine unermessliche Tiefe, die viel, viel weiter reicht als das Empfinden, unten zu sein und nicht mehr oben. Wenn wir uns niedergedrückt fühlen, beschwert und flügellahm, dann sehen wir immer noch, was oben ist, oder wenigstens andere, die oben sind. Doch beim unendlichen Fall gibt es kein Oben mehr.

Das Alte Testament erzählt von einem Menschen, den es an einen solchen Ort verschlagen hat. Es ist die Geschichte Jonas, der der Weltstadt Ninive eine Botschaft Gottes überbringen sollte. Ninive ist der Mittelpunkt eines machtlüsternen Reiches, ein finsterer Ort. Was sollte da ein Wort Gottes vollbringen können! Darum machte Jona sich aus dem Staub und meinte, damit sei sein Auftrag erledigt. Doch wie hatte er sich getäuscht! Mit seiner Flucht wurde er selber in eine unvorstellbare Katastrophe hineingetrieben.

Das Schiff, auf dem Jona sich versteckt hielt, geriet in ein Unwetter. Als der Sturm sich nicht beruhigen ließ, wurde Jona ins stürmische Meer geworfen. Hilflos war er den Fluten preisgegeben. Da konnte er noch eine Weile strampeln, und es gab immerhin die winzige Aussicht, dass sich der Sturm doch noch legen könnte, womöglich käme ein Schiff vorbei und brächte Rettung. Und wirklich, da taucht etwas am Horizont auf! Doch was sich da nähert, ist von nie dagewesener Unheimlichkeit. Es ist noch viel schlimmer als die haushohen Wellen. Ein Meeresungeheuer rauscht heran und verschlingt ihn. Da kann er gar nichts mehr machen.

Das hört sich sagenhaft an, und mancher Phantasie wird freier Lauf gelassen – bis hin zu Münchhausen, der eine satirische Kontrastgeschichte zum Besten gibt. Der Lügenbaron lässt sich beileibe nicht von einem Fisch verschlingen, nein, der nimmt ihn – es ist ein großmächtiger, aber williger Wal – im Gegenteil am Zügel und reitet mit ihm durchs Meer, sogar bis zum Meeresgrund, wo er allerhand neckische Spielchen treibt. Wieder aufgetaucht, wird er von einem Piratenschiff unter Feuer genommen. Dann entbrennt ein Kampf, bei dem Münchhausen das Schiff entzweischlägt und sein Walross das Vorderteil mit allen Insassen verschlingt. Dieser Happen bekommt ihm aber nicht: »Das verschluckte Schiff lag meinem Reisegefährten allzu schwer im Magen; auch überzeugte mich ein dumpfes Gemurmel, welches ich zuweilen vernahm, dass wahrscheinlich die verschluckten Piraten noch lebten, wenigstens nicht sämtlich umgekommen waren; ein Umstand, der nach der Geschichte Jonas eines guten Christen Staunen nicht mehr erregen darf.« Leider geht diese Geschichte gar nicht gut aus, jedenfalls nicht für den armen Walfisch, der an Verdauungsbeschwerden zugrunde geht . . .

Wie völlig anders ist Jona dran, der hilflose Prophet! Drei ganze Tage und drei volle Nächte lang bringt er nichts mehr zustande als ein einziges Gebet. In dieser Zeit hat der Fisch wenigstens eine weite Strecke zurückgelegt. Er dient als Transportmittel. Jona wird an Land geworfen, ausgerechnet dort, wo er um keinen Preis hinkommen wollte: an das Ufer, wo der Weg nach Ninive beginnt. Ganz nebenbei wird Jona dadurch auch gerettet: Hätte Gott ihn früher erhört, dann hätte der Fisch Jona nicht erst am Ufer von sich geben müssen, doch dann wäre der jämmerlich ertrunken.

Noch bei dieser Rettung macht Jona eine lächerliche Figur. Erinnern nicht auch Sie sich an bildliche Darstellungen dieser Szene, die mehr unser Mitgefühl für den armen, durchs Meer gejagten Fisch erwecken als für Jona? Wenn der Fisch Jona ausspeit, dann sieht es so aus, als sei ihm übel geworden, so dass unser Mitleid sich ihm, dem Fisch, zuwendet und Jona am Strande liegen lässt. So erleichtert, mit einem mächtigen Aufstoßen gibt der Fisch Jona von sich, als wollte er sagen: »Gott sei Dank, jetzt bin ich ihn endlich los! Er hat mir lange genug im Magen gelegen, dieser unverdauliche Gottesmann!«

Das Lachen vergeht uns aber, wenn wir Jona folgen in die unauslotbare Tiefe, in den Bauch des Fisches hinein. Drei Tage und Nächte

– und nicht mehr als ein einziges Gebet! Es ist ein Klage- und Dank-
lied, ein Psalm wie viele andere auch. Ein solcher Psalm gehört eigentlich in den Tempel, wenn Errettete ihre Opfer bringen, nachdem
die Not überstanden ist. Der Bauch eines Fisches ist ein höchst selt-
samer Ort für ein solches Gebet – viel zu finster, bedrohlich, ohne
jeden Ausweg.

Und ist es jetzt, im Bauch des Fisches, nicht viel zu früh, um einen
solchen Dank anzustimmen? Noch dazu ist es ein höchst kunstvoll
gestalteter Psalm, als hätte sich der Beter in aller Ruhe und Konzen-
tration Gedanken darüber machen können, wie ein schönes Lied zum
Lobe Gottes auszusehen und zu klingen habe, ein Lied, das Gott für
die Erfahrung dankt, nirgendwo von Gott verlassen zu sein, nicht
einmal im Wirbel von Wasserfluten und in den Abgründen des Mee-
res: »Die Wasser gingen mir bis an die Seele, die Tiefe umschloss
mich, Meertang umschlang mein Haupt an den Gründen der Berge.
Ich war hinabgefahren in die Erde, ihre Riegel schlossen sich hinter
mir auf ewig. – Doch du holtest mich lebendig aus dem Grab heraus,
Herr, mein Gott. Ich aber will dir opfern und dir laut mein Lob verkünden.« Lebendig begraben, soll Jona schon so gebetet haben?

Und passt dieses Gebet denn zu diesem halsstarrigen Mann, der vor
Gott fliehen wollte? Den die Seeleute erst ins Wasser warfen, um ihn
los zu sein, und der dann noch tiefer und hoffnungsloser fällt, in den
Abgrund des Fisches – wie sollte der dort gemerkt haben, dass er
gerade dadurch Gott in die Hände gefallen ist, dass Gott ihn geborgen
hat, als er den Fisch auf die Reise schickte zu dem Ort, an dem Jona
hätte ankommen sollen, wenn er von Anfang an Gottes Geheiß gefolgt
wäre?

Das Gebet Jonas fällt ganz aus dem Rahmen: In seiner Todeszelle
sieht er sich schon wieder im Tempel, in der Gemeinschaft derer, die
Gott ein Dankopfer für ihre Errettung darbringen: so, wie auch er es
tun möchte.

Höchst merkwürdig auch, dass Jona in seiner Bedrängnis gar nicht
mehr an den Grund seiner Flucht denkt, an seine Unzufriedenheit mit
Gott, mit dem Gott, der sich anderer annimmt, anderer, die keinerlei
Anrecht darauf haben. Jetzt, wo Jona selber im Schlamassel sitzt, da
ist er nicht Manns genug, die Folgen seines Aufbegehrens gegen Gott
tapfer zu tragen. Nein, jetzt schreit er hemmungslos nach Gott. Auf
einmal weiß er nur noch von Gott als dem Retter zu reden. Und jetzt
ist er auch bereit, Gott die Treue zu schwören und zu glauben, dass

Gott der Herr des Himmels und der Erden ist, dessen Arme bis in die Tiefen der Meere reichen, ja sogar bis in die Eingeweide von Untieren hinein. Nun hätte er wohl nichts mehr dagegen, dass es durchaus Sache dieses Gottes, des Allmächtigen, ist, sich auch der gottlosen Weltstadt Ninive anzunehmen.

Ja, Jonas Gebet fällt wirklich aus dem Rahmen. Aber fällt nicht jedes Gebet aus dem Rahmen? Wenigstens aus dem Rahmen alles dessen, was wir von uns berichten können, von unserem Urteil über uns selbst und über andere! Aus dem Rahmen dessen, wie uns zumute ist und was wir uns zumuten können! Lebt nicht auch unser Gebet von der Zuversicht, von der unergründlichen Hoffnung, dass das, was wir beten, was wir mehr schlecht als recht und allermeistens gar nicht mit wohlgesetzten Worten vor Gott bringen wollen: dass dies alles auch wirklich aufsteigt zu Gott und dass es Gottes Heiligtum erreicht – und zwar von den seltsamsten, düstersten und bedrohlichsten Orten, an denen wir von Gott recht wenig spüren? Und wenn es uns seltsam anmutet, dass Jona auf einmal ganz anders spricht, als wir ihn kennen gelernt haben – so dürfte auch dies nicht weiter überraschen. In seinem Gebet stellt er sich ja in eine Reihe mit vielen, vielen anderen, die Gott ein Dankopfer bringen. Sehen wir uns doch selber an, wenn wir beten! Werden wir nicht unversehens mit jedem unserer Gebete in die Gemeinschaft derer versetzt, die Gott anrufen mit ihrer Klage, ihrer Bitte, ihrem Lob und Dank? Stehen wir mit unserem Gebet allein, wenn wir wirklich vor Gott stehen? Nein, wir beten immer mit anderen, auch wenn wir es in diesem Moment nicht wissen, vielleicht gar nicht einmal ahnen können. Jedes Gebet reiht uns in die unübersehbare Schar von Betern und Beterinnen ein. Da werden keine Worte mehr gezählt. Da können wir einstimmen, ohne dass wir uns vorher fein säuberlich ausgedacht haben, was wir uns zutrauen können zu sagen. Und darum kommt es nicht darauf an, ob ein Gebet originell ist oder konventionell.

Jonas Gebet füllt seine ganze Zeit im Bauch des Fisches aus, so, als ob kein Raum mehr für andere Gedanken bliebe. Und vielleicht – wer weiß? – hat Jona dieses Gebet gar nicht so schön hintereinander sprechen können. Ihm steht ja das Wasser nicht nur bis zum Hals, sondern es reicht schon über die Lippen, so dass er kein Wort mehr hervorbringen kann. Da laufen einem die Gedanken davon, wenn man überhaupt noch Gedanken hat und nicht bloß instinktive Reaktionen. Da greifen wir verzweifelt nach dem, was uns im Gedächtnis geblie-

ben ist, was wir gelernt haben, by heart, wie es im Englischen heißt,
mit dem Herzen: so auswendig, dass es uns inwendig geworden ist.
Da steigt das, was wir wirklich im Herzen haben, herauf. Und das ist
etwas anderes, als wir in diesem Augenblick höchster Not in passende
Worte fassen könnten, in wohlgeformte Sätze. Wir greifen nach einem
Gebet, das sich in uns eingesenkt hat. Und damit reden wir anders, als
wir in diesem Moment stoßweise hervorbringen – und ehe wir uns
versehen, *werden* wir dadurch andere.

Indem Jona sich auf dieses Gebet einlässt, ja: indem er sich in
dieses Gebet *hinein*lässt, sich ganz in es hineinfallen lässt, redet er
wirklich anders von Gott und von sich selber, ganz anders, als er es
früher vermochte. Vorher: da hat er über Gottes Gericht und Güte
räsonniert. Er hat sich darum gekümmert, was Gottes Gerichtswort
bewirken würde, und darüber war er so bekümmert, dass er dieses
Wort gar nicht ausrichten wollte. Mit seiner Flucht wollte er Gott ins
Wort fallen. Doch jetzt, im Augenblick des Betens, findet er sich ganz
anders wieder, als er sich vorgefunden hatte.

Jona fällt nichts anderes mehr ein, als Gott anzurufen als den Retter
aus der Not. Zu diesem Gott *wendet* er sich – und sein Gebet dringt in
Gottes heiligen Tempel. Und indem er so spricht, blickt er bereits auf
seine Bedrängnis zurück. Das ist die zweite Wendung, nicht weniger
verwunderlich als die erste. Er dankt Gott in der lichtlosen Enge seiner
Todeszelle! Er ist nicht urplötzlich heroisch über sich hinausgewach-
sen. Aber er sagt weit mehr, als er in diesem Augenblick übers Herz
bringen kann. Er redet anders von Gott und auch ganz anders von sich
selbst, als ihm in dieser Lage zumute sein kann, hin- und hergeschleu-
dert, ohne Oben und Unten und ohne jeden Ausblick. Ist nicht jedes
Gebet eine solche Zumutung, die übersteigt, wie uns jemals zumute
ist?

Jetzt bleibt nur die Kraft für ein Gebet des Herzens. Jona spricht
hier wie viele andere, die von Wassern aller Art verschlungen und in
die Tiefe gerissen worden sind. Es mag ein Lied sein, das er früher
oftmals im Hause Gottes gesungen oder im Unterricht gelernt hat.
Vielleicht presst er in seiner Todesnot nur ganz wenige Worte heraus:
»Herr, hilf!« Oder »O Herr, mein Gott!« Doch mit diesen Gebetsfet-
zen ist der ganze Zusammenhang des Gebetes gegenwärtig. Vielleicht
nicht für ihn selbst – so viel kann er gar nicht mehr sagen, geschweige
denn so weit noch denken, bis hin zu Gottes Tempel –, aber das ganze
Gebet breitet sich vor Gott aus. Und wir dürfen es mithören.

Wir dürfen es mithören: Wir haben Anteil an Jonas Gebet, wie wir Anteil haben an den Gebeten so vieler Menschen, die vor uns an dunklen Orten waren. Vielleicht ist das auch der Grund, warum uns selbst noch etwas einfällt, wenn wir uns einmal wie im Bauch eines Fisches wiederfinden. Wenn wir in hohem Fieber liegen und keines Gedankens mehr fähig sind, geschweige denn wohlgesetzter Worte. Oder wenn wir mit einem Todkranken beten, den vielleicht nur noch ein einziges Wort erreicht, mit dem er an ein ganzes Gebet erinnert wird, das er aber nicht mehr zusammen bekommen kann. Ein Freund schrieb mir nach einer schweren Erkrankung, in der er nicht einmal des Betens mehr fähig war, im Nachhinein erinnere ihn dies an seine sterbende Mutter, die nur noch ein Wort wiederholte: »Immerdar!« – aus dem Psalm, in dem es heißt: »Und ich werde bleiben im Hause des Herrn immerdar« (Psalm 23,6).

Oder denken wir an den russischen Pilger, der alle seine Kraft und Aufmerksamkeit auf das Stoßgebet verwandte: »Herr Jesus Christus, erbarme dich unser!« Der schließlich nichts anderes und nicht mehr beten konnte, doch mit dessen Bitte alles gesagt war, was Menschen vor Gott sagen können. Ein solches Herzensgebet kann dann zu uns gehören wie unser Herzschlag, aber den bringen wir auch nicht hervor, sondern er trägt unser Leben, schon längst vor unserer Geburt.

Die schwachen Herztöne Jonas im Bauch des Fisches: sie sind eine Spur von dem, was Paulus schreibt: »Wir wissen nicht, was wir beten sollen, wie es sich gehört« (Römer 8,26). Wissen wir denn jemals, was wir rechtens zu beten haben? Die unaussprechlichen Seufzer kommen vor Gott, wir werden in unseren Gebetsworten vor Gott gebracht. Dort finden wir uns wieder, ganz anders, als wir uns vorgefunden haben. Und in solchem Seufzen sind wir nicht allein.

»Vom Herrn kommt die Rettung«: hat ein solches Gebet in unserem Herzen Wurzeln geschlagen? Oder ein anderes Gebetswort, vielleicht der Ruf aus den Eingangsworten des Gottesdienstes, die Sie heute wie so oft gehört haben: »Unsere Hilfe kommt von dem Herrn, der Himmel und Erde geschaffen hat, der Wort und Treue hält ewiglich, und der nicht fahren lässt das Werk seiner Hände.« Einen Nachklang davon finden wir in Jonas Gebet wieder: »Die Hilfe steht bei dem Herrn.« Hat sich dies in unser Gedächtnis eingegraben, so sehr, dass es aus seinen hintersten Kammern hervordrängt, wenn wir meinen, wir könnten nichts mehr sagen?

Gott, der Herr über Leben und Tod: Er ist es, der eine Stimme aus der Tiefe hört, sogar dann, wenn diese Stimme für das eigene Gehör und für andere Ohren verstummt sein sollte. Es ist der Gott, dessen Hand bis in metaphysische Tiefen reicht, ja, nicht nur bis zu solchen Tiefen hin, sondern in sie hinein – und in solche Tiefen auch dann, wenn diese Hand nicht zu spüren ist, weil sie das Ungetier, das einen verschlungen hat, an das rettende Ufer jagt, und sei es ausgerechnet dorthin, wo man um keinen Preis hatte sein wollen. Der Fischbauch wird zur rettenden Hand Gottes, die Jona umschließt, ohne dass er die geringste Ahnung davon hätte. Jona betet in seiner tiefsten Verzweiflung zu Gott, der ihn rettet: doch das übersteigt seine Sicht der Dinge – so, wie jedes Gebet, auch wenn es aus tiefstem Herzen und aus klarem Kopf kommt, unsere Möglichkeiten bei weitem übersteigt.

Die drei Tage und drei Nächte im Bauch des Fisches: Jesus spricht von ihnen, wenn er die Zeit zwischen Karfreitag und Ostern, zwischen seinem Tod und seiner Auferweckung markiert (Matthäus 12,40). – Auch er wird vom Tode verschlungen, in die Tiefe der Totenwelt gerissen: er, der nicht wie Jona ungehorsam war, sondern gehorsam bis zum Tode, bis zum Tode am Kreuz. Er gab sich in Gottes Hände – und dann landete er im Grab. Doch auch dort, gerade dort war er nicht von Gott verlassen.

Das Gebet lässt Gott Raum, im Bauch eines Fisches wie in der Welt des Todes. Darum wird jede Erhörung eines Gebetes ein Zeichen der Errettung aus dem Tode sein, und alle unsere Gebete sind bei Gott aufgehoben, weil sie von ihm reden, anders, als wir es uns jemals zutrauen könnten und uns jemals träumen ließen.

Christoph Blumhardt
Psalm 22,23–32

Ich will deinen Namen predigen meinen Brüdern; ich will dich in der Gemeinde rühmen. Rühmet den Herrn, die ihr ihn fürchtet; es ehre ihn aller Same Jakobs, und vor ihm scheue sich aller Same Israels. Denn er hat nicht verachtet, noch verschmäht das Elend des Armen und sein Antlitz vor ihm nicht verborgen; und da er zu ihm schrie, hörte er's. Dich will ich preisen in der großen Gemeinde; ich will meine Gelübde bezahlen vor denen, die ihn fürchten. Die Elenden sollen essen, dass sie satt werden; und die nach dem Herrn fragen, werden ihn preisen; euer Herz soll ewiglich leben. Es werden gedenken und sich zum Herrn bekehren aller Welt Enden und vor ihm anbeten alle Geschlechter der Heiden. Alle Fetten auf Erden werden essen und anbeten; vor ihm werden die Knie beugen alle, die im Staube liegen, und die, so kümmerlich leben. Er wird einen Samen haben, der ihm dient; vom Herrn wird man verkündigen zu Kindeskind. Sie werden kommen und seine Gerechtigkeit predigen dem Volk, das geboren wird, dass er's getan hat.

Das sagt derselbe, der vorher gesagt hatte: »Mein Gott, mein Gott, warum hast du mich verlassen?« Es ist der Geist Gottes, der sich in die Menschenwelt hinein begibt, und zwar in die Menschenwelt des Elends, des Jammers, der Not, der Dürftigkeit. Damit seufzt gleichsam der Geist Gottes und empfindet, dass diese Menschenwelt verlassen ist von Gott; denn es ist eine ungeheure Masse Menschen, die so sagen kann: »Mein Gott, mein Gott, warum hast du mich verlassen?« Diese Unmasse von Menschen, von Gott verlassen, ist freilich nicht imstande, mit Bewusstsein es zu sagen: »Du hast mich verlassen, ich bin von dir verlassen«, noch weniger ist sie imstande darüber nachzudenken, warum es so ist. Darum ist in dieser Unmasse von Menschen mehr der Gedanke: »Es ist kein Gott, Gott hört kein Schreien, Gott hört keine Bitte, – wo ist Gott? Ihr redet mir von Gott, aber ich weiß keinen Gott?« Und so verzehrt sich eine Menge, Menge Menschen in Gottlosigkeit, – Menschen ohne Gott! Wir sind gewohnt, das gar nicht recht zu betrachten und zu tun, wie wenn Gott überall wäre, aber das ist nicht richtig. Gott ist eben nicht überall im Geist derer, die doch Gottes bedürftig sind. Es sind große Finsternishüllen über die Völker und über die Gemeinden gekommen und über die Menschen allerorts, auch über die Christen, so dass eine Menge Menschen nichts mehr von Gott fühlen und wissen.

Und dennoch steckt Gott in diesen Massen und gibt ihnen Vertreter, – einen Mund sollen sie haben; und ein solcher Mund war schon der Schreiber des 22. Psalms. Und dieser Mund muss zuerst mit Bewusstsein im Namen der Verlassenen schreien: »Mein Gott, mein Gott, warum hast du mich verlassen?« Das ist der erste Schrei; denn diese Massen von wirklich Verlassenen können nicht anfangen, Gott zu preisen. Sie dürfen zuerst die Klage laut werden lassen: »Ich bin verlassen!« Wir wissen, dass Jesus in dieses Elend der Verlassenen hineingekommen ist, aber schon vor ihm durften Apostel und Propheten Gottes, allerlei Diener im Namen Gottes und im Geist Gottes in dieses Elend, in diese Verlassenheit der Menschen hereinkommen. Ja, man kann sagen: jeder wirkliche Knecht Gottes schreit aus dem Elend der Menschen heraus. Ein Abraham muss aus der Verlassenheit von Vater und Mutter und Vaterland in der Fremde aus dem Elend heraus schreien und von Gott zeugen; und ein Mose muss aus dem Elend heraus von Jehova predigen, und alle Propheten – aus dem Elend heraus sind sie gekommen und vertreten die Elenden. Aber in ganz besonderer Weise und nicht nur mit Worten, sondern mit Kraft, mit der ganzen Herrlichkeit Gottes kommt Jesus in dieses Fleisch der Menschen, um in diesem Fleisch zu wohnen und aus dem untersten Gebiet dieses Elends heraus auch zu sagen: »Mein Gott, mein Gott, warum hast du mich verlassen?«

Aber freilich, dabei soll es nicht bleiben. Wenn es aus dem Elend heraus schreit: »Ich bin verlassen!« So soll auch die Antwort kommen: »Und du sollst erhört werden!« Denn das ist der Wille Gottes, dass alles verlassene Volk immer hören darf: »Du sollst gerettet werden, ich will dir helfen!« Die Aufgabe des Heilands war deswegen, die Elenden selig zu machen. Es war der Anfang und bleibt der Fortgang und wird das Ende sein, dass er sich zu den Elenden rechnet, wie er sie vorfindet. Er urteilt nicht, er richtet nicht; wie er sie in seiner Zeit vorfindet, in unserer Zeit und in aller Zeit und zuletzt vorfindet, so nimmt er sie und alle ihre Sünde in den Kauf und sagt: »Ich will dich in der Gemeinde rühmen, ich will meinen Brüdern den Namen des Herrn verkündigen!« – die sollen es wissen! Und wenn Jesus Apostel aussendet, wenn er will, dass auch wir ihm nachfolgen, dass wir gerade das besorgen in seinem Namen, was er besorgt haben will, so dürfen wir uns ebenso den Elenden anschließen wie er, und dürfen den Elenden das Heil verkündigen, und wir dürfen ihnen recht geben, wenn sie schreien: »Ich will es besser haben!« Und wir müssen ihnen recht geben, und wenn wir ihnen nicht recht geben, so sind wir keine Nachfolger Jesu Christi. Und wir dürfen auch nicht urteilen, so wenig er geurteilt hat. Wir wenden uns von den Stolzen weg, wie er sich von den Stolzen weggewendet hat, von den Ehrsüchtigen und Eigenliebigen, die für sich selbst genug haben, und wenden uns zu denen, die auf dem Boden liegen, die in dem Staube leben und urteilen hier nicht. Bei den Menschen gibt es kein Gericht und kein Urteil als das eine: Sie sind elend, arm, bloß, sie hungern, sie dürsten, sie sind geplagt – zu denen geselle ich mich, und denen helfe ich ohne Urteil! Wir dürfen nicht urteilen, wenn wir Nachfolger Jesu Christi sind im Elend der Menschen. [...] Immer wenn wir auch nur eine kleine Höhe einnehmen gegenüber den Elenden, verlassen wir die Bahn Jesu Christi. Wenn wir irgend etwas Verdammendes, Richterisches haben da, wo sie auf dem Boden liegen, wo sie ächzen und schreien, ja, wo sie auch von Gott losgeworden sind, wo sie sagen: »Es gibt keinen Gott«, oder wo sie sagen: »Ich bin von Gott verlassen«, – wenn wir auch nur eine Linie breit in die Höhe gehen über diese Leute, so sind wir nicht Nachfolger Jesu Christi.

Das macht seine Nachfolge so schwer, und das treffen auch viele, die sich Christen nennen, nicht, gar nicht. Sie sind Christen, aber keine Nachfolger Christi, denn sie sind in der Höhe, und sie wollen auch immer in die Höhe kommen. Es ist eigentümlich, wie die christliche Bekehrung sich immer so gestaltet, dass man sich herausnimmt aus den Elenden und nun auf diese hinunterschauen zu können wähnt. Und so gibt es ein gewisses stolzes, hohes Christentum, das zwar höchst gnädig sich zu den Jammergestalten herablässt und da und dort Almosen gibt, vielleicht auch viele, aber doch innerlich getrennt bleiben will. Sie wollen die Schmach Christi nicht auf sich nehmen, der sich zu den Verlassenen und Verelendeten gehalten hat. Die Schmach besteht darin, dass es vor Menschen eine Schande ist, mit solchen sich zu verbinden, solche anzunehmen, die vorderhand nichts aufzuweisen haben als nur ihr Elend. Der Heiland aber fordert in

dieser Nachfolge auf diesem Wege, dass wir alles verleugnen und alles
verlassen, uns von allem losmachen, was sonst den Menschen wert ist.
Wir können es fast nicht begreifen, warum der Heiland sagt: »Wer mir
nachfolgt, der muss alles verlassen.« Warum denn? Als Christ ist es
gar nicht nötig; ich kann ein prachtvoller Christ sein mit Ehre und
Glanz, kann herrlich glauben mit Reichtum und allen Gütern der Erde,
kann vollständig allen Forderungen der Kirche nachkommen, ohne
auch nur etwas zu verleugnen, außer etwa, dass ich gewisse Stunden
dem Gebet und der Kirche weihe, aber sonst brauche ich nichts zu
verleugnen, und wenn ich auch diese und jene Sitte der Welt nicht
mitmache, nicht ins Theater gehe und nicht tanze, so tue ich es aus
meiner eigenen Überzeugung, bin auch recht stolz darauf, – aber
Verleugnung? Ja, meine Lieben, Verleugnung fängt dann an, wenn wir
uns zu den Elenden wenden, wenn wir den Weg des Heilandes gehen,
der aus den Niedersten heraus seufzt zu Gott, damit doch die Herrschaft Gottes zu diesen Niedersten komme und ihnen helfe.

Man hat es vielfach gesagt, dass die Hilfe des Heilandes in anderer
Weise zu verstehen sei, und will sagen, dass die eigentliche irdische
Not der Menschen nicht viel angesehen werden müsse. Es ist ein
eigentümlicher Entscheid, an die irdische Not zu gehen, – von jeher zu
allen Zeiten war es so, man hat sich nie eigentlich darüber besinnen
wollen: Wie wird der vor uns liegenden Not abgeholfen? »Ach, das
kann man nicht ändern! – was soll man denn tun? Das kann man nicht
anders machen, so ist es nun einmal, und so muss es auch bleiben;
man kann das Hungern nicht abschaffen, das Dürsten, das Armsein
nicht abschaffen, man kann die Not in allerlei Verhältnissen der
Menschen nicht wegbringen, – das ist so der Lauf der Welt und so
muss es bleiben!« An diese Sprache hat man sich so sehr gewöhnt,
dass es vielen Menschen ganz befremdlich klingt, wenn auch eine
andere Stimme einmal ertönt, und es im Namen Gottes heißt: »Doch,
gerade diese Not, die Erzeugerin alles geistigen Elends, muss im
Reich Gottes aufgehoben werden!« Wer das Reich Gottes sucht und
die Gerechtigkeit Gottes, muss gleichsam in diese äußere Not hinein-
greifen, allerdings mit geistigen Mitteln, aber doch ganz energisch;
wie wir auch sonst irgend etwas angreifen in dieser Welt, irgendeine
Erfindung machen wollen, eine Verbesserung herbeiführen wollen, so
müssen wir im Namen Gottes ganz energisch eingreifen und uns
besinnen: Wie wird es anders? Denn es ist eine Täuschung, wenn man
glaubt, man könne den Menschen geistig helfen. Es sieht so aus; ja,

bei besser Situierten [...] und bei einzelnen Menschen, denen Gott dann eine besondere Hilfe geben kann, so dass sie doch ihr Fortkommen haben, dass die äußere Not nicht mehr zu sehr drückt, da geht es ein wenig, ein wenig! Aber es geht auch da nicht recht. O wie armselig und wie elend sind viele, die auch geistig sehr gehoben gewesen sind, – das, was sie so im Geist sind, verschwindet bald wieder. Christus ist nicht umsonst ins Fleisch gekommen, er will nicht umsonst Kranke gesund gemacht haben, will nicht umsonst Elenden wohlgetan haben, Hungernde gespeist haben, will nicht dem Leibe so viele Wohltaten getan haben, um uns nachträglich zu sagen: »An dem liegt gar nichts, darüber müsst ihr ganz wegsehen, das ist ganz gleichgültig, – wenn ihr nur geistige Gaben habt!« Wir sind so geschaffen von Gott, dass wir ohne Wohltaten am Leibe keine Fortschritte im Geiste machen, ganz gewiss nicht. Solange die Kirche immer nur geistlich gewesen ist, hat die Menschheit keine Fortschritte gemacht, sie ist gerade so roh geblieben, wie zu allen Jahrhunderten, und gerade in unserem Jahrhundert, wo man am allermeisten über Glaubenslosigkeit klagt, wo am allermeisten materialistisch geholfen wird, da werden die Menschen besser, da suchen sie mehr Gott, da empfinden sie mehr, dass sie Menschen sind, die ohne Gott nicht leben können, und man sieht es überall, auch im Einzelnen: Wir müssen im Namen Gottes das Elend ansehen, wie es ist und nicht darüber weggehen, als ob das eine gleichgültige Sache wäre, ob in den elenden äußeren Verhältnissen Hilfe komme oder nicht. Da wird einmal der Schwerpunkt aller Taten Gottes zu suchen sein; das, was Gott eigentlich getan wissen will, das wird sich in den äußeren Verhältnissen der Menschen zeigen; da soll man es schauen, da soll es herauskommen, dass Gott Herrscher ist, dass er der Gerechte ist, der Wahrhaftige, der Gute und der Barmherzige ist, der eine neue Welt erschafft und den Menschen Geist gibt, dass sie auch können in Gemeinschaft miteinander so leben, dass man sie selig heißen kann. Und ganz besonders die Gemeinschaften der Menschen, das, was in den Gemeinschaften der Menschen so unselig macht, soll anders werden; denn wenn wir es genau überlegen, so müssen wir sagen, dass in den Verhältnissen der Menschen zueinander die Hauptursache alles Elendes ist. Warum sind die Elenden elend? Sie werden durch Menschen elend! Warum sind die Armen arm? Sie werden durch Menschen arm. Warum sind die Geplagten geplagt? Sie werden durch Menschen geplagt. Warum sind die Hungrigen hungrig? Sie haben kein Brot von den Menschen, die es ihnen schuldig wären. Warum sind sie Gefangenen gefangen? Die Menschen haben sie in Gefängnisse gelegt! Warum sind sie verfolgt, gefoltert, getötet, in allerlei Verhältnissen blutig niedergeschlagen? Menschen tun es den Menschen! Und warum ist unser Herz oft so geplagt? Weil unser Verhältnis mit andern Menschen nicht recht wird. Da plagt oft der Mann das Weib und das Weib den Mann, Eltern die Kinder und Kinder die Eltern, Verwandte die Verwandten und Nachbarn den Nachbar, und was das alles für ein Elend ist, dass man sagen kann: Wollte Gott, dieses Elend hörte auf, so wüsste man kaum mehr von Elend zu reden!

Darum redet man heutigentags von einer neuen Gesellschaftsordnung. Man will etwas Neues für die Menschen finden, dass sie in neuem Geist, in neuen Ordnungen, in neuen Anschauungen, mit neuen Herzen miteinander zu leben verstehen. Und das ist freilich das Größte, was wir erwarten können. Große Staaten können erobernd mit Heeren einherziehen und große Taten tun auf Kosten von Hunderten und Tausenden und beherrschen Tausende, – das ist nicht so schwer. Die Menschen groß werden sehen, die mit Gewalt irgendeinen Ruhm an sich reißen und irgend eine große Rolle unter den Menschen spielen, das ist keine Seltenheit. Aber die menschlichen Gesellschaften menschlich werden sehen, das ist uns noch nie vergönnt gewesen! Als die ersten Christengemeinden erstanden, da schien es werden zu wollen, aber schon in Jerusalem vergaßen sie die Witwen und Waisen; die armen Christen sind in der alten Gesellschaft, und in Korinth fangen sie Händel an und beim heiligen Abendmahl sind die einen reich, die andern arm, und die einen essen und trinken und die andern haben nichts, – nicht einmal beim heiligen Abendmahl haben sie Frieden haben können. Mit der Gemeinschaft ist es auch nie etwas gewesen, und ehe es mit der Gemeinschaft etwas wird im Leben der Menschen untereinander, dass da Herz zu Herz schlägt, dass wirklich Herz zu Herz göttlich gestimmt wird, – ehe man das sieht, kann man von einem Reich Gottes nicht reden, man kann auch nicht von einer Kirche reden. Wehe der Kirche, in welche alle die Unterschiede von hoch und niedrig, arm und reich, vornehm und gering hineindringen und die gleiche Rolle spielen! Wehe solcher Kirche, solcher Gemeinschaft, solcher Gesellschaft! Und wenn sie sich hundertmal gläubig nennen, – sie nehmen sozusagen den ganzen Teufel in ihren Glauben auf, ohne dass sie es merken. Und wenn es ihnen dann mangelt an Liebe und Seligkeit, wenn sie, anstatt gesunde und kraftvolle Lebensbilder zu sein, geradeso elend und tot werden wie andere Menschen und keine Hilfe haben am Leib und für ihren Hunger oder für sonstige Plagen, was wundert es uns? Jesus sagt, erst mit dem Reich Gottes werde uns solches alles zufallen. Wenn aber dieses Reich Gottes nicht da ist, so fällt es uns eben nicht zu. Man kann es zwar oft gleichsam herauszwingen und Wunder was erleben aus der Barmherzigkeit und Gnade Gottes – wie viel könnte ich erzählen, wieviel Wunder hat Gott mir zuliebe getan an Hunderten und Tausenden! Ich habe geglaubt, durch solche Wunder könne der Welt geholfen werden – aber alle diese Wunder hier, das ist, wie wenn ein Stein ins Wasser gefallen wäre, und all die Hilfe da und dort ist, wie wenn bloß ein Stein ins Wasser fiele und der ungeheure Sumpf des Elends bleibt derselbe, weil das Reich Gottes nicht da ist, weil die Menschen gerade für dieses Reich Gottes keine Lust haben. Ich weiß eigentlich nicht, wo und wie sie es suchen. Was wollen sie denn eigentlich? Viele sagen: »Wir geben es auf und wollen glücklich werden im Himmel.« Allein, von denen ist nicht zu reden, – das sind arme Tröpfchen. Wenn man aber vom Reich Gottes redet, was ist es denn? Es besteht doch in gar nichts anderem, als dass es in unsere Herzen den Geist gibt, der uns lehrt, mit Menschen zu leben und richtig zu verkehren, so dass alles recht wird, so dass kein Leben mehr von mir unterdrückt wird, weil ich ein Herr bin; dass kein Leben mehr geschädigt wird, weil ich reich und groß werden will; dass niemand hungern muss, weil ich derjenige bin, der das Brot isst und sagt: »Das Brot ist mein!« und der andere hat kein Brot. Da liegt das Reich Gottes; der Geist muss in Menschen gezeugt werden, damit man die Ordnungen findet oder die Einrichtungen oder die Gesetze Gottes, das Leben, welches wirklich Gott zu Ehren ein seliges Leben genannt werden kann. Ich weiß mir kein Reich Gottes zu denken, außer so komme es.

Und wenn nun in unseren Tagen gerade diese Fragen aufgeworfen werden – man nennt sie die sozialen Fragen – wer will sich da unbeteiligt dazu stellen? Wer, der im Namen Jesu Christi das Reich Gottes suchte? Ja, das sind gerade die Fragen, die unsere Zeit in das Licht Christi stellen. An diesen Fragen hat es zu allen Zeiten gefehlt. Ich sehe es schon als ein großes Zeichen des Reiches Gottes an, als ein Zeichen des Menschensohnes, dass man überhaupt fragen muss – denn das ist es, was jetzt Kraft hat, der Herr, der über alles herrscht – man muss danach fragen, es gibt gar keinen Ausweg, zum ersten Mal, solange die Welt steht. Alles, was Einzelne für die Not und das Elend gedacht haben, musste im Geist verborgen bleiben, es ging wieder weg. Es gab edle Menschenfreunde, die für sich Wohltaten ausstreuten, edle Menschen zu allen Zeiten – in der katholischen Kirche hat man sie als Heilige verehrt zum Zeichen, wie selten es vorkam – aber die Frage: »Wie kann es immer besser gemacht werden?« ist erst unserer Zeit gegeben worden und wir müssen danach fragen, und wer nicht danach fragt, der wendet sich von dem Elend, wie es heutzutage uns Gott vor die Augen stellt, ab; er geht nicht hinein in das Elend und ist deswegen kein Nachfolger Jesu Christi.

Darum wollen wir es uns ein Anliegen sein lassen und wollen hoffen auf die große Hilfe Gottes, dass nicht nur die Fragen aufgeworfen werden müssen, sondern auf die große Verheißung Gottes, dass die Fragen auch gelöst werden dürfen, dass es wirklich einmal zur Erfüllung kommt: »Ich will euch ein neues Herz geben und will solche Leute aus euch machen, die in meinen Geboten wandeln, meinen Willen halten und danach tun. Dann sollt ihr mein Volk sein, ich aber werde euer Gott sein.« Dann sollen die Elenden essen, dass sie satt werden, dann sollen sich erheben die, die im Staube liegen und die so kümmerlich leben, und sollen vor ihrem Herrn die Knie beugen. Und dann sollen auch die Toten wieder leben, und alles, was gesagt hat: »Gott hat mich verlassen!« wird sagen: »Gott hat alle beschlossen unter den Unglauben, aber er hat sich aller erbarmt. Ihm sei Lob und Preis in Ewigkeit!«

Gerhard Bauer
Psalm 23

Der Herr ist mein Hirte, mir wird nichts mangeln.
Er weidet mich auf einer grünen Aue und führet mich zum frischen
  Wasser.
Er erquicket meine Seele und führet mich auf rechter Straße um seines
  Namens willen.
Und ob ich schon wanderte im finsteren Tal, fürchte ich kein Unglück;
  denn du bist bei mir, dein Stecken und Stab trösten mich.
Du bereitest vor mir einen Tisch im Angesicht meiner Feinde. Du
  salbest mein Haupt mit Öl und schenkest mir voll ein.
Gutes und Barmherzigkeit werden mir folgen mein Leben lang, und
  ich werde bleiben im Hause des Herrn immerdar.

Liebe Konfirmanden!
Nichts wird euch mangeln! Brot und Wein nicht, Gesundheit und
Anerkennung nicht; Freundschaft und Liebe, Freude und Fülle des
Lebens – nichts wird euch mangeln! Kein Krieg und keine Entbeh-
rung, keine Arbeitslosigkeit und kein Numerus clausus, keine Krankheit und kein Schmerz, keine Einsamkeit und keine Verzweiflung darf
euch irgendeinen Mangel spüren lassen.

»Grüne Aue, frisches Wasser« – das wird die Erfahrung eures
Lebens sein: Nicht kärglich und kümmerlich müsst ihr eure Tage
zubringen. Nicht nur vertrocknete Wüsten und endlose Durststrecken
müsst ihr durchwandern. Euer Hunger und Durst nach Gerechtigkeit
und Liebe und nach einem Sinn im Leben, nach menschlicher Nähe –
er wird gestillt werden. Üppig, blühend, sprudelnd, voller Vitalität und
Glück, begleitet von Musik und Tanz und fröhlichen Gesprächen – so
werdet ihr leben können.

»Auf rechter Straße« – nicht auf Holzwegen und Irrwegen, nicht
auf Dschungelpfaden, Drogentrips und Fluchtwegen wird man euch
finden. Nicht anfällig werdet ihr sein für Verführungen und Gehirn-
wäschen und Manipulationen durch Politiker, Sektierer und Krimi-

nelle. Eure Eltern müssen sich keine Sorgen machen um euren rechten Weg. Ihr werdet gut und zuverlässig geführt.

Gewiss, »dunkle Täler«, tiefe Depressionen, harter Stress, Feindschaften, Enttäuschungen und Bedrückungen werden nicht ausgeschlossen sein. Vom ›immer nur lächelnd und immer vergnügt‹ steht nichts in diesem Lied. Ihr könnt krank werden, Angst haben und schuldig werden, wer weiß warum – aber diese Täler sind so kurz wie tief, zum Durchwandern bestimmt, nicht zum Liegenbleiben darin. An Ermutigung und Trost wird es euch dabei nie fehlen. Der Rede ist dies eigentlich gar nicht wert. Nur dies ist der Rede wert: »Mir wird nichts mangeln!«

So kann euch jeder heute zu eurer Konfirmation Glück wünschen. Und dann bleibt nicht mehr viel zu sagen außer vielleicht dies: Glaubt ihr das selbst?

Oder ist euch das ›zu schön, um wahr zu sein‹, zu hochgestapelt, um noch glaubhaft zu sein? Zu kurzschlüssig und idyllisch, um der Wirklichkeit standzuhalten? Ich könnte gut verstehen, wenn ihr mir jetzt ins Wort fallen und laut schreien würdet: ›Hör doch auf, uns Märchen zu erzählen und ein Traumland vorzugaukeln! Uns kannst du nicht für dumm verkaufen!‹

Das wäre die normale Reaktion – nur reagiert ihr, leider, selten ganz normal, wenigstens in der Kirche nicht. Hoffentlich tut ihr's, wenn euch irgendein Scharlatan, ein ›Rattenfänger von Hameln‹, ein Krishna- oder Mun-Jünger in der Fußgängerzone oder ein Parteiredner im Wahlkampfeifer derartiges erzählt. Ich bin nichts dergleichen. Ich verspreche euch nichts ohne Grund und behaupte auch nichts aus dem hohlen Bauch. Ich will versuchen, euch zu erklären und zu begründen, warum ich und wie ich die eingangs geschilderte Vision eurer Zukunft für ein solides Versprechen halte.

Ich frage zuerst: Wer verschafft euch jenes Leben ohne Mangel? Aufmerksame Hörer werden bemerkt haben, dass ich in meiner Nacherzählung das erste und letzte Wort dieses alten Liedes noch ausgespart habe.

»Der Herr« – so beginnt der Psalm. »Im Hause des Herrn« – so endet er.

Das ist die Hauptsache: *Der Herr* ist mein Hirte! *Er* weidet, *er* erquickt, *er* führt, *er* ist bei mir, *er* schenkt voll ein, *er* lädt mich in sein Haus. *Er* und immer wieder er: Der Herr, mein Hirte.

Wie können wir uns das verständlich machen: dass Gott unser Hirt und dazu auch noch unser Wirt ist, wo wir doch in aller Regel unsere

Rechnung ohne diesen Wirt machen, unser Schäflein ohne ihn ins Trockene bringen wollen!?

Ich denke, da müssen wir zuerst einmal unsere landläufigen Vorstellungen von Gott als Hirten und von uns als Schafen vergessen. So ein Gottesdienst wie heute ist kein geistliches Schäferstündchen. Dieser Hirt strickt nicht Strümpfe und bläst nicht Flöte. Und diese Schafe blöken nicht lammfromm vor sich hin, mal grasend, mal geschoren.

Der 23. Psalm ist ein ›politisch Lied‹ – und doch kein ›garstig Lied‹. Er ist eine Kampfansage, ein Protestsong. Zu betonen ist: *Der Herr* ist mein Hirt. Und damit wird gesagt: kein anderer! Wer käme sonst infrage? Wer preist euch ›das große Fressen‹ an? Wer lehrt euch trinken und trinkfest werden? Wer schärft euch den – seiner Meinung nach – rechten Weg ein? Wer verabreicht euch Beruhigungspillen, wenn alles in euch rebelliert? Wer vertröstet euch dann auf bessere Zeiten? Wer lehrt euch, welche Feinde zu bekämpfen sind? Wer salbt euer Haupt mit Schminke und schmiert euch auch sonst an? In wessen Häusern dürft ihr euer Leben lang mehr oder weniger freiwillig bleiben? Unter wessen Tisch sollt ihr eure Füße als gehorsame Untertanen stellen, getreu dem Slogan: ›Wes Brot ich ess, des Lied ich sing!‹? – Oh, davon wären viele Lieder zu singen. Eins mag genügen. Es ist zwar auch schon 2500 Jahre alt, aber noch höchst aktuell. Es stammt vom Propheten Hesekiel: »Wehe den Hirten Israels, die sich selbst weiden ... ihr esst das Fett und kleidet euch mit der Wolle und schlachtet das Gemästete, aber die Schafe wollt ihr nicht weiden! Das Schwache stärkt ihr nicht, das Kranke heilt ihr nicht, das Verwundete verbindet ihr nicht ... das Verlorene sucht ihr nicht; das Starke aber tretet ihr nieder mit Gewalt ... Ich will ein Ende machen damit, dass sie Hirten sind – spricht der Herr – siehe, ich will mich meiner Herde selber annehmen und sie suchen ... ich will das Verlorene wieder suchen, das Verirrte zurückbringen, das Verwundete verbinden und das Schwache stärken und was stark ist behüten; ich will sie weiden, wie es recht ist« (Ez 34,2–16).

Versteht ihr diese Kampfansage an die schlechten, ausbeuterischen, rücksichtslosen und herrschsüchtigen menschlichen Hirten, politische, wirtschaftliche, religiöse Herren, die auf Kosten anderer in die eigene Tasche arbeiten? Mit ihnen werdet ihr zu tun bekommen. Und die Qualität eures Lebens, ob ihr Mangel haben werdet oder nicht, ob ihr geführt oder verführt, verwundet oder geheilt, unterdrückt oder aufgerichtet werdet – hängt davon ab, ob ihr diesen falschen Hirten widerstehen könnt.

Der Beter in Israel, der den 23. Psalm gedichtet hat, konnte dies offenbar, weil er wusste: »Der Herr ist mein Hirte«. Keiner sonst. Das ist das 1. Gebot.

Das Volk Israel musste wohl deshalb durch so viele dunkle Täler der Verfolgung; es hat aber sicher auch deshalb eine so große Vitalität, einen solchen Reichtum an Erkenntnis, Lebensfreude und Gerechtigkeitssinn hervorgebracht, weil es diesem Hirten, seinem Gott allein vertraute.

Dieser Herr verschafft das Leben ohne Mangel, trotz aller Gegenkräfte, aller falschen Hirten, die uns daran hindern wollen. Wenn wir als Christen dies Lied Israels hören, dann denken wir an Jesus, der sich – nach dem Johannes-Evangelium – selber als guten Hirten verstanden hat. An ihm können wir sehen, wie es zugeht, wenn sich ein Mensch darauf einlässt, das Hirtenamt Gottes wahrzunehmen:

Jesus weidete nicht sich selbst, kämpfte nicht in eigener Sache, rettete nicht um jeden Preis seine eigene Haut auf Kosten anderer. Im Gegenteil: ›er ließ sein Leben für die Schafe‹ (nach Joh 10,12). Die Schwachen stärkte er, die Kranken heilte er, die Schuldigen und Ausgestoßenen suchte er, die Geknickten richtete er auf, den Rechtlosen gab er recht, den unmündigen Kindern öffnete er den Mund, gab ihnen volles Recht im Reich Gottes. Die Armen, Gewaltlosen und Friedensstifter pries er glücklich. Und mit den amtlichen Hirten und den selbsternannten Herren legte er sich an. Doch seine Freunde lehrte er den Kampf gegen die anmaßenden Hirten.

In Israel, dessen Hirte Gott ist, und in der Christenheit, deren guter Hirte Jesus ist, gibt es – wenn wir diesen Psalm und das Evangelium richtig verstehen – darum keinen Mangel an Zuversicht und Zivilcourage, an Gewissheit des rechten Weges und an Ermutigung und Trost in dunklen Tälern.

So sind wir wohl die Schafe, die seine Stimme hören, ihm folgen, den Weg zur Quelle nicht selber kennen, Tiefpunkte aus eigener Kraft überwinden können. Wir bedürfen seiner Weisung und Vergebung.

Aber wir sind kein blödes Stimmvieh für menschliche Herren, kein Schlachtvieh, das sich willenlos das Fell über die Ohren ziehen lässt. Wir sind mündige Menschen, Demokraten, wenn ihr so wollt, Brüder und Schwestern *eines* Vaters.

In seinem Haus, in seiner Gemeinde, lernen wir auch im Angesicht der Feinde, der Konkurrenten und Verfolger gelassen zu leben, ohne bösartige Rachegedanken, ohne kurzschlüssige Gewaltreaktionen. Wir retten und sättigen und schmücken und erfüllen uns nicht selbst mit Leben. Wir müssen das nicht tun.

»Du deckst mir den Tisch, du salbest mein Haupt mit Öl, du schenkest mir voll ein!«

»Nur Gutes und Barmherzigkeit – nicht meine Feinde – verfolgen mich mein Leben lang!«

Wenn wir jetzt das Abendmahl feiern, Brot essen und Wein trinken, nicht mit hängenden Köpfen, sondern eher strahlend, fröhlich und dankbar – dann denken wir an Gott, unseren Hirten, und an Jesus, der dies Mahl gehalten hat mit seinen Jüngern; der Hirt und das Lamm, der Wirt und die Speise in einem. Kommt und esst, nehmt und trinkt, das ist für euch, gegen euren Mangel an Leben und Gemeinschaft und Hoffnung, gegen eure Schuld und Angst ist es gut, dieses Mahl. Es ist ein sprechendes Zeichen für die Wahrheit des Satzes: »Der Herr ist mein Hirte, mir wird nichts mangeln.«

Ich wünsche euch, liebe Konfirmanden, dass ihr so kommen und dass ihr »bleiben könnt im Hause des Herrn«, in seiner Gemeinde. Und ich wünsche euch, dass ihr immer wieder zurückkommen könnt, wenn ihr geht – auch wenn ihr Mangel habt, wenn ihr falschen Hirten auf den Leim gegangen seid, wenn ihr im Schatten eines Tales angelangt seid, wenn ihr nur noch Feinde und Fremde ringsum seht.

Das »Haus des Herrn«, die Gemeinde Jesu Christi, steht euch offen, überall auf dieser Erde, in der ganzen Ökumene, heute und immer. Amen.

Rudolf Smend
Psalm 24

Die Erde ist des Herrn und was darinnen ist,
der Erdkreis und die darauf wohnen.
Denn er hat ihn über den Meeren gegründet
und über den Wassern bereitet.
Wer darf auf des Herrn Berg gehen,
und wer darf stehen an seiner heiligen Stätte?
Wer unschuldige Hände hat und reines Herzens ist,
wer nicht bedacht ist auf Lug und Trug
und nicht falsche Eide schwört:
der wird den Segen vom Herrn empfangen
und Gerechtigkeit von dem Gott seines Heiles.
Das ist das Geschlecht, das nach ihm fragt,
das da sucht dein Antlitz, Gott Jakobs.
Machet die Tore weit und die Türen in der Welt hoch,
dass der König der Ehre einziehe!
Wer ist der König der Ehre?
Es ist der Herr, stark und mächtig,
der Herr, mächtig im Streit.
Machet die Tore weit und die Türen in der Welt hoch,
dass der König der Ehre einziehe!
Wer ist der König der Ehre?
Es ist der Herr Zebaoth;
er ist der König der Ehre.

Liebe Gemeinde! Was wäre wohl, wenn wir das wirklich wüssten: *Die Erde ist des Herrn und was darinnen ist, der Erdkreis und die darauf wohnen?* Also: des Herrn ist der Boden, auf dem wir stehen, die Luft, die wir atmen, das Wasser, das wir trinken. Des Herrn sind alle Regionen und Länder, eingeschlossen Irland, Libanon und Rhodesien, eingeschlossen die USA, die Sowjetunion, China und Indien. Des Herrn ist die Stadt Göttingen mit ihren Straßen, Plätzen und Häusern, die Universität mit ihren Fakultäten und Fachbereichen, Instituten und Seminaren und mit ihren Selbstverwaltungsgremien und mit dieser Kirche hier. Des Herrn sind die Menschen, denen wir da begegnen: die wir noch nicht kennen, die wir kennen, die wir schon zu gut kennen. Des Herrn ist jeder von uns, ist sein Wachen und Schlafen und Träumen, sein Arbeiten und Ausruhen, sein Agieren und Reagieren, sein Essen und Trinken, jeder Schritt, den er tut.

Was wäre wohl, wenn wir das wirklich wüssten, wenn wir es uns Tag für Tag ins Gedächtnis riefen? Wir würden mit den Dingen und den Menschen und uns selbst mit größerem Ernst, aber auch mit mehr Heiterkeit umgehen. Wir würden vieles nicht tun, was wir tun, und vieles tun, was wir nicht tun. Es geschähe unendlich viel weniger Unrecht, als jetzt geschieht. Es sähe anders aus in uns und um uns herum.

Aber wir wissen es ja nicht wirklich und verlieren unser bisschen Wissen davon immer wieder aus dem Sinn. Unser Leben ist herrenlos oder hat doch ganz andere Herren als den, der die Erde gemacht hat: unsere sogenannte Selbstverwirklichung in guten und bösen, großen und kleinen, wichtigen oder ganz gleichgültigen Dingen; die Maßstäbe und die Moden von gestern, heute und gewiss auch morgen; Begeisterung und Wahn, individuell und kollektiv; die Ressentiments, die die Kehrseite davon sind; bis hin zum blanken Hass; hinter dem allen die Lebensangst, die so viele aufzuzehren droht, auch, ja gerade im Bereich einer Universität, wo man im Sehen geübt wird.

Mag dies alles noch so mächtig sein und uns womöglich ganz und gar beherrschen, mögen wir ihm mit Haut und Haaren verfallen sein und da nicht herauskönnen oder auch heraus wollen, es gilt von dem allen doch, und das ist hier zu bezeugen: wir gehören ihm vielleicht oder sicher de facto, de jure gehören wir ihm nicht. De jure gehören wir allein dem einen Herrn, der die Erde *über den Meeren gegründet und über den Wassern bereitet* und der sie seitdem nicht preisgegeben hat.

Aber sind das nicht bloße schöne Sätze, ist es nicht Ideologie ohne Kriterium und Wirklichkeit, trifft es denn wirklich zu? Hat unser Wissen davon, das so vieles bei uns anders sein lassen könnte, wirklich einen Anhalt? Ist es wirklich ein Wissen? Wie oft können wir mit Händen greifen, dass, wo von diesem Herrn gesprochen wird, in Wirklichkeit einer von jenen anderen Herren gemeint ist, dass unsere Götzen den Namen Gottes bekommen – eine Gefahr, vor der auch keine

Theologie sicher ist, ja sie manchmal am wenigsten. Immer wieder entlarvt sich unser Reden von Gott als ein Reden von diesem und jenem, aber nicht von Gott. Und wie soll es auch anders sein, wo wir ihn ja nicht sehen und wissen wie alles Übrige, wo alle unsere Gottesbeweise nur ein geistreiches Spiel sind, das sich nicht verbindlich machen lässt – bis hin zu dem scheinbar ehrlichsten und radikalsten: dass wir gerade im Scheitern und im Fallen Gott erführen, als die Grenze, an die wir stoßen, als die Hand, in die wir fallen; das ist eine fragwürdige Rechnung, keineswegs eine allgemeingültige Erfahrung, geschweige denn ein Beweis.

Und so scheint es denn sein Bewenden dabei haben zu müssen, dass dieser Satz da irgendwo steht, die Erde sei des Herrn und was darinnen ist, weil er sie gemacht habe – und man glaubt diesen Satz oder glaubt ihn eben nicht, weil dieser Herr nicht sichtbar und nicht erweislich ist, eine Größe, die sich beim Zugriff verflüchtigt, etwas Imaginäres womöglich. Und das ist uns im Grunde ganz recht. Wollen wir denn wirklich diesen Herrn? Das Leben ist kompliziert genug, wir haben alle Hände voll zu tun, es aktiv oder passiv, mit oder ohne Pathos halbwegs zu meistern, und können es kaum gebrauchen, dass da noch dieses Auge auf uns ruht, das Auge dieses Herrn, der doch womöglich noch etwas anderes ist als eine fernste Grenze oder höchste Höhe oder tiefste Tiefe, wovon sich schön und geistreich reden lässt, wovon aber unsere Kreise auch nicht nennenswert gestört zu werden brauchen.

Von diesem Herrn nämlich werden sie gestört. Er ist gar nicht so weit entfernt. In der Vorstellung unseres Psalms kann man zu ihm hingehen, auf seinen Berg, an seine heilige Stätte; das ist in Jerusalem, ganz nah dabei. Dieser Herr bleibt also keineswegs in fernen Dimensionen, in der Unverbindlichkeit, man kann seine Gegenwart nicht verdrängen, sich nicht um ihn herumdrücken. Man ist ihm unausweichlich konfrontiert, und die Bedingungen der Begegnung bestimmt er.

Sie lauten: *Wer darf auf des Herrn Berg gehen, und wer darf stehen an seiner heiligen Stätte? Wer unschuldige Hände hat und reines Herzens ist, wer nicht bedacht ist auf Lug und Trug und nicht falsche Eide schwört.* Wer ist das? Das ist doch wohl ein Mensch, der wirklich keine andern Herren hat, denn im Dienste dieser Herren pflegt man sich schmutzige Hände zu machen und falsche Eide zu schwören. Gibt es einen solchen Menschen? Vielleicht, vielleicht, aber wir werden es von niemandem sicher sagen können, und niemand wird es von sich selbst sagen, es sei denn in einer bodenlosen Borniertheit oder in einer noch bodenloseren Verwegenheit, die diesem Herrn gegenüber das höchste Risiko ist; es wird unter uns nicht viele Hiobs geben. Wohl aber wird es viele geben, wenn wir es nicht sogar alle sind, die die Nähe dieses Herrn, wenn es mit ihr ernst werden könnte, scheuen als etwas aufs höchste Beunruhigendes, ja Gefährliches, die diese Begegnung umgehen, hinausschieben, ausschlagen; beim Gedanken an unseren Tod ist das ja wohl auch immer dabei, und zwar sowohl bei denen, die sich auch sonst Gedanken um Gott machen, als auch bei denen, die das normalerweise nicht tun.

Aber was umgehen wir damit, was schieben wir hinaus, was schlagen wir aus? Wir schlagen aus, dass wir zu denen gehören, von denen der Psalm sagt: *die werden den Segen vom Herrn empfangen und Gerechtigkeit von dem Gott ihres Heils. Das ist das Geschlecht, das nach ihm fragt, das da sucht dein Antlitz, Gott Jakobs.* Den Segen des Herrn empfangen wir dann, wenn wir nach ihm fragen, wenn wir ihn suchen, wenn wir zu ihm kommen, und das hat die genannten Bedingungen. Ein circulus vitiosus, der in die Verzweiflung oder in gewaltige moralische und religiöse Kraftanstrengung und dann ganz ebenso oder noch tiefer in die Verzweiflung treibt, indem sich nämlich Gottes gutes Gesetz, wenn es zum Vehikel unserer religiösen Leistung, unseres Anspruchs an Gott wird, in das Gesetz der Sünde und des Todes verwandelt. Das ist unsere Lage vor dem Herrn der Welt, eine Lage ohne Vorwärts und Zurück, soweit es irgend unsere Möglichkeiten angeht.

Aber nun bleibt es doch nicht bei unseren Möglichkeiten. In unseren Psalm kommt auf einmal eine gewaltige Bewegung. Da steht jemand vor den Toren, *der König der Ehre, der Herr, stark und mächtig, der Herr, mächtig im Streit, der Herr Zebaoth* – kein anderer als der, der die Erde gemacht hat und dem sie mit allem, was in ihr ist, gehört. Er will einziehen, ihm sollen die Tore geöffnet werden, nein sie sollen sich ihm selbst öffnen, wie es im hebräischen Text unvergleichlich heißt: *Erhebet, ihr Tore, eure Häupter!* Er ist nicht schon immer da, er kommt auf einem Weg, auf dem auch Menschen kommen, er wird eingelassen und dabei wird zweimal nach der Aufforderung an die Tore wie eine Parole sein Name mit seinen Beinamen ausgerufen, und nun ist er da und alles ist anders.

Für uns, die wir, auf unsere eigenen Möglichkeiten gesehen, in hoffnungsloser Lage ohne Vorwärts und Zurück dem Herrn der Welt

konfrontiert sind, ist es freilich auf sehr andere Weise anders, als der
alttestamentliche Psalm es sich nur irgend hat träumen lassen. Der
einziehende Herr, *der König der Ehre, der Herr stark und mächtig,
der Herr mächtig im Streit, der Herr Zebaoth*: das ist für uns der, der
da nach dem Palmsonntagsevangelium, das wir vorhin hörten, auf dem
Esel in Jerusalem eingezogen ist, als der *Sanftmütige*, auf dem Weg in
Leiden und Tod für die Menschen, für uns. Seine Hände waren un-
schuldig, sein Herz rein, er war nicht bedacht auf Lug und Trug und
schwor nicht falsche Eide: er als der einzige Mensch, von dem wir das
ganz sicher sagen dürfen. Umwertung aller Werte, so will es scheinen,
diese neue Definition, diese endgültige Wirklichkeit dessen, was der
König der Ehre, der Mächtige im Streit ist – und dem entsprechend
die gänzliche Veränderung unserer hoffnungslosen Lage ohne Vorwärts und Zurück: das Gesetz der Sünde und des Todes wird gegen
alle Logik der Gerechtigkeit an dem exekutiert, der von keiner Sünde
wusste, nicht an uns, wir können und dürfen uns wieder bewegen,
dürfen gehen, auch laufen, auch einhalten – die Richtung ist gewiesen
durch die Richtung, in der er uns vorangeht, der sanftmütige König,
der im Tode war und den Tod überwunden hat, unser Herr.

Das ist die Herrschaft dieses Herrn, das ist die Art, in der ihm alles
gehört, in der auch wir ihm gehören. Das ist die Gestalt, in der er
kraft dessen, was wir in den nächsten Wochen, zu Ostern und zu
Pfingsten, feiern werden, keine ferne Erinnerung, sondern lebendig
unter uns ist. Und so müssen, nein so dürfen wir ihn an jedem Tag
und in jeder Stunde vor Augen haben, ganz befreit und ganz verpflichtet – befreit und verpflichtet auch dazu, alle Dinge und alle Menschen
und uns selbst in seinem Licht zu sehen. In allen unseren Begegnun-
gen begegnet uns heimlich er – nicht als wäre er identisch mit denen,
die uns da begegnen, aber er steht unsichtbar dabei als der, der für die
eingetreten ist und eintritt, mit denen wir es zu tun haben, auch wenn
sie das gar nicht wissen und wenn uns das gar nicht gefällt. Wenn wir
das wissen, dann sieht es wohl wirklich anders aus in uns und um uns
herum.

Wir gehen nicht mehr auf einen heiligen Berg, für den es Bedingungen des Zutritts gibt. Wir sind besucht aus der Höhe und sind
aufgefordert und eingeladen, dem Besucher unsere Türen zu öffnen:
die Türen, hinter denen wir allein oder in allen möglichen Gemein-
samkeiten unser Wesen treiben, in Räumen, die, ob wir uns das klar-
machen oder nicht, allzuoft Käfige sind, Käfige, in denen uns jene

vorgeblichen Herren gefangenhalten und in denen darum so viel von dem Lug und dem Trug und den falschen Eiden umherschwirrt, die die Gegenwart des wahren Herrn ausschließen. Öffnen wir ihm unsere Türen, ihm und damit der Wahrheit und der Freiheit, die er uns bringt! Amen.

Lothar Perlitt
Psalm 30

ICH WILL DICH ERHEBEN, HERR,

denn du zogst mich herauf
und ließest meine Feinde nicht triumphieren über mich.

Herr, mein Gott, ich schrie zu dir,
und du machtest mich gesund.
Du führtest meine Seele aus dem Totenreich herauf,
du riefst mich ins Leben zurück,
von denen weg, die hinabsinken ins Grab.

Singet dem Herrn, ihr seine Getreuen,
rühmet seinen heiligen Namen!
O ja: ein Augenblick – in seinem Zorn,
ein Leben lang – in seiner Huld,
am Abend: Weinen,
am Morgen: Jubel.

Ich aber dachte, als ich sorglos war:

»Niemals werde ich fallen.«
Mit deiner Güte hattest du mich sicher gemacht.
Doch als du dein Angesicht verbargst,
war ich tief verstört.

Da rief ich zu dir, Herr, und flehte:

»Welcher Gewinn war in meinem Blut,
wenn ich hinabfahre in die Grube?
Kann der Staub dich rühmen?
Höre doch, Herr, sei mir gnädig,
Herr, sei mein Helfer!«

Da hast du mein Klagen verwandelt in Tanzen,
  gelöst mein Trauergewand, mich gegürtet mit Freude,
  dass ich dir singe und nicht mehr verstumme.

HERR, MEIN GOTT, AUF EWIG WILL ICH DICH RÜHMEN!

Wenn man sich darauf verlassen könnte, liebe Gemeinde: nach dem Verkehrsunfall den Staub abklopfen, wenn das die schöne Regel wäre: »am Abend: Weinen, am Morgen: Jubel«, dann lohnte es die Tränen kaum. Doch die Erfahrung lehrt: Darauf kann man sich *nicht* verlassen. Darum ist soviel Klage in der Welt, bei Juden wie bei Christen. Nun aber dieser Psalm: Gotteslob in der ersten wie in der letzten Zeile. »Du hast mein Klagen verwandelt in Tanzen« – schön für dich, du Beter aus uralter Zeit; aber was sagen die anderen, die in der Tiefe stecken blieben, die auch am Morgen noch weinen? Ja, was sagen die anderen? In den Klagen Israels sagen sie zuerst einmal das Zauberwort: »Du! Du, mein Gott!« Der Beter des 130. Psalms nennt uns selber den Ort, von dem her er dieses »Du« sagt: »Aus der *Tiefe* rufe ich, Herr, zu dir.«

Also sind Klagen und Tanzen nicht so säuberlich aufzuteilen. Die Tiefe ist ja auch dem Beter des 30. Psalms nicht fremd, wie gleich der erste Satz zeigt: »Du zogst mich heraus.« Und das seltene hebräische Wort meint: wie den Eimer aus dem Brunnen, wie die Karre aus dem Dreck – so mich aus der Tiefe. Also kommt sein Gotteslob nicht aus Erfahrungsarmut.

Was sind das eigentlich für Menschen, diese Psalmbeter? Ob in der Tiefe oder obenauf, immer sagen sie: »Du! Du, mein Gott!« Sie sagten es mit einem Bein im Totenreich (im Hades, wie die Griechen übersetzten; im Infernum, wie es in der lateinischen Bibel heißt), und sie sagten es noch in der Hölle, in die wir sie schickten in diesem glorreichen Jahrhundert.

»Du«: damit wird die Sache mit den Tränen nicht einfacher. Der Klagende reißt vielmehr den Schöpfer in seine Tiefe herein: Da unten rühmt er, da unten soll der Gott es hören.

Also, was für ein Bekenntnis: »Am Abend: Weinen, am Morgen: Jubel«: Wer vermag die vier Substantive zu decken mit seiner Biographie? Sie sind ja nicht zum Nachplappern; aber es muss ihnen eine Erfahrung zugrunde liegen, von der wir nur träumen: »Herr, mein Gott, auf ewig will ich dich rühmen!« Wir müssen diese Erfahrung zu verstehen trachten, wir müssen den Psalm nachbuchstabieren. Die Gliederung des Textes, die Sie in den Händen haben, kann dabei helfen.

Wie uns der Psalm vorliegt, berichtet er zweimal von demselben Erleben:»Ich schrie, du halfst« – so im ersten und so im letzten Block. Daran sehen wir: Der Psalm kommt nicht aus einem einzelnen Munde und nicht aus einer einzigen Stunde. Er spiegelt vielmehr die lange Übung und Erfahrung vieler Beter. Er ist eine Gebetshilfe, in der viele sich bergen können mit ihrem ganz unterschiedlichen Glück und Elendsein. Das befreit auch uns davon, das Ganze biographisch aufzuschlüsseln.

Auf halber Strecke unterbricht der Beter sein Gespräch mit Gott und sucht die Zustimmung der Gemeinde. Dabei zitiert er die Gotteserfahrung von Jahrhunderten:»Nicht wahr, es stimmt doch, es bleibt doch dabei, trotz allem: Ein Augenblick – in seinem Zorn, ein Leben lang – in seiner Huld«? So hat der Psalm zwei Sprechrichtungen. Der Beter sagt Ich und Du und Ihr. Gemeinschaft mit Gott wie mit den Menschen entsteht für ihn im Gebet. Wer das Du nicht erschwingt, ist auch zum Ich nicht fähig. Um es im heutigen akademischen Kauderwelsch zu sagen: Der Psalmist findet seine»Identität« nicht in der Diskussion, sondern im Anstimmen des Lobliedes.

So endet das Gebet, wie es beginnt:»Auf ewig will ich dich rühmen!« Wer das überliest, bleibt in der Klage stecken – in der Klage, die der Beter nicht unterdrückt, wohl aber übersteigt. Dabei umfasst der Psalm ein ganzes Drama von Zuständen und Haltungen. Von der Gegenwart her sieht der Beter auf Vergangenheit und Zukunft. Daraus ergeben sich Zeitstufen, die man aber nicht psychologisieren darf.

Auf der ersten Stufe – im Text ist es ungefähr die Mitte – begegnet uns die viel gepriesene Normalität:»Als ich sorglos war.« Das Leben ohne Krankheit und Feindschaft, das Leben aus dem Reiseprospekt. Aber im Rückblick des Beters gibt es nur gedeutete Normalität:»Als ich – *noch* – sorglos war, dachte ich: Niemals werde ich fallen!« Das sagten die Gottlosen immer. Sorglosigkeit heißt hier also: securitas, Gleichgültigkeit, schöne Gedankenlosigkeit, während wir doch für jeden einzelnen Tag ohne schweres Leid schon auf die Knie fallen müssten!

Denn: solange wir laufen und arbeiten können (statt über Leistungsdruck zu faseln und damit alle Kranken und Behinderten zu beschämen), solange es Menschen gibt, die wir und die uns brauchen, so-

lange es jene kostbaren Augenblicke gibt, in denen wir die Sonne
sehen, Musik hören oder unser Geschlecht fühlen – eben so lange sollten die Atemlosigkeit und das Staunen über das Schöne anhalten, oder
wie der Psalmist sagt: »da ich dir singe und nicht mehr verstumme.«
Ein Tag ohne Dankbarkeit ist ein Tag der Empfindungslosigkeit,
der Stumpfheit, der Faulheit des Herzens. Wie spät, aber wie groß ist
darum die Erkenntnis: »Mit deiner Güte hattest du mich sicher gemacht.« Sicher, schläfrig, überfressen, undankbar: ein Elend sui ge-
neris, Wohlstandskriminalität unter Gottes Güte.

Da geschieht das Unheil – oder sollen wir sagen: der Anfang des
Heils? Was geschieht? Wir würden reden von Pest und Cholera, von
Krebs und Krieg. Das alles meint der Psalmist auch; aber er sagt es
abgründiger, er nennt, was alle diese Übel auslöste und deren größtes
ist: »Doch als du dein Angesicht verbargst ... « Das Unheil kommt
also nicht von ungefähr, sondern von Gott. Von ihm kommt alles oder
gar nichts. Darum ist der Beter so tief verstört: Ihm ist der Himmel
eingestürzt. Aber warum verbirgt denn Gott sein Angesicht, so dass
alles in Nacht versinkt? Darauf ist schwer zu antworten. Das Alte Testament sagt: Wenn oder weil er straft. Aber es kennt daneben auch
eine ganz unfassbare Fremdheit und Unberechenbarkeit Gottes.

Bei Gelegenheit der Auslegung von Genesis 11 geriet Luther an
unseren Psalm und schrieb: »Warum macht Gott das so? Warum gibt
er seinen Heiligen keine bleibende beständige Freude? Ich weiß es
nicht. Ich sehe nur: so ists die Regel, so ists bei allen Heiligen, ja
auch bei Christus ... «

Nun könnte einer sagen – und es sagen ja viele: Dann lasst doch
endlich Gott aus dem Spiel! »Kannst du haben«, sagt Luther, denn er
fährt fort: »Darum verbirgt Gott sein Angesicht ein wenig und überlässt den Menschen sich selber.« Der sich selber überlassene, der von
Gott »befreite« Mensch ist aber gerade nicht der freie, sondern nur der
allein gelassene Mensch. Darum die »tiefe Verstörung«.

Es ist ein Wunder, dass im Psalm nun Klage und Bitte folgen – ein
Wunder, weil der Verstörte überhaupt eine Adresse weiß. Klage und
Bitte: der Schritt aus der Verlassenheit heraus und in die Freiheit
hinein. Verblüffende Freiheit übrigens, denn der Beter wird sofort
unverschämt – wie der Freund im Evangelium, in Lukas 11: »Was
hast du davon, wenn ich draufgehe? Der Staub, der von mir übrig-
bleibt, kann dich nicht rühmen.« Das heißt doch: Sei so nett, tu dir
den Gefallen, mich zu retten!

Noch einmal: was sind das eigentlich für Menschen, die so beten? Wirkliches Leben heißt für sie jedenfalls, Gottes Treue verkünden. Wo das nicht geschieht, fängt der Tod an, mitten im Leben. Leben ist für sie nicht Da-sein, sondern Du-sagen.

Aber vielleicht kann man gar nicht anders bitten als in dieser Mischung aus Zutrauen und Zudringlichkeit. In seiner »Vermahnung zum Gebet wider den Türken« schreibt Luther:»Darumb so denke, wo du beten willt, da du keck und unverschampt daher kniest oder tretest ...« Darum also im Psalm die rotzfreche Frage:»Kann etwa der Staub dich rühmen?«

Damit sind wir schon auf der nächsten Stufe:»Ich schrie zu dir und du machtest mich gesund.« Da steht kein zögernder Atemzug zwischen Vorder- und Nachsatz. Dazwischen steht Gottes Güte; und natürlich steht dazwischen der vielgestaltige Tod, der sich nach israelitischer Anschauung tief in das Leben vorwagt, also lange ante mortem geschmeckt wird.

Aber für den Psalmisten ist das trotzdem ein einziges Taumeln ins Glück:»Ich schrie zu dir und du machtest mich gesund.« Er hätte hinzufügen können:»Weil du barmherzig und gnädig bist.« Aber er fügt das Zitat hinzu, das er hier mit seinem ganzen Gebetsbericht verteidigt:»Ein Augenblick – in seinem Zorn, ein Leben lang – in seiner Huld.«

Wir wissen nicht, liebe Gemeinde, was in dem einzelnen Beter vorging; wir wissen nur, dass er Vorbeter und Nachbeter dieses Bekenntnisses hatte und dass alle die Schmerzen über die Jahrhunderte das Gebet Israels niemals erstickt haben.

»Dass ich dir singe und nie mehr verstumme«: Das ist der Schritt in die Zukunft hinein. Wir fragen ein wenig beklommen: Kann das auch der Schritt der Kranken oder der Sterbenden sein? Hier darf man das Maul nicht vollnehmen, wenn man's nicht erlitten hat. Aber die Berührung mit der Todessphäre durchzieht ja den ganzen Psalm. Dann muss also auch bei Leid und Tod gelten:»Ein Leben lang – in seiner Huld.« Es steht da ja nicht:»Ein Leben lang – in Schmerzfreiheit.« Vielleicht hält der Psalmist die Erkenntnis durch: Wenn Gott sein Angesicht wieder schauen lässt, dann ist Zeit des Rühmens, im Leben wie im Sterben.

»Du machtest mich gesund«: Da ist also noch etwas anderes als Abwesenheit von Leid, etwa in der Richtung, in der André Gide an Paul Claudel schrieb:»Ich glaube, dass Leiden und Schmerzen Schlüssel sind für Türen, die sich sonst nicht öffnen.« Die Flucht vor dem Schmerz ist demnach *nicht* die Flucht in Gottes Arme. Es wäre hier auch des unreligiösen, des uns so fremden Satzes von Gottfried Benn zu gedenken: »Großer Vater, du willst sie menschenwürdig machen durch Leiden, aber sie gehen schon wieder auf Omnibusreisen ...« Das wäre dann die Flucht aus dem Weinen *wie* aus dem Rühmen.

Ach, liebe Gemeinde, es ist ein unermesslich großes Quantum Trauer in der Welt. Die Psalmisten sind des Zeugen. Wir brauchen uns unserer Tränen und unserer Ratlosigkeit nicht zu schämen. Die Parole, wir sollten »Trauerarbeit leisten«, ist bis in die letzte Faser, besser noch: bis in die letzte Kunstfaser die Sprache der Entfremdung und schlechtes Deutsch dazu.

»Du machtest mich gesund«: Damit deutlich wird, was ich meine, wage ich den Satz: Der leidende Christus war, wie niemand sonst, gesund. »Nicht wie ich will, sondern wie du willst«: Das ist die Gesundheit, die hier den Beter tanzen macht, auch wenn es sonst niemand für möglich hält, da einer in Qualen bekennt: »Du hast gelöst mein Trauergewand, mich gegürtet mit Freude.«

Liebe Gemeinde, ich habe Sie hineingerissen, ich habe mich selber hineinreißen lassen in die innere Bewegung dieses Gebetes. »Am Abend: Weinen, am Morgen: Jubel«. Abend und Morgen sind Bildworte. Luther hat die Bilder weitergedeutet, nun eben als Christ: Abend ist »nur in diesem Leben, das bald in der Nacht des Todes aufhört«, Morgen ist »der ewige Tag ohne Nacht«. Das ist wohl der Überschuss über den alttestamentlichen Psalm: über unseren Häuptern ewige Freude – nicht, wenn die Sonne aufgeht, sondern wenn der Jüngste Tag anbricht. Darauf möchte ich mich allerdings verlassen.

Uns bleibt in dieser österlichen Zeit die Bitte der beiden Jünger an den auferstandenen Christus: Bleibe bei uns – am Abend des Tages, wenn wir weinen, am Abend des Lebens, da wir sterben, am Abend der Welt, da wir ewig dich rühmen. Amen.

Hansfrieder Zumkehr
Psalm 36,6–10

HERR, deine Güte reicht, so weit der Himmel ist,
und deine Wahrheit, so weit die Wolken gehen.

Deine Gerechtigkeit steht wie die Berge Gottes und dein Reich wie die
große Tiefe.
HERR, du hilfst Menschen und Tieren.

Wie köstlich ist deine Güte, Gott,
dass Menschenkinder unter dem Schatten deiner Flügel Zuflucht haben!

Sie werden satt von den reichen Gütern deines Hauses,
und du tränkst sie mit Wonne wie mit einem Strom.

Denn bei dir ist die Quelle des Lebens,
und in deinem Lichte sehen wir das Licht.

Liebe Gemeinde unter dem weiten Himmel und auf der Rührbergerde
Gottes!

Wo liegt die Welt? Ein Oberkirchenrat vom alten Schlag stellte diese
Frage beim Examen. Wo liegt die Welt? Eine gute Frage, auf die es eine
noch bessere Antwort gibt: Die Welt liegt im Licht. Gott bescheint sie.
Ausgezeichnet, hätte der Karlsruher Kirchenmann hoffentlich gesagt,
auch wenn ich weiß: Er wollte etwas anderes hören auf die Frage: Wo
liegt die Welt? Hören wollte er: Im Argen. Ich vermute: Er wollte
testen, ob die zukünftige Pfarrerschaft sich auskennt bei Kant, dem
scharfsinnigen Philosophen. Der beginnt nämlich ein Buch brummig so:
»Dass die Welt im Argen liege, ist eine Klage, die so alt ist, als die
Geschichte . . .« (Die Religion innerhalb der Grenzen der bloßen Vernunft, Kant, Werke, Bd. 7, S. 665). Aber Kant liegt falsch. Die Welt
liegt im Licht. Gott bescheint sie. Dieses Licht leuchtet uns entgegen
aus dem Gotteswort und am Gottesort. Dieses Licht leuchtet auf in dem,
der sagt: Ich bin das Licht der Welt. Lichtvoll und erhellend ist das
Gotteswort und der Ort, wo Gott wohnt und wo er uns begegnet.

Der Psalmdichter führt uns darum zum hellsten Ort, den es auf der Welt gibt: In das Gotteshaus, in den Tempel. Dort ist Gott gegenwärtig. Gottes Lichtglanz sieht er scheinen über der Bundeslade, da, wo Gott wohnt, Gottes Lichtangesicht in einem stockdunklen Raum, im Allerheiligsten. Der Psalmist ist begeistert von Gottes Gegenwart. *»Henei! So wit längt Di Güeti, so wit wie dr Himmel isch. So wit längt Di Wohret, so wit wie d Wulke göhn.«* Unser Psalmdichterfreund – voll von Gott, gotttrunken fast. Gott, Gott, Gott! Deshalb gehen ihm die Augen auf, strömen gottvolle Worte über seine Lippen. Der Himmel, die Wolken, Urmeerestiefe und Gottesberghöhen: sie werden ihm zu Bildern für Gottes Herrlichkeit. Gottes Güte, Gottes Wahrheit – blick in alle Himmelsrichtungen, nach oben und nach unten. Dort leuchtet dir seine Güte entgegen, hier tröpfelt seine Wahrheit auf dich. Seine Gerechtigkeit: So fest wie das massivste Massiv, Eiger, Mönch und Jungfrau. Sein Recht so abgrundtief wie der tiefste Marianengraben. Die Gedanken des Psalmdichters im dunklen, abgeschlossenen Tempelraum kreisen ganz um Gott. Darum kommt er ins Schwärmen. Die Natur stellt ihm ihre Pracht zur Verfügung, versorgt ihn mit Formen und Farben, leiht ihm Vergleiche aus zum Gotteslob. Denn er muss dick auftragen. Die Welt liegt im Licht, am heiterhellen Tag und in der Nacht.

». . . us der Heimet chunnt der Schi;/ 's muess lieblig in der Heimeth sy!« Das ist der Lichtschimmer, wie Johann Peter Hebel ihn sieht. Aus der Heimat, sagt er, und denkt im Leben nicht an unser liebliches Markgräflerland. *Us der Heimet chunnt der Schi,* aus der Heimat, wo Gott das Licht ist. So predigt Hebel im Gedicht *»Der Wächter in der Mitternacht«.* Eine lichtvolle Predigt ist dieses nachtdunkle Gedicht. Denn es spricht vom Licht in der Finsternis auf seine Weise.

Der Nachtwächter überquert auf seinem Weg vom Oberdorf ins Unterdorf den Gottesacker. Man hört die Nacht förmlich: *»und d' Mitternacht schnuuft vo de Berge her.«* Alles ist wie tot. Doppelt tot sogar: mehr Nacht kann es nirgendwo geben als nachts auf einem Friedhof. Liegt die Welt auch hier im Licht? Der Nachtwächter sieht und erkennt es im Blinken der Sterne. Die im Totenschlaf und die, die wie tot schlafen, werden beleuchtet. Das Licht kommt von Gott. Bei ihm ist die Heimat. Darum wird es licht sein um den Abend und in der tiefsten, totesten Nacht. Von der himmlischen Heimat her wird die Erde und auf ihr der Rührberg beleuchtet. *»Us der Heimet chunnt der*

Schi« – erst recht am heiterhellen Tag mit quicklebendigen Menschenkindern, jungen und altgewordenen.

Gott bescheint die Welt. Von ihm bekommt unser Leben Licht. Er gibt unserer Weltsicht die richtige Beleuchtung: erhellt unseren Verstand, erleuchtet die Sinne, scheint ins Herz.

Unser Psalmpoet kommt da drauf, weil er an den Gottesort und zum Gotteswort geht. Er fängt mit Gott an, sein erstes Wort lautet »Herr«. Im dunklen Raum, aber in der lichtvollen Gegenwart Gottes – da fallen ihm diese plastischen Naturbilder zu. Zuerst redet er von Gott, von seiner Güte, seiner Wahrheit. Erst danach malt er sich das aus, malt, was Gott für ihn bedeutet.

Liebe Gemeinde! Erst zu Gott gehen, mit ihm anfangen, dann finden sich Formen und Farben, das rechte Licht für unsere Psalmen und Gedichte. Von ihm her fällt das rechte Licht auf unser Denken, unser Reden von Gott, auf unsere Weltsicht. Andersherum wird kein Schuh draus, schon gar nicht ein Gott. Der Gott etwa, den manche im schönen grünen Wald erwarten, der Gott aus der Natur ist keiner, *machet was dr weit.* Der Psalmist fordert uns nicht auf: »*Gang in Wald, dört bisch nöcher biim Herrgott as in dr Chilche!*«

Das ist der ärgste Fehler der Markgräfler. Das haben wir nicht begriffen. Mancher Heimatdichter nach Hebel auch nicht, leider! Die fangen bei der Heimat an und mit der Gegend und machen aus dem lieben Gott das Itüpfelchen davon. Aber die Schöpfung zeigt uns viel weniger von Gott als wir denken. Die Markgräfler »Droste« Lina Kromer von Obereggenen hat das begriffen. Sie macht es dem Psalmdichter gleich und setzt ein mit Gott: »*Di Offebare neigt si,/ un mi Erchenne stigt;/ in Geischt un Wohret zeigt si,/ was d'Schöpfig suscht verschwigt.*« (Nur ein Mensch zu sein, S. 91).

Wir Menschen haben unseren begrenzten Denkhorizont, sammeln darin Erfahrungen und machen uns einen Reim darauf. Was dabei herauskommt, ist ein beschränkter Gott, ein Gott nach unserem Model. Der gleicht dann unseren Bedürfnissen und Einsichten. Der ist brauchbar und nicht sehr interessant. Der lässt uns nicht überschwänglich loben.

Der Notgott zum Beispiel. Wenn Not am Mann oder an der Frau ist, dann: Hilf mir! Gib mir Kraft! So brauchen wir ihn. Zitieren ihn her zu uns. Jetzt ist ja das verrückt Schöne bei Gott: Er lässt sich auf dieses Spiel ein. Wir bekommen seine Hilfe. Wir spüren seine Nähe. Gerade weil seine Güte und Wahrheit so weitreichend ist, reicht sie in den engen Horizont unseres Glaubens und unserer Frömmigkeit. Deshalb kann er sich auch so ganz klein machen, passt sogar in eine Futterkrippe. Er geht hinein in unsre kleine Alltagswelt und lässt sich als Helfer, als rettender Engel erfahren. Aber Leute: der Himmel ist weiter, die Wolken ziehen weiter: Ist Gott in seiner Güte und Wahrheit nicht unendlich viel größer?!

Wie gesagt: Er passt sich an unser Denken, unsere Lebenssituation an, das schon. Aber geht er darin etwa auf, in unseren mitteleuropäisch gut situierten Lebensumständen, unsrer beschränkten Denkwelt? Wir drehen uns durchaus auch im Glauben immer wieder nur um uns selbst und meinen, Gott drehe sich da mit. Wir sind ein wenig fromm und gläubig und gehen regelmäßig in den Gottesdienst. *Muess er wäge däm e Grattel ha uf üs?* Muss es ihm schon zur Ehre gereichen, wenn wir schmerzlos opfern, wenn wir in Grenzen mitleiden und betrübt sind über das Unrecht, das Mensch, Tier und Natur angetan wird? Liefert Gott uns etwa dafür die lebenschaffenden Bibelstellen, die Predigten, den Unterricht in Schule und Kirche, um uns eine seelische Grundversorgung und Stabilität zu verleihen? Ja, Gott macht sich so klein. Er passt sich unserem Horizont an. Der Herr Jesus kommt schließlich aus einer völlig abseits gelegenen römischen Provinz. Gott ist so groß, dass er sich diese Beschränktheit erlaubt. Die Gedanken, die wir uns machen über ihn, das Korsett, in das wir ihn damit zwängen – dem bequemt er sich notwendigerweise an. Er ist und gibt uns aber viel mehr. Sich selbst als Lebensquell und Lichtquelle. Er ist das Licht der Welt, unser Herr, und ihm nachfolgen heißt: »das Licht des Lebens haben« (Johannes 8,12).

Aber eben, dass wir das nun uns vorbeten und vordichten lassen: Er sprudelt über von Güte und Wahrheit. Er sprengt unseren Rahmen, glücklicherweise. Er macht uns immer wieder fassungslos, ist vielseitiger, als unser Normalverstand wahrhaben will. Weil unsere fünf Sinne dazu nur höchst begrenzt taugen, leuchtet uns Gott mit seinem Licht. Er spendiert uns etwa den Psalm 36. Den verstehen wir und in diesen Worten begegnet er uns, öffnet er uns die Augen und es wird uns wohl ums Herz. Gott, so gut bist du, dass unter allen Himmeln dieser Erde deine Güte herabtropft. Gott, so gerecht bist du, dass nichts gegen dein Massiv von Gerechtigkeit anrennen kann.

Ziehen die Wolken über die ganze Welt? Ist der Himmel überall? Diese Gottesberge von Gerechtigkeit, die stehen auch in Tschetschenien. Diese Meerestiefe von Recht, die reicht auch an Nordirlands

Strand, zu den sogenannten Protestanten und Katholiken. Ja, Gott hilft Menschen und Tieren, sagt uns der Beterfreund, und schließt die Batteriehühner ein und die BSE-verseuchten Rinder. Das, genau das ist Gottes Reichweite. So weit reicht sein Horizont. Der menschliche nicht, Gott sei es geklagt, von ferne nicht. Darum hat Kant doch recht: Die Welt liegt im Argen. Ohne dieses Licht Gottes liegt die Welt saumäßig im Argen, wir wissen es alle und wollen es schon garnicht mehr hören. Aber mit diesem Licht dringt ein Schein in das Dunkle hinein, der Farbe verleiht. Gott ist in seiner Gerechtigkeit und Güte weitreichender, umfassender, einschließender, als wir begreifen. Darum werden wir zu ihm hingezogen, mitgerissen durch solche Worte, selbst wenn wir von uns aus dagegen sprechen müssen, das Motto von Bert Brecht hochhalten: »Doch die Verhältnisse, die sind nicht so.«

Gott schafft es: Er zieht uns zu sich, macht uns *gluschtig* auf ihn. Richtig *Gluscht* auf Gott bekommen wir durch diesen prallvollen Psalm. Es tropft doch fast aus ihm heraus, so getränkt ist er mit Wohltuendem: Wie köstlich ist deine Güte, Gott, dass Menschenkinder unter dem Schatten deiner Flügel sich verstecken können vor ihrem Versagen. Wie köstlich ist es, dass wir den Frust und allen Ärger abschütteln können bei dir. Wie köstlich ist es, dass wir unser Unverständnis über Leid und Unrecht mitbringen dürfen. Satt werden von den reichen Gütern deines Hauses: *s isch gnueg do, esset un trinket, bis dr zfriede sind. Nemmet, lönts ech schmecke.* Ja, im Gotteshaus schmeckt's, diese Lokalität kann man empfehlen. Es gibt im Überfluss, selbst bei viel Steinen und wenig Brot. Jesus wirtet genauso, wir haben es in der Schriftlesung vernommen (Markus 8,1–9). Wo er ist, ist Überfluss, selbst wenn es am Lebenswichtigsten mangelt.

Dies Licht bekommen wir aufgesteckt am Gottesort und durch das Gotteswort. Ohne sein Licht sieht es auf dieser Welt trübe aus, sieht auch die schönste Landschaft und das zufriedenste Leben trübe aus, nicht erst auf dem Friedhof. Auch das freudigste *Stündli* ist ohne dieses Licht nichts. Das vergessen wir. Hebel ist nicht schuld dran. Er hat gewusst, dass Gott uns dazu verhelfen muss. Darum endet sein Gedicht »Freude in Ehren« nicht mit *em freudige Stündli*, sondern mit *der letzte Nacht.* Und die kann nur überleben, wer ein helles Gewissen von Gott bekommt. Um diese Hebelpredigt bringen wir uns, wenn wir bloß die ersten drei Strophen singen. Gott gönnt uns das Gute: *ne Gsang in Ehre, ne Trunk in Ehre*, Wald und Wiesental, Sonne und Strand. Doch er gönnt uns noch viel mehr!

Sattsein von Gott, richtig getränkt sein von Gott, Gott genießen.
Das gibt es, wenn wir zu ihm kommen. Der Psalmbeter hat uns mit-
genommen ins Gotteshaus. Heute feiern wir im Dom der grünen
Blätter. Aber das ist egal, wo seine Gemeinde sich versammelt. Sei es
in einer markgräfler Kirche mit Bossenquadern, Fresken und Storch
auf dem Kirchturm – *i chumm vo Holze* – oder in einem Andachts-
raum wie im Theologischen Studienhaus, in dem ich arbeite: Ein
Raum ohne Sonnenlicht, den man ohne Schuhe betritt. Die Studieren-
den setzen sich auf den Teppichboden oder auf Taizé-Bänkchen. Die
Kontaktpfarrerinnen und -pfarrer bevorzugen als ältere Semester die
Bank am Rand. So haben wir am vergangenen Mittwoch zum Semes-
terschluss Abendmahl gefeiert. Dicht gedrängt saßen wir und ließen es
uns schmecken mit dem Heimatwein einer mährischen Pfarrerin und
dem Brot, von zwei Studentinnen gebacken. Es braucht diese Orte und
Worte, wo ich schmecke und sehe und höre, wie freundlich der Herr
ist, wo ich mich an seinen Gaben labe, mich freue an ihm und alles
schön und einleuchtend finde, wie es ist.

Gott hat einen Ort, er ist definierbar für uns geworden, obwohl er
unfassbar ist. Man kann von ihm reden, Aussagen machen über ihn.
Ich denke bei diesem Psalm an die Definition vom Kirchenvater
Augustin: Gott ist das höchste Gut, summum bonum. Gott, das Gute
mal unendlich. Güte grenzenlos. So eine Beschreibung kann man sich
ruhig mal auf der Zunge zergehen lassen. Oder eine andere, noch
schmackhafter. Luther liefert sie in seinem Großen und unbekannten
Katechismus. »Was heißt ein Gott haben oder was ist Gott? Antwort:
Ein Gott heißet das, dazu man sich versehen soll alles Guten und
Zuflucht haben in allen Nöten!« So schreibt Luther von Gott. Alles
Gute von ihm erwarten, sich bei ihm besorgen. In aller Not zu ihm
gehen können. Luther lässt Gott sogar persönlich reden: ». . . siehe zu
und lasse mich allein Deinen Gott sein und suche je keinen andern;
das ist, was Dir manglet an Gutem, des versiehe Dich zu mir und
suche es bei mir und, wo Du Unglück und Not leidest, kreuch und
halte Dich zu mir. ICH, ich will Dir gnug geben und aus aller Not
helfen . . . « (BSLK, S. 560).

Liebe Gemeinde! Auf die Belichtung kommt es an. Wer fotografiert,
weiß das. Auf die Belichtung kommt es an, egal ob ich Fotografieren
mit ph oder mit f schreibe. Wer falsch belichtet, hat keine Freude am
Foto. *Desch isch jo nüt worde*, das ist unterbelichtet oder überbelichtet.
Die Belichtung ist für heute klar: »Denn bei dir, Gott, ist die Quelle des

Lebens, und in Deinem Lichte sehen wir das Licht.« Mit dieser Belichtung können wir viele herrliche Bilder machen, sei es am Wasser oder in den Bergen. Und in den Ferien haben wir Zeit, den Wolkenzug zu verfolgen und auszuprobieren, wie weit der Himmel ist. Auszumessen, wie weit seine Güte und Wahrheit reichen. Ob wir das je schaffen? Herr, deine Güte reicht so weit, so weit ... Sie reicht. Amen.

Gebet

Gott, Du höchstes Gut. Deine Güte reicht, soweit der Himmel ist. Unsere Güte ist begrenzt. Deine Wahrheit reicht, so weit die Wolken gehen. Unsere Wahrheit ist beschränkt. Darum kommen wir zu dir, dem Lebensquell und der Lichtquelle, kommen hungrig nach deinen Gütern, kommen übersättigt von Stress, von Unannehmlichkeiten, haben genug von zu viel Einsamkeit oder zu viel Trubel. Danke, dass du uns an dich heranlässt. Danke, dass du uns in Schutz nimmst. Wir wälzen unsere Schuld auf dich. Wir schieben unsere Sünde zu dir.

Danke, dass wir nicht leer bleiben, sondern jetzt spendierst du uns neues Leben. Gibst uns dein wohlschmeckendes Wort, teilst Wegzehrung aus für die neue Woche, überschüttest uns mit deinem Geist.

Aber es gibt noch soviel zu klagen vor dir. Höre uns, Herr! Deine Menschenkinder lassen sich nicht speisen mit deiner Wahrheit und Gerechtigkeit. Es gibt soviel zu klagen: wir können zu oft nicht erkennen, wie du Menschen und Tieren hilfst in ihrer Not. Höre deine Gemeinde, Gott! Spanne deinen gütigen Himmel aus über den Notorten dieser Erde. So viele sind es, wenige nennen wir dir eindringlich, wo wieder Krieg aufflammt, Gewalt sich entzündet, wo immer noch die Bösen und ihr Unrecht siegen: Nordirland, Bosnien, Tschetschenien. Herr, jetzt bist du dran. Erhöre uns.

Gib denen, die Macht und Möglichkeit haben, den Willen, sie einzusetzen für mehr Menschenrecht, Tierrecht, Naturrecht. Gib uns, gib mir ganz persönlich zu erkennen, was ich dabei tun kann. Lass nicht zu, dass mein Gebet versiegt, mein Geldbeutel verschlossen bleibt, meine Aufmerksamkeit für diese Dinge sinkt.

Mach uns Lust auf dich, Herr. Daß wir dir singen und musizieren, dir leben und dir sterben. Von Dir erwarten wir alles Gute, gütiger Gott. Bei dir ist das Glück. Herr, du bist jetzt dran. Wir bitten Dich: erhöre uns! Amen.

Manfred Seitz
Psalm 37,3.5

Liebe Gemeinde! Wir Christen in Deutschland sind kein wanderndes Gottesvolk, sondern ein sesshaftes. Wir reisen zwar immer mehr, aber wir haben im Gegensatz zu den echten Nomaden Häuser, in die wir zurückkehren. Doch hat sich innerhalb unserer Sesshaftigkeit etwas Nomadisches erhalten. Wir müssen immer wieder in neue geistige und zeitliche Räume aufbrechen und sie durchschreiten. Ein solcher Aufbruch ist der Beginn eines Semesters, und dann liegt eine Wegstrecke vor uns, die wir bestehen möchten. Dafür haben wir einige Sätze aus dem 37. Psalm als Weisung für den Weg gewählt; sie lauten:

> *»Hoffe auf den Herrn und tu Gutes,*
> *bleibe im Lande und nähre dich redlich.*
> *Befiehl dem Herrn deine Wege*
> *und hoffe auf ihn; er wird's wohl machen«*

I

Der Anfang des 37. Psalms ist wie ein Leuchter. Er trägt ein Trostwort, das vielen Menschen zum Licht wurde: *»Befiehl dem Herrn deine Wege und hoffe auf ihn, er wird's wohl machen«*. Und am Schaft ein Sprichwort, das wie eine Verzierung anmutet: *»Bleibe im Lande und nähre dich redlich«*.

Das Sprichwort wird häufig erwähnt, bewirkt aber wahrscheinlich nicht viel. Wie soll man es verstehen? Es hat einen Hauch des Provinziellen und damit meint man etwas, was geistig nicht so hochsteht. Das Trostwort hingegen zieht eine bedeutsame Spur hinter sich her. Wir kennen es als Konfirmationsspruch, den vielleicht auch manche unter uns bekommen und an ihm Halt gefunden haben. Als mein Großvater starb, ließ er ihn auf ein Holzbrett malen, um ihn in seinen letzten Tagen immer anschauen zu können. Aus solchem meditierenden Anschauen ging auch eines der bekanntesten Paul-Gerhardt-Lieder hervor, das wir in diesem Gottesdienst singen. Aus Bibelspruch und Gemeindelied haben ja die Christen ungleich mehr gelebt als von der Predigt. Aber die Predigt kann diese Glaubenszeugnisse der Kirche an ihrem biblischen Ursprung, sozusagen einen breiten Strom an seiner Quelle aufsuchen. Und das wollen wir tun.

II

Die Quelle sieht anders, als vermutet aus. Es sind mehrere, wie bei den Leinleiter-Quellen in der Fränkischen Schweiz, oberhalb von Heiligenstadt, mindestens zwei. Die eine, sehr verborgen, ist das etwas unzart behandelte Sprichwort: *»Bleibe im Lande und nähre dich redlich«.* Da entspringt unscheinbar der große Strom des Trostes und der Zuversicht, der von diesem 37. Psalm ausging.

III

Das Land! Unsere Füße stehen darauf, falls wir sie nicht eben in der Kirchenbank auf die Fußleiste gestellt haben. Wir können sie ja einmal herunternehmen, um den Boden zu spüren. Dann merke ich: Da ist etwas Festes unter mir, das nicht nachgibt. Es ist durch die Fußsohlen hindurch zu ertasten. Und es hält.

Auf den Halligen, jenen ganz kleinen nordfriesischen Inseln, haben einige Kirchen keinen Fußboden. Die Bänke stehen auf Erde und Sand. Die Springfluten schwemmen ihn herein und wenn man zur Kirche geht, steht man ohne Holz oder Stein auf der bloßen Erde, dem Land. Die Halligbewohner, denen das Meer das Land immer wieder zu entreißen, zu verschlingen sucht, wissen es: Das Land ist eigentlich die ausgebreitete flache Hand Gottes, auf der wir leben. Sie trägt uns und wenn wir unsere Füße darauf stellen und darüber gehen, spüren wir sie. So bodennah war auch der Glaube in Israel. Das Land, das ihnen der Herr nach langem Zug durch die Wüste gegeben hatte und auf dem sie jetzt wohnten, war für sie der Inbegriff der Güte Gottes. Wenn man die Füße darauf stellte und sie Halt fanden, begriff man geradezu mit dem Leibe: Land heißt, wir haben einen Ort in der Welt; er ist unsere Lebens- und Existenzgrundlage;

sie trägt uns und Gott trägt uns durch sie. So fest wie das Land unter unseren Füßen ist, so gewiss dürfen wir auf das Walten Gottes über uns vertrauen.

Nun gewinnt das Sprichwort *»Bleibe im Lande und nähre dich redlich«* Farbe. Es verliert den hausbacken-braven Charakter und füllt sich mit Kraft. Es wird zur Quelle und fließt: *»Wohne im Lande«.* Es ist dir gegeben und erhält dein Leben. Du kannst es spüren. Sei deshalb Gottes ganz gewiss. Überlasse dich ihm und werde dadurch frei für den Ort, an dem du stehst. An dem Platz, der dir zugewiesen ist, freue dich dieser Gewissheit. Setze sie um in zügiges, redliches, sorgfältiges und unabhängiges Tun. Vertraue auf Gott, der dir dies zutraut. Du wirst es können!

IV

Die zweite Quelle, von der die Segensspur unseres Psalms ausging, ist das Trostwort: *»Befiehl dem Herrn deine Wege und hoffe auf ihn, er wird's wohl machen«.* Sie ist weniger verborgen und man findet sie schneller. Aber sie gehört mit der ersten Quelle *»Wohne im Lande und bewahre Treue«* untrennbar zusammen. Sie setzt sie eigentlich voraus. Denn erst, wenn in meinem Glauben das gesichert ist, dass Gott über uns waltet, kann ich tun, wozu mich das Trostwort auffordert: *»Befiehl dem Herrn deine Wege«.*

Das Leben – ein Weg! Ja sogar von *»Wegen«* wird gesprochen. Der Weg in die Kirche. Der Weg wieder heim. Der Weg durch die Woche. Der Weg durchs Semester. Die Ehe – ein Weg. Der erst gewählte und dann gegebene Mensch – der Weggefährte. Der Weg durch Prüfungssituationen. Der Weg ins Krankenhaus, die Operation, die Zeit danach und dann wieder daheim – ein schwerer Weg. Die Weise, ein politisch-menschliches Problem zu lösen, das alle aufwühlte – ein fragwürdiger, vielleicht ein unguter Weg. Der Weg in den Ruhestand. Der Weg des Glaubens. Der letzte Weg.

Vor einiger Zeit hielt ein Geologe einen Vortrag: *»Gehen wir auf eine neue Eiszeit zu?«.* Am Anfang fragte er: *»Warum sagen wir eigentlich, Gehen wir auf eine neue Eiszeit zu? und nicht, Kommt eine neue Eiszeit auf uns zu?«* Ich weiß es auch nicht. Es könnte aber sein, dass wir alle ablaufende Zeit als Weg ansehen, den wir gehen müssen und der uns nicht passiv einem Kommen ausliefert.

Was ist eigentlich ein Weg? Der Staffelweg von der Rathsberger Straße zum Burgberg in Erlangen ist steil ansteigend, daher auch »Herzklappenweg« genannt. Umgekehrt besitzt er ein starkes Gefälle; und im Winter ist er glatt: »Dieser Weg wird im Winter nicht geräumt, Begehen auf eigene Gefahr« heißt es auf einer Tafel. Und auf manchen Waldwegen liegt durch die Stürme ein Baum. Das genügt. Ein Weg also – vor allem wenn wir an Gebirgswege denken – ein gebahnter Streifen oder eine Verbindungsstrecke, die nicht ganz ungefährlich, steil oder abfallend, oft unübersichtlich und manchmal verstellt ist.

Genau so verhält es sich mit unserem Leben. Und so sieht sein Steckbrief aus: Strecke in der verrinnenden Zeit – mir zubemessen – nicht übersehbar – plötzliche Gefährdungen und Hindernisse nicht ausgeschlossen – oft nicht geräumt. In einigen Kirchen des Mittelalters finden wir ein Labyrinth, einen Irrgarten, eine scheinbar ausweglose Anlage dargestellt. Das hat nun etwas mit dem Glauben zu tun. Es sollte daran erinnern – Labyrinthe haben nur einen Zugang zum Zentrum – dass es nur einen Zugang zum Heil gibt, den Weg Jesu Christi. Auf diesem Weg sind schwierige Abschnitte zurückzulegen, Irrwege allenthalben möglich, Rückschritte in Kauf zu nehmen und man wird sich an Sperren stoßen. Wenn das im Leben und im Glauben so ist, dann gibt es nur eins: »Befiehl dem Herrn deine Wege«.

Aber unsere hebräischen Vorläufer im Glauben blieben im Bilde und blieben auf dem Boden. Sie sagten nicht *»Befiehl dem Herrn deine Wege«*, sondern *»Wälze ihm deinen Weg zu«*. Da muss man wirklich an Steine denken, die auf dem Weg liegen und der Ausdruck des Wälzens hat mit massiver Arbeit zu tun. Das geht also nicht nur mit Beten und Meditieren; viel mehr – allen Denunziationen des Gebetes zum Trotz – wer betet, packt auch an und treibt die Dinge in der Art wie er sie erledigt dem Herrn zu. Wer glaubt, wälzt noch andere Gedanken und steht immer vor der Frage, ob seine persönlichen, betrieblichen, wissenschaftlichen und politischen Entscheidungen mit den Geboten Gottes übereinstimmen. Es gibt ein Geheimnis derer, die in der Stille vor Gott stehen und auf ihn warten, dass sie das, was sie Gott befehlen und wofür sie beten, auch tun. Sie sind wacher dafür und willens, die Hindernisse auf ihrem Weg Gott zuzuwälzen durch ein nur dem Christen mögliches Ineinander von Beten und Arbeiten.

V

Und dies zum Schluss! Jesus sagte: *»Lehret sie halten alles, was ich euch befohlen (aufgetragen) habe«*. Er sagte nicht: Lehret sie hören! Das ist die Voraussetzung. Sondern: Lehret sie halten, behalten, das Gehörte festzuhalten. Wollen wir dies nicht einmal tun? Es ist ein Vorschlag. Ein Gottesdienst ist keine Schule. Aber warum sollte er die Gemeinde nicht auch einmal mit einer Auflage entlassen? Sie besteht darin, dass wir irgendwann das Lied *»Befiehl du deine Wege«* (EG 361) noch einmal lesen – langsam, mit Interesse, verweilend und vielleicht staunend wie Paul Gerhardt das ausgelegt hat: *»Wälze Ihm deinen Weg zu«*. Dies ist meine, nein des Psalmisten Bitte. Wälzt den Weg dieses Semesters dem Herrn, unserem Gott zu und hofft auf ihn; *»Er wird's wohl machen«*. Amen.

Gerhard von Rad
Psalm 43

Richte mich, Gott, und führe meine Sache wider das unheilige Volk
und errette mich von den falschen und bösen Leuten,
denn du bist der Gott meiner Stärke.
Warum verlässest du mich,
warum lässest du mich so traurig gehen,
wenn mein Feind mich drängt?
Sende dein Licht und deine Wahrheit, dass sie mich leiten
und bringen zu deinem heiligen Berg und zu deiner Wohnung,
dass ich hineingehe zum Altar Gottes,
zu dem Gott, der meine Freude und Wonne ist,
und dir, Gott, auf der Harfe danke, mein Gott.
Was betrübst du dich, meine Seele,
und bist so unruhig in mir?
Harre auf Gott; denn ich werde ihm noch danken,
dass er meines Angesichtes Hilfe und mein Gott ist.

Liebe Gemeinde! Ein Psalm, ein Gebetswort also! Wer seine Psalmen kennt, wird hinzufügen: nicht einmal ein ganz besonderes, so
dass einige Formulierungen uns durch ihre Inständigkeit auffielen.
Nun, dazu wäre zu sagen: Wohl dem Volk, in dem »man« so betet,
in dem das zum Stil, zum Typus des Betens geworden ist. Wir
wollen deshalb auch gar keinen Versuch machen – die Worte hätten
dazu gelegentlich verlockt – uns den Beter persönlich vorzustellen.
Lebte er in der Fremde, in einem Volk, das ihm nicht wohlwollte,
begehrte er von Gott selbst in seine Heimat, an den Ruheort seiner
Seele, den Tempel, gebracht zu werden? Aber diese Gebetsworte
konnten natürlich auch in anderen Situationen ebenso gesprochen
werden. Deshalb sollen wir weniger an den Beter denken als an das
Gebet. Wir wollen einigen der Gedanken dieses Gebetes nachdenken
und uns ein wenig in die Eigenart dieses Betens versenken. Da
stehen wir dann im Wesentlichen vor zwei Hauptanliegen: 1. Der

Beter bittet um Hilfe gegen Feinde, und 2. er bittet um das Geleit zur Wahrheit.

In der Bibel, sonderlich im Alten Testament, ist schrecklich viel von Feinden und Feindschaften die Rede. Ich weiß wohl, manchen war das geradezu peinlich, und sie haben gemeint, ein Christ müsse sich davon distanzieren. Ach, diese Übergeistlichen, die sich das Bild von einem Gott geschnitzt haben, der es nur mit den Frommen zu tun hat! Und hartherzig sind sie obendrein, weil sie ein Gesetz aufrichten, weil sie so tun, als spräche Gott: Ihr Menschen, solange ihr noch in Feindschaften steht, in Kriegen und Rivalitätskämpfen, solange habe ich mit euch überhaupt nichts zu tun. Nein, die Menschen, die Gott meint, nach denen er seine Hand ausstreckt, deren Geschichte beginnt mit der Geschichte vom Brudermord, in der es heißt: »Da erhob sich Kain wider seinen Bruder Abel und schlug ihn tot.« Ist das nicht etwas vom Wesentlichsten an dem Bild vom Menschen, das die Bibel in tausend Facetten entfaltet, da es jeden Mythos, in dem der Mensch sich immer neu verklären möchte, wie Zunder zerreißt und ihn vor sich selber aufdeckt, so wie er sich von sich aus nie gesehen hat. Er ist ein Brudermörder von Anbeginn. Will sagen: Das Feindsein, das im Stand von Feindschaften Leben gehört zu den Grundzügen seines Wesens. Die Leichen seiner Feinde verscharrt und verbrennt er heute, wie es schon Kain getan hat. Was er aber nicht bedenkt, das ist der Klageschrei des Abelblutes, all seiner Geschlagenen, Gemordeten und Geächteten, der direkt vor Gottes Ohr kommt und den Gott hört. Und noch etwas bedenkt er nicht: Seitdem die Erde Bruderblut getrunken hat, ist das wunderbare gottgewollte Zueinander und Füreinander von Mensch und Erde zerbrochen. Eine Entfremdung ist eingetreten, der Mensch ruht nicht mehr an dem segnenden Schoß der Erde. »Unstet und flüchtig sollst du sein auf Erden.« Nichtwahr, das ist eine hinlänglich realistische Sicht hinaus in das Feld der Menschengeschichte. Aber das ist noch nicht das Ende der Kainsgeschichte. Das ist nämlich das Merkwürdigste: Dieser Kain – unstet und flüchtig, zerfallen mit der mütterlichen Erde, Tag und Nacht verklagt vor Gott durch den Schrei des Abelblutes – er ist doch von Gott gehalten, Gott wacht über ihm, ja, er hat – wie es die Erzählung sagt – ihm »ein Zeichen« angeheftet, dieser Kain steht in einem Schutzverhältnis zu Gott.

Muss ich es überhaupt aussprechen: Das sind wir, wir, die wir von Anbeginn in Feindschaften leben und doch auch selber uns recht aktiv als Feinde betätigen und uns in diesem Zustand sehr wichtig nehmen.

Und was lehrt uns die alte Geschichte? Dass wir nie damit rechnen dürfen, dass Gott uns in unseren Feindschaften bestätigt. Wir dürfen nie damit rechnen, dass Gott uns gegen unsere Feinde begeistert. Das war doch das Überraschende an der Kainsgeschichte, dass sie nicht schließt unter einem flammenden Protest gegen diesen Kain und mit einem mitreißenden Appell an alle Gutwilligen, diesen schrecklichen Kain zu ächten. Gibt das nicht zu denken, wie sich da schon im ersten Kapitel der nachparadiesischen Menschheitsgeschichte Gott über der Menschenwelt erhebt mit seinem: »Meine Gedanken sind nicht eure Gedanken, und meine Wege sind nicht eure Wege«, wie hier schon unser Freund-Feind-Denken aufgehoben wird. Aber nun steht ja vor uns riesengroß die Frage: Wie lebt man eigentlich in dieser Kainswelt, als ein von Gott unbegreiflich Gehaltener, Bewachter, Geschützter? Darauf hat unser Psalm eine Antwort:

Richte mich, Gott (d. h., schlichte Du), und führe meine Sache wider das unheilige Volk und errette mich von den falschen und bösen Leuten, denn du bist der Gott meiner Stärke. Warum verlässest du mich, warum lässest du mich so traurig gehen, wenn mein Feind mich drängt?

Wir fragten: Wie lebt man eigentlich in dieser Kainswelt, in der wir allstündlich bedroht sind? Hier die Antwort: Wir sollen mit Gott darüber reden. Keine Angst! Wir sollen uns nicht vor Gott in eine irgendwie unehrliche Geistlichkeit und Überchristlichkeit versteigen. Wen wir als Feind erfahren und erkennen, den dürfen wir auch so nennen und Gott um Schutz anrufen. Da sollen wir vor Gott ganz ehrlich bleiben. Nur eines sollen wir nicht: Gott anrufen als die, die sich schon festen Fronten eingereiht, die sich schon vorher irgendwelchen polemischen Parolen verschworen und mit ihnen auswattiert haben. Sondern wir sollen zu Gott rufen als die, die jede Feindschaft, in der wir uns vorfinden, tief beunruhigt, und als die, die im Grunde nicht wissen, was sie tun sollen und sich nicht mehr auskennen; als die, die gerade, wenn sie sich befeindet sehen, sich ihrer furchtbaren Ohnmacht bewusst werden, weil sie um Abels Blut wissen.

Wenn heute angesichts der entsetzlichen neuen Waffen die klügsten Männer verstummen und nicht mehr raten können, wenn die reifsten Christen einander widersprechen, liebe Freunde, glaubt doch nicht, das sei eine temporäre weltanschauliche Panne, aus der wir bald herausfinden! Nein, hier ist wieder einmal etwas offenbar geworden von der wahren Situation, in der wir uns in allen unseren Feindschaften befinden. Die neuen Entdeckungen, die rasenden globalen Spannungen zwischen den Völkern und Kontinenten haben, Gott sei es geklagt, schon wieder neue Freund-Feind-Ideologien auf den Plan gerufen. Aber könnte uns die Sprache der Ereignisse nicht in eine neue Nüchternheit vor Gott und den Menschen führen, deren Anfang wohl freilich eine große Ratlosigkeit ist? Ach, fast möchte ich euch jetzt beschwören: Denkt jetzt nicht: Ja, ja, solche christlichen Gedanken über unsere wahre Situation in unseren Feindschaften mögen ganz achtbar sein, und in unserem persönlichen Leben können wir uns auch von ihnen leiten lassen, – aber im politischen Leben, da kommen wir damit nicht durch. Als ob es da, wo wir unsere Feindschaften vor Gott bringen, diese Unterscheidung gäbe! Nein, hier erst fängt die Nüchternheit an; wenn wir mit Gott darüber reden, dann fallen die ideologischen Verzauberungen und ihre Parolen werden entlarvt; hier kommen auch die politischen Probleme in ihr rechtes Maß. Es geht mir gewiss nicht darum, die schrecklichen politischen Feindschaften christlich wegzureden. Wahrscheinlich sind sie viel schrecklicher und wir in sie viel tiefer verflochten, als wir alle wissen, weil unser keiner den Klageruf des Abelblutes hört. Aber wenn auch die Christen die ungeheure Chance, sich von Gott ernüchtern zu lassen, nicht wahrnehmen, wenn sie das Vorrecht, das Phänomen der Feindschaft vor Gott tiefer und besser, nüchterner, realistischer und gerechter zu verstehen, ausschlagen, dann ist das ein christlicher Bankrott. Nur darum geht es im Augenblick, dass wir doch ja nicht in dieses Gespräch eintreten als Leute, deren Positionen festgelegt sind und die um das Nächste, was zu tun ist, mehr oder minder Bescheid wissen; dass wir Gott den Raum lassen, uns etwas zu sagen und auch etwas zu tun. Sonst würde uns nämlich Gott, wie die Psalmisten gerne sagen, schweigen. Oder, was schlimmer ist, der Teufel wird an seiner Statt genau das antworten, was wir gerne hören. Aber seien wir doch ehrlich: Hinter all diesem Festgelegtsein auf starre Fronten, diesem ideologisch auszementierten Freund-Feinddenken steht doch der blanke Unglaube, als hätte Gott in diesem Raum nichts zu melden, nichts zu sagen und zu ordnen und als hätten wir das letzte Wort. Was, denkt ihr, hätten die alttestamentlichen Propheten zu der heutigen Geschichtsstunde gesagt? Vielleicht hätten sie gesagt, dass Gott auch Russland liebt und dass Chruschtschow ein auserwähltes Werkzeug seiner Geschichtslenkung ist! Und unser Herr – würde er uns nicht zu jeglichem heilenden, brüderlichen Geschäft, wo immer es in unserem Bereich möglich ist,

ermutigen, weil er es nicht ungesegnet lassen will. Nein, das wäre
nicht Schwärmerei, sondern etwas ganz Nüchternes, ganz einfach weil
es nüchtern Ernst macht mit der Zusage, dass all die Feindschaften, in
denen wir uns verzehren, nicht das Letzte sein werden, ja, dass sie
schon entmächtigt sind. Wie tröstlich wäre ein solches Gespräch, wenn
wir uns ihm nur stellen wollten und uns dafür offen hielten. Wenn wir
uns nur in unseren Feindschaften als so arm erkennen wollten, wie wir
wirklich sind.

Aber heute, wo in den elementarsten politischen Lebensfragen der
Verstand der Weisen und die Einsicht der Klügsten zu Ende ist, da
uns Gott – man hat den Eindruck – planmäßig genau das aus den
Händen schlägt, was wir so inständig suchen, ein Rezept, eine christ-
lich-politische Losung, mit der wir die Zerstreuten wieder in eine
christliche Abwehrfront sammeln können, wäre das nicht die rechte
Stunde, um aus großer Not und Hilflosigkeit heraus zu bitten: »Sende
dein Licht und deine Wahrheit, dass sie uns leiten.« Wahrheit für die
Regierenden, für uns, die Lehrenden und Lernenden. Wozu? Für den
Weg, für morgen, für die nächste Entscheidung! Im Raum der Universität hat man zuweilen den Mund etwas zu voll genommen und von
dem Adel des Umgangs mit der Wahrheit gesprochen, von den im-
mensen geistigen Räumen, die sich dem Wahrheitssucher öffnen und
in denen er sich gleichsam schwerelos bewegen kann. Ach, mag es
das gegeben haben oder einmal wieder geben – heute sind wir (auch
in der Universität) auf eine etwas kargere Kost gesetzt. Ganz so leicht
öffnet sich der sog. Tempel der Wahrheit nun doch nicht. Wir fühlen
uns ärmer. Wahrheit für morgen, dass wir wenigstens die allernächsten
Schritte sicher tun können, erscheint uns schon als etwas Köstliches.
So will es uns scheinen, dass wir heute die alte Bitte des Psalmisten
bereiter und ehrlicher als je nachsprechen können: »Sende dein Licht
und deine Wahrheit.«

Aber verstehen wir diese Bitte wirklich recht? Ich fürchte, wir alle
halten diese Wahrheit Gottes, um die wir wohl ganz ehrlich bitten,
eher für einen Knecht, ja, einen Taglöhner, den wir immer nur da
einsetzen, wo wir einmal nicht weiterkommen, den wir aber auch sehr
gern wieder aus unserem Dienst entlassen. Liebe Freunde, wissen wir,
was wir erbitten, wenn wir um *Gottes* Wahrheit bitten? Nein, wir
wissen es nie, und wir sollten immer zugleich um die Kraft bitten, ihr
standzuhalten. Vielleicht empfangen wir eine Wahrheit, die uns heißt,
aus einem wohlgezimmerten geistigen Haus, aus dem beruhigenden

Einverständnis mit bisher Gleichgesinnten auszuwandern, uns auf einen dunklen Weg zu machen, einer Wahrheit entgegen, die wir in ihren Konsequenzen noch gar nicht übersehen. Vielleicht müssen wir bereit sein, Verwunderung, Unwillen und zuletzt offene Feindschaft um dieser Wahrheit willen auf uns zu nehmen. In einem Universitätsgottesdienst liegt es nahe, an jene freilich seltenen Forscher zu erinnern, deren ganzes Leben und Forschen von einer strengen Unerbittlichkeit geprägt war, die sich ihren Sinn für Niveau und Sauberkeit durch nichts haben trüben lassen. Um diese Unbestechlichen war eine kalte und klare Atmosphäre, und bequeme Zeitgenossen waren sie nicht; aber von ihrem Werk ging eine ordnende Kraft aus, von der Generationen zehren. Aber in diesem Gottesdienst sind vielleicht nicht wenige, die in wenigen Jahren draußen in ihren Gemeinden dieser Wahrheit in einer anderen Gestalt begegnen. Dann wird alles davon abhängen, dass sie vielleicht inmitten eines Tanzes ums goldene Kalb, dass sie inmitten von jenen Massenbetörungen, die heute die Menschen in den Strudel irgendeines Rausches hinunterziehen, dass sie vielleicht als einzige frei und offen bleiben für den Anruf der göttlichen Wahrheit. Vielleicht wird aller Segen, das Sichöffnen neuer Türen allein davon abhängen, dass ein Einziger gewisse Spannungen durchhalten wird, mit einem Wort davon, dass er der Wahrheit gegenüber kein Mietling ist. Von dieser Wahrheit gilt auch, was unser Herr einmal gesagt hat: »In derselben Nacht werden zwei auf einem Bette liegen; einer wird angenommen, der andere wird verworfen.« Bei dieser Wahrheit wird es immer um Tod und Leben gehen. Ach, die Macht des Wahns und des Irrtums will uns zu Zeiten viel stärker, viel sieghafter erscheinen; und dieser Wahn macht nicht Halt vor den Kirchentüren! Es kann vorkommen, dass eine ganze Generation glaubt, mit Gott auf gutem Fuße zu stehen, dass sie sich im Gottesdienst zu ihm bekennt und ihm singt und es doch fertiggebracht hat, sich gegenüber seiner Wahrheit abzuschirmen und sich behaglich einzunisten in einer erdachten Religionswelt.

Da weiß uns die Kundschaftergeschichte im Alten Testament etwas sehr Unheimliches zu erzählen. Sie berichtet von dem Volk Israel, das sich lange Jahre durch die Wüste hat führen lassen. Jeden Tag, den Gott werden ließ, haben sie von der Gnade Gottes, von seiner Fristung gelebt, aber von dem Weg, auf dem sie geführt wurden, und von dem Ziel, auf das hin sie sich bewegten, haben sie sehr wenig verstanden, denn erst als die vorausgeschickten Kundschafter ihnen von den

Wundern und Rätseln des verheißenen Landes und freilich auch von
den Gefahren des Weges dahin berichteten, erst da ist ihnen klar
geworden, worauf sie sich eingelassen haben, als sie sich der Führung
dieses Gottes anvertraut hatten. Und der Entschluss war gefasst: Auf
diesem Weg keinen Schritt weiter! Zurück nach Ägypten! Bei den
Vielen, die in unserer Zeit der christlichen Gemeinde den Rücken
gekehrt haben und heute noch den Rücken kehren, verhält es sich bei
ihnen ähnlich? Ach nein, sie hat wohl nicht das Entsetzen gepackt vor
der Größe dessen, was Gott mit ihnen vorhat, das Erschrecken, dass
Gott sie mit seinen heilsamen Geschichtsplänen überfordern könnte,
sondern die Enttäuschung über die Leere, die Kirchhofstille in unseren
Gottesdiensten. Aber zu den Fleischtöpfen Ägyptens haben auch sie
nicht mehr zurückgefunden, denn keiner, der einmal die angebotene
Hand Gottes ergriffen, das Wort seiner Wahrheit gehört hat, kann je
wieder zurück in seinen alten Stand, wie sehr er es auch begehrt –
etwa gar in die Naivität irgendeiner heidnisch-mythischen Gläubigkeit.
Die Wahrheit hat ihnen diese ganze Welt, ohne dass sie es recht gemerkt haben, ganz im Stillen hinter ihrem Rücken zerstört. Auch ihnen
ist also das Schicksal des Weges, des Wanderns geblieben, nur dass
ihnen der Weg zur Hölle und die Zeit und die Geschichte zum Gefängnis der Angst geworden ist. Ach ja, »sende dein Licht und deine
Wahrheit, dass sie uns leiten!«

Und nun wir als Lehrende und Lernende an der Universität, die wir
uns in den unübersehbar gewordenen Räumen des Wissens zu bewegen haben: Ist das nicht auch Wüstensituation? Die einen wollen nach
vorwärts durchbrechen, die anderen wollen umkehren, und die allermeisten wissen überhaupt nicht mehr weiter, weder vor- noch rückwärts, und vergraben sich deshalb in den Schächten von Spezialfragen.
Darum denken heute mehr, als wir glauben: zum Teufel mit aller
Wissenschaft! Aber so einfach wird uns der Ausweg auch hier nicht
geöffnet; denn wir würden nur in eine selbstverschuldete größere
Finsternis fallen. Aber das ist richtig, dass wir auch und gerade an der
Universität vor die Hunde gehen, wenn uns die Wahrheit, die Wahrheit Gottes, nicht mehr erreicht. In dem Choral »Ich weiß, woran ich
glaube« steht in einer Strophe das schöne Wort von Jesus als der
»Leuchte der Gedanken«. Das geht uns hier im Universitätsgottesdienst an:

Das ist das Licht der Höhe,
das ist der Jesus Christ,
der Fels, auf dem ich stehe,
der diamanten ist,
der nimmermehr kann wanken,
der Heiland und der Hort,
die Leuchte der Gedanken,
die leuchtet hier und dort.

»Sende dein Licht und deine Wahrheit!« Lass auch uns den Herrn Christus zur Leuchte der Gedanken werden wie ehedem. Und wenn uns sein Kommen in unseres Geistes Hoffart zuerst verwirren, ja erschrecken sollte, so wissen wir doch, dass er ein heilsames Werk bei uns treiben wird. Er allein kann uns in bessere Ordnungen führen; er allein kann uns aus unseren Feindschaften heraushelfen. Ach Herr, die Mächte der Betörung fangen an, ganze Völker zu erfassen, und wir sehen es, dass die Besten unter uns einem glaubenslosen Trübsinn erliegen. Hilf, wir können uns nicht mehr selber helfen!

Liebe Gemeinde, wenn wir etwa so dem Psalm entlang beten, dann erfahren wir etwas Überraschendes:

Was betrübst du dich, meine Seele, und bist so unruhig in mir?
Harre auf Gott, denn ich werde ihm noch danken, dass er meines An-
gesichtes Hilfe und mein Gott ist.

Wir stutzen einen Augenblick. Jetzt redet der Beter wie von einem ganz anderen Ort aus, als läge alles Ungeklärte und alle Anfechtung schon hinter ihm. Hier redet das Gebet auf einmal, als hätte es sich selber weit überholt, als sei der Beter aller Angst und Not vorausgeeilt und sähe vom Ziel aus zurück. Diese Worte atmen eine Geborgenheit und einen Frieden, der nicht mehr von dieser Welt ist. Die Bewegung der Unruhe und Angst ist ganz verschwunden, die einzige Bewegung in diesen Sätzen ist jenes leichte und gütige Verwundern über all den Aufwand von Angst und Ungebärdigkeit. »Was betrübst du dich, meine Seele, und bist so unruhig in mir?« Das also soll es auch für unseren Glauben geben, dieses sich selbst Vorauseilen, dieses sich selbst in allen Anfechtungen und aller Unruhe Überholen. Es ist ja alles längst entschieden. Am Ende wird nur noch der Lobpreis stehen. Amen.

Manfred Seitz
Psalm 43,3 und Psalm 87,7b

I

»*Nicht wahr, liebe Gemeinde* ...« – so begannen die älteren Prediger, wenn sie ihre Zuhörer sofort gewinnen und ihnen etwas Gutes von Gott sagen wollten. Nicht wahr, liebe Gemeinde, das sind besondere Worte, die da an unser Ohr gelangen. Das erste »*Sende dein Licht und deine Wahrheit, dass sie mich leiten*« mag noch gehen; es ist vielleicht bekannt. Aber das andere »*Alle meine Quellen sind in dir*« – da brauchen wir schon Besinnung oder Predigt, um zu verstehen, was es für uns bedeutet. Da muss man nach innen hören, nicht in uns, sondern in das Innere dieser Aussage hinein, damit sie sich erschließt.

Fangen wir mit dem ersten an! Anfangen – das ist ja auch der Anlass, der uns hier zusammenführt. Das Wintersemester 1989/90 fängt heute an. Was ist das – ein Anfang? Der Keil mit der Spitze auf das rollende Band der Zeit, der uns kurz innehalten lässt? Nicht der erste Moment in einer Reihe vergleichbarer Momente, sondern die Begründung eines Ganzen – sagen die Philosophen. Theologisch heißt anfangen (es ist überraschend, weil wir im Augenblick nicht an Schuld und Sünde in unserem Leben denken): Dass Gott vergibt, ist daran zu erkennen, dass er neue Anfänge schenkt, und zwar gerade auch Anfänge ganz einfacher, normaler, weltlicher Art, z. B. Semesteranfänge, Berufsanfänge, Studienanfänge. Der Keil mit der Spitze berührt das rollende Band der Zeit an einem bestimmten Punkt und durchstößt es, gibt ihm sein Zeichen.

II

Die äußerste Spitze, die uns auf dem rollenden Band der Zeit berührt, sind die beiden besonderen Worte, die an unser Ohr gelangen. Das erste »*Sende dein Licht und deine Wahrheit, dass sie mich leiten*« hat die Form eines Gebets. Als Teil eines Psalms wurde es schon damals nicht nur von einem einzelnen, sondern innerhalb einer Gemeinde gesprochen. Das ist für uns heute noch viel nötiger. Denn viele unter uns – wir alle durchlaufen solche Strecken – tun sich schwer mit dem Beten. Oft sind es nur »äußere Umstände, die uns nicht dazu kommen lassen; häufiger aber ist es eine Art innerer Lähmung: ich will, aber ich kann nicht – aus vielen Gründen. In der Gemeinde, im Gottesdienst, im Miteinander geht es leichter. Da lasse ich mich von einem solchen Gebetswort in Richtung auf den Angeredeten mitnehmen.

Der Angeredete ist nicht sichtbar; aber seinen Zusagen entsprechend und nach der tiefen Gewissheit der Gemeinde erreichbar. Der Bittende ist unterwegs; denn er bittet um Leitung auf seinem Weg. Wir können, dürfen und sollen also als einzelne und als Gemeinde Gott anrufen und um etwas für unseren Weg durch dieses Semester bitten; denn unser Gott ist ein lebendiger, beweglicher Gott, für uns erreichbar und – dies ist entscheidend – er betritt unsere »*Lebensbahn*« (wie es in einem meistens nur bei Trauungen gesungenen Lied heißt). Gewiss immer nur im göttlichen Inkognito, d. h. er verheimlicht seine Gegenwart und zeigt sich in anderen Gestalten. – Gelegenheit für den Glauben! Die direkte Kenntlichkeit ist für die Götzen charakteristisch.

Er betritt unsere »*Lebensbahn*«; er betritt in unserem Fall den vor uns liegenden Weg des Semesters – nach den schönen Worten eines alten Auslegers – in Gestalt eines Engelpaares »*Licht und Wahrheit*«. Darum bitten wir ja mit den Worten des Psalms »*Sende dein Licht und deine Wahrheit*«. Nicht dass es Licht und Wahrheit nicht auch auf unserer Seite und unter uns gäbe! Wir hoffen sehr, dass uns in diesem Semester manches Licht aufgehe. Wir studieren, um an wissenschaftliche und lebentragende Erkenntnisse heranzukommen. Und »*veritati*«, der Wahrheit gewidmet, steht über dem Kollegienhaus und verpflichtet uns als akademische Lehrer. Aber das Psalmgebet meint etwas anderes. Es bittet um das uns nicht zugängliche, unverfügbare Licht und um die uns von Natur verborgene göttliche Wahrheit. »Sende *dein* Licht und *deine* Wahrheit«.

Was bedeuten aber die Bilder? »*Licht*« auf jeden Fall und »*Wahrheit*« dem griechischen Wortsinn nach, sind Bilder. Und Bilder können auch verbergen. Bleiben wir einen Moment noch bei dem vorhin erwähnten Ausleger. Er sagt: An dieser Stelle und mit dieser Frage geht eine Tür auf, die Tür zum Neuen Testament und in ihr steht klar erkennbar und hell Jesus Christus, in dem Gott erscheint und spricht:

»*Ich bin das Licht der Welt*«. Das ist die erste Antwort auf unsere Frage nach der Bedeutung der Bilder: *Christus ist das Licht*!

Was hat Christus, das Licht mit unserem Lebensweg und mit dem vor uns liegenden Abschnitt daraus, dem Semester, zu tun? Sollen wir uns in dies Licht stellen lassen und den Weg der nächsten Wochen wie unter einer Lampe gehen? Nicht einmal das? Wir sollen gar nichts. Es ist, was wir vielleicht sollten oder wollten, bereits geschehen. Und zwar in unserer Taufe. »*Wenn man einen Christen im dritten Jahrhundert nach der zentralen gottesdienstlichen Handlung der Kirche gefragt hätte, dann hätte er in seiner Antwort von der Taufe, nicht vom sonntäglichen Herrenmahl gesprochen*« (G. Kretschmar). Er hätte so gesprochen, weil ihm in seiner Taufe jenseits von Gefühl und Erfahrung, aber tatsächlich durch Wasser und den Heiligen Geist das Licht begegnete und seitdem in ihm und um ihn ist. Wie könnte es sonst im 1. Petrusbrief, einer urchristlichen Taufpredigt, heißen. »*. . . der euch berufen hat von der Finsternis zu seinem wunderbaren Licht*«! Das ist die zweite Antwort auf die Frage nach der Bedeutung der Bilder: *Wir sind getauft*. Christus, das Licht, ist zu uns gekommen und auf unseren Lebensweg getreten. Die alttestamentliche Bitte »*Sende dein Licht und deine Wahrheit*« ist schon erfüllt. Wir leben bereits im Licht. Auch das Dunkle in unserem Leben ist davon umschlossen. »*Wandelt wie die Kinder des Lichts!*« (Epheser 5,9).

Was heißt in diesem Zusammenhang dann »*Wahrheit*«? Im hebräischen Ursprungsgebet steht »*Wahrheit*« gar nicht da, sondern »*Treue*«. Treue besagt damals wie heute: es steht einer beständig zu mir, geht nicht enttäuscht weg, verlässt mich nicht, wenn ich krank oder querschnittsgelähmt werde, bleibt da, auch wenn ich zum Davonlaufen bin, verhält sich fest in der eingegangenen Bindung. Das ist die dritte Antwort auf die Frage nach der Bedeutung der Bilder: *In seiner Treue verpflichtet sich Christus*, das Licht auf unserem Lebensweg, zur *Dauer*. Er geht immer mit, wohin wir auch gehen. Nicht wahr, liebe Gemeinde, das sind besondere Worte, die da an unser Ohr gelangen! Mehr als Worte! Geistliche Realitäten, die man erfahren, oft geradezu greifen kann! Wie?

III

Das eröffnet uns nun abschließend der zweite, wie ein Brunnen runde und tiefe Spruch: »*Alle meine Quellen sind in dir.*« Quellen sind Ursprünge frischen Wassers; wer daraus trinkt, lebt auf. Für seinen Urheber vermutlich die Erfahrung und der Ertrag eines langen Lebens mit Gott. Für uns eine Öffnung der Augen am Anfang eines Weges, ohne die uns das Wesentlichste, das wir für die nächsten Wochen und Monate erwarten dürfen, verborgen bliebe.

Wir dürfen erwarten, dass uns in der vor uns liegenden Zeit Gott begegnet, und zwar in gewohnter, gnädiger Verbergung und zugleich – wenn wir nur nicht so blind wären – in einer nie für möglich gehaltenen Nähe. Er wird uns begegnen in einem Gottesdienst, der uns sonst vielleicht unberührt lässt, nur in einem Hauch der Erhebung: das war für mich! Er wird uns begegnen in einem Augenblick geistlicher Musik, in dem sich die Güte Gottes in die tieferen Schichten einträgt. Er wird uns begegnen bei einem Abendmahl, wenn uns von ihm bewegt plötzlich bewusst wird: die Gegenwart Gottes – jetzt, hier, mich persönlich betreffend! Er wird uns begegnen – die Augen sind uns aufgetan – in jeder Freundlichkeit, die uns widerfährt, in jeder Einsicht, die uns hilft, in jeder Frage, die uns weiterführt und in jedem Leid, das uns für die letzten Dinge öffnet.

Wenn wir zu sehen verstünden – dafür erbitten wir: »*Sende dein Licht und deine Wahrheit, dass sie mich leiten*« – würden wir ihm jeden Tag dieses Semesters begegnen und langsam begreifen: »*Alle meine Quellen sind in dir*«. Amen.

Karl Barth
Psalm 46,2–4.8

Gott ist unsre Zuversicht und Stärke, eine Hilfe in den großen Nöten, die uns getroffen haben. Darum fürchten wir uns nicht, wenngleich die Welt unterginge und die Berge mitten ins Meer sänken, wenngleich das Meer wütete und wallte und von seinem Ungestüm die Berge einfielen. Der Herr Zebaoth ist mit uns; der Gott Jakobs ist unser Schutz.

Liebe Gemeinde! Ihr wisst, warum ich heute diesen Text gewählt habe. Verse daraus stehen auf der Todesanzeige eures Pfarrers, meines Bruders, dessen Beerdigung heute ist. Dieser ganze 46. Psalm hat ihn auf seinem Krankenlager im Spital in Langenthal, kurz bevor er eingehen durfte in die Ewigkeit, gefreut und ermutigt. Und so wäre es ihm sicher recht und lieb, dass wir an diesem Sonntag Gottesdienst feiern und dass wir etwas aus diesem Schriftwort hören und uns sagen lassen.

Wir hören von den großen Nöten, die uns getroffen haben, und von noch Größerem, das ihnen folgen könnte und folgen wird, von Bergen, die ins Meer sinken, vom Meer, das über die Berge geht, von der Welt, dass sie untergeht, d. h. sich verwandelt, sich so gänzlich verändert, dass es das Ende aller Dinge, Alles dessen, woran wir uns halten, wovon wir leben, sein wird, so dass wir gegen seine Übermacht nichts mehr werden sagen noch tun können, dass wir nicht mehr aus noch ein wissen werden.

Die großen Nöte kennen wir, der eine mehr, der andere weniger. Sie steigen auf aus der Natur des einzelnen Menschen. Sie erwachsen aus den wilden Verhältnissen der Völker und Stände. Sie ergeben sich aus der Bedrängnis, die ein Mensch dem anderen bereitet. Sie quellen auf aus dem eigenen Herzen in böser Absicht und auch oft mit dem besten Willen. Die großen Nöte haben uns betroffen, und nun sind wir die Betroffenen, die sie erleiden müssen. Wir möchten sie los sein und können es nicht. Wir müssen vor ihnen Angst haben und die Angst ausstehen, am Morgen müssen wir sie neu aufnehmen, und am Abend sind wir sie nicht los. Wie Jesus zu seinen Jüngern gesagt hat: »In der Welt habt ihr Angst!« (Johannes 16,33), und »ihr habt nun Traurigkeit!« (Johannes 16,22).

Das noch Größere, das den großen Nöten folgt, dass die Welt untergeht, sich ganz verändert, das kennen wir noch nicht. Wenn wir plötzlich vor einem Sarg stehen müssen, wenn Dinge in der Welt geschehen wie die, deren erschrockene Zeugen wir in den letzten Wochen waren, dann ahnen wir etwas von dem künftigen Ende, von dem der Psalm redet, dann schreit etwas in uns, was mit dem zeitlichen Schmerz nichts zu tun hat:

O Ewigkeit, du Donnerwort,
o Schwert, das durch die Seele bohrt,
o Anfang sonder Ende!
O Ewigkeit, Zeit ohne Zeit,
ich weiß vor großer Traurigkeit
nicht, wo ich mich hinwende.

Es gibt Nöte, die so groß sind, dass sie fast nicht zu verkennen sind: sie sind Schatten der künftigen Not, die das Ende sein wird. Bedenken wir: sie sind *nur* dessen Schatten. Bedenken wir aber auch, dass ihnen das Größere folgen wird, dass es auch uns betreffen wird.

Wir hören aber, dass wir uns in den großen Nöten und angesichts des Größeren, also mitten in der Angst der Welt und auch in der künftigen schweren Angst, nicht fürchten. So steht es da! Wohlgemerkt, es heißt nicht, dass wir uns nicht zu fürchten brauchen, dass wir uns nicht fürchten sollen, auch nicht, dass wir uns nicht fürchten können. Sondern es heißt ganz schlicht: Darum fürchten wir uns nicht! Das heißt also: Wir sind wohl betroffen und darum betrübt, angefochten, erschüttert, besorgt und bekümmert. Es ist aber nicht so, dass wir in dem allem untergehen und vergehen, verloren gehen könnten: weder das eine noch das andere: Es fährt ein schmaler, aber klarer Weg durch das alles hindurch wie der Weg Israels durch das Schilfmeer. Wir haben in dem allem eine Zukunft. Wir werden durch das alles hindurch gerettet und bewahrt und sogar verherrlicht werden. Wir werden gerettet sein, wir können nicht verloren sein. Wir können darum in dem allem nicht leben, als ob das nicht wahr wäre. Wir dürfen weinen und doch tapfer sein, erschrecken und doch fest bleiben, zusammenbrechen und doch weitergehen, sterben und doch leben.

Es gibt keine noch so große Not und keinen Weltuntergang, der uns daran hindern könnte. Nein, wir fürchten uns nicht!

Das wäre die Furcht, wenn wir als die Betroffenen ohne dieses Doch! leben. Wer sich fürchtet, der tut nicht nur Unnötiges, sondern tut etwas, was uns von Gott verboten ist. Er bedenkt nicht, was wir bedenken müssen, wenn wir von den großen Nöten betroffen werden und wenn wir dem Ende aller Dinge entgegensehen. Er tritt in den Stand des Ungehorsams in dem Augenblick, wo Alles darauf ankäme, im Gehorsam zu verharren. Aus der Furcht kommt alles Böse: die Unaufrichtigkeit, in der wir uns selbst betrügen; die Feigheit, in der wir einander preisgeben und verraten; der Leichtsinn, in dem wir unterlassen, was wir tun sollten; der falsche Eifer, in dem wir tun, was wir unterlassen sollten. Aus der Furcht kommt die Schwäche. Und wenn wir schwach sind, müssen uns die großen Nöte treffen zum Verderben und das Größere, das ihnen folgen wird, zum ewigen Gericht werden. Aber wir fürchten uns nicht!

Wir leben in einer Zeit, in der Alles darauf ankommt, dass wir uns wirklich nicht fürchten. Wenn sich in Deutschland vor sieben, vor fünf Jahren nicht so viele gefürchtet hätten, hätte die Not schon dort nicht so groß werden können. Wenn in Frankreich, in England nicht wieder so viele gefürchtet hätten, hätte die Not nicht so ausbrechen und alles überschwemmen können. Wenn auch wir in der Schweiz anfangen wollten, uns zu fürchten, dann würde es auch mit unserem Schweizerland und unserer Schweizerfreiheit und Unabhängigkeit schnell, ja sofort zu Ende sein. Die Furcht als die Preisgabe des Doch! und der Hoffnung ist die große Versuchung des heutigen Tages. Wir sagen aber, dass uns diese Furcht nichts angeht. Wir sagen, dass wir uns nicht fürchten. Es kommt jetzt Alles darauf an, dass Männer und Frauen, Jünglinge und Jungfrauen da sind, die das sagen, und die das sagen, weil sie das denken, weil sie sich wirklich nicht fürchten. Wollten wir uns heute fürchten, welches müsste dann unsere Furcht sein, wenn die Berge versinken und das Meer überschäumt? Aber wir fürchten uns heute nicht, und wir werden uns auch dann nicht fürchten!

Ihr fragt mich: Wie kann man das so sagen, dass wir uns nicht fürchten in den großen Nöten, die uns getroffen haben, nicht fürchten vor dem noch Größeren, das ihnen folgen könnte? Ob da nicht zu viel gesagt und zu kühn geredet werde? – Ich antworte, dass man das so sagen muss, weil es wahr ist. Und es ist nicht nur darum wahr, weil es buchstäblich so dasteht in diesem Psalm, sondern es steht so da, weil der Grund gilt, der in diesem Psalm dafür angegeben wird, dass man das sagen muss.

Dass wir uns nicht fürchten, das ist nicht etwa darin begründet, dass wir so stark sind, dass wir den Nöten der Gegenwart und der ewigen Zukunft wohl begegnen und das Feld behaupten und Alles wohl ausrichten könnten. Auch nicht in dem Mut, den uns Andere oder den wir uns selbst zugesprochen haben. Sehe jeder in sein eigenes Herz, so wird er entdecken, wieviel Furcht da trotz aller unserer Stärke und guten Sprüche lauert, losbrechen und die größten Verheerungen anrichten möchte! Alles in uns ist bereit zur Furcht. Es ist nicht an dem, dass wir uns irgend eines Grundes zur Furchtlosigkeit rühmen könnten, den wir vor anderen voraus hätten.

Es ist aber an dem, dass es für uns und alle anderen Leute *einen* Grund gibt, von dem aus das in gerader und kürzester Linie tatsächlich folgt, dass man sich nicht fürchtet! Der Psalm gibt diesen Grund an, und er heißt: »Gott ist unsere Zuversicht und Stärke, eine Hilfe in den großen Nöten, die uns getroffen haben. *Darum* fürchten wir uns nicht.« Beachten wir zunächst, dass dieser Grund nicht etwa andere Gründe neben sich hat, sondern *alle anderen Gründe ausschließt*. Wir können also unsere Zuversicht, Stärke und Hilfe nicht bei Gott und auch noch anderswo haben, zu allerletzt bei uns selbst. Zuversicht bedeutet genau übersetzt: Zuflucht. Gott ist in dieser Sache ein strenger Herr! Wenn wir sie auch anderswo suchen, dann finden wir sie gar nicht. Dann gibt es überhaupt keine Zuversicht, Stärke und Hilfe! Wir werden uns dann heimlich schon fürchten, und bei der nächsten Gelegenheit wird die Furcht ausbrechen und über uns kommen wie ein gewappneter Mann.

Aber wichtiger ist das Andere: Eben der Gott, der allein unsere Zuversicht und Stärke ist, ist es auch recht. Warum? Weil er der größten Not, auch dem Weltuntergang überlegen gegenübersteht, weil Alles, was uns in Angst und Traurigkeit versetzt, in seiner Hand ist, weil er der Herr über Leben und Tod ist, weil er seine ganze Freiheit und Allmacht uns zuwendet, für uns einsetzt, so dass sie uns zu Gute kommt und wir wie auf Adlersflügeln von ihm getragen sind. Er macht sich selbst zu unserer Zuversicht, zu dem großen Doch!, das unserer ganzen zeitlichen und ewigen Bedrängnis gegenübersteht als Zukunft und Hoffnung, als Errettung und Seligkeit. Daraus folgt das Kühne, dass wir uns nicht fürchten, da doch Gott in seiner Freiheit und Allmacht sich nicht fürchten kann – und da dieser Gott unser Gott ist.

An uns alle richtet sich die Frage: nicht ob wir in uns selbst einen Grund finden, uns nicht zu fürchten (es gibt keinen solchen Grund!), wohl aber: ob wir den einen unbeweglichen Grund Gottes gefunden haben, ihn gelten lassen, so wie er tatsächlich gilt, den Grund, der die Furcht austreibt und nur das Bekenntnis übrig lässt, dass wir uns nicht fürchten? Sind wir in aller Angst und Traurigkeit solche Leute? Täuschen wir uns nicht: nur solche werden unversehrt durch diese Zeit gehen, nur solche Leute hat unsere Zeit nötig. Die politische Frage von heute ist die Frage der *Furchtlosigkeit*. Die Frage der Furchtlosigkeit ist aber heute wie zu allen Zeiten die *Gottesfrage*.

Aber eben zur Gottesfrage wollen wir jetzt noch ein letztes Wort hören. »Der Herr Zebaoth (der Herr der Heerscharen) ist mit uns, der Gott Jakobs ist unser Schutz (unsere Burg).« Dieser Satz steht zweimal, ursprünglich sogar dreimal in diesem Psalm. Damit erfahren wir, wie das zugeht, dass Gott »mit uns«, dass er unser Gott und so wirklich unser Gott, somit unsere Zuversicht, unsere Stärke und Hilfe, unsere Burg ist und dass er es uns damit für Zeit und Ewigkeit unmöglich macht, uns zu fürchten. Gott und wir Menschen! Wie kommt das so gewaltig zusammen, dass es gelten und dabei bleiben muss, dass wir uns nicht fürchten?

Zwei Namen Gottes werden hier genannt, und beide miteinander sind die Antwort auf diese Frage. Gott heißt der Herr der Heerscharen. Er ist der, der über den Cherubim und Seraphim seinen Thron hat, dem alle Engel und Geister, die guten und die bösen, zu Gebote stehen und dienen müssen, neben dem kein Gott ist und vor dem alle Kreatur nur niederfallen und anbeten kann. Er heißt aber auch der »Gott Jakobs«, weil er der Gott ist, der als der Herr aller Herrlichkeiten seinen Reichtum mit unserer Armut vertauschen wollte, damit sein Reichtum uns zugute käme (vgl. 2. Korinther 8,9), der darum Israel, das Volk Jakobs, dazu erwählte, seinen eingeborenen Sohn aus seiner Mitte heraus Mensch werden zu lassen, und der in dieser Erwählung, Verheißung und Erfüllung den Bund mit uns Menschen geschlossen hat, in welchem wir sein Volk, er aber unser Gott ist für Zeit und Ewigkeit. In diesen zwei Namen »Herr der Heerscharen« und »Gott Jakobs« kommen Gott und wir so gewaltig zusammen, dass niemand und nichts trennen kann, was hier verbunden ist. Wir müssen es gelten lassen in unsere Herzen hinein: dass wir uns nicht fürchten.

Wollen wir den Namen hören, in dem diese beide Gottesnamen *einer* sind? Der Psalm spricht ihn nicht aus. Aber wie können wir hören und verstehen, ohne dass er über unsere Lippen kommt, der Name dessen, der wahrer Gott und doch nicht nur Gott, sondern Gott und wahrer Mensch ist, er, in dessen Kreuzestod sich Gott für uns erniedrigt und in dessen Auferstehung er uns zu sich erhoben hat: der Name Jesus Christus?!

Fürchtet euch nicht! Liebe Gemeinde, das ist das Wort des von den Toten auferstandenen Heilands, mit dem er eben das wahr macht, dass Gott uns in ihm zu sich selber erhöht hat, nachdem er sich zuvor in demselben in unbegreiflichem Erbarmen zu uns erniedrigt hat. Fürchtet euch nicht! Das sagt er uns so, dass wir uns wirklich nicht fürchten und ihm damit den Lobpreis der Dankbarkeit darbringen mitten in den großen Nöten, die uns betroffen haben, und dereinst, wenn das Ende aller Dinge zugleich den Anfang eines neuen Himmels und einer neuen Erde anzeigen wird. Und er wird am Ende aller Dinge noch einmal sagen: Ich bin die Auferstehung und das Leben (Johannes 11,25). Dann wird es erst recht geschehen, dass wir uns nicht fürchten, sondern uns vor ihm ewig freuen werden. Amen.

Katharina Hübner
Psalm 62

Ein Psalm Davids.
Zu Gott allein ist stille meine Seele;
von ihm kommt mir Hilfe.
Nur er ist mein Fels und meine Hilfe,
meine Burg; ich werde nicht allzusehr wanken.
Wie lange zetert ihr wider einen Mann,
schreiet ihr alle
wie beim Sinken einer Wand,
beim Einsturz einer Mauer?
Sie ratschlagen nur, ihn von seiner Höhe zu stürzen,
sie lieben die Lüge.
Mit ihrem Mund segnen sie,
aber im Herzen fluchen sie.
Zu Gott allein sei stille, meine Seele!
denn von ihm kommt mir Hoffnung.
Nur er ist mein Fels und meine Hilfe,
meine Burg; ich werde nicht wanken.
Auf Gott steht mein Heil und meine Ehre;
mein starker Fels, meine Zuflucht ist Gott.
Vertraue auf ihn, du ganze Volksgemeinde,
schüttet euer Herz vor ihm aus!
Gott ist unsre Zuflucht.
Nur ein Hauch sind die Menschenkinder,
ein Trug die Sterblichen.
Auf der Waage schnellen sie empor,
allzumal leichter als ein Hauch.
Verlasset euch nicht auf Gewalt
und setzt nicht eitle Hoffnung auf Raub.
Wenn der Reichtum wächst,
hänget euer Herz nicht daran.
Eines hat Gott geredet,

zwei Dinge sind's, die ich gehört:
dass Gottes die Macht ist,
und dein, o Herr, die Gnade.
Denn du vergiltst einem jeden nach seinem Tun.

Liebi Gmeind! Es isch ungloublech schön, wenn e Mönsch so rede
cha:

> »*Zu Gott allein ist stille meine Seele;*
> *von ihm kommt mir Hilfe.*
> *Nur er ist mein Fels und meine Hilfe, meine Burg;*
> *ich werde nicht allzusehr wanken.*«

Es isch schön, wenn e Mönsch sich so by Gott geborge, im Schutz
und i der Chraft weiss. Do wird der Gloube übertroffe vo der unmittelbare Erfahrig. Gott wird erfahre as *Fels,* wo me sich dran cha
feschthebe, wo me druf cha boue; as *Burg,* wo me drin cha wohne,
wo me drin gschützt isch; as *Hilf,* wo sich e Hand nach eim usstreckt
und eim über dAbgründ hilft. Gott wird zur läbige Erfahrig, zur
Erfahrig zmitts im Läbe.

Das got so nöch, as dä Mönsch seit: »Gott isch *my* Fels und *myni*
Hilf und *myni* Burg.« So wie Jesus seit »*my* Vatter«, und üs lehrt säge
»*Unser* Vater«. Wo Gott zur läbige Erfahrig wird, do wird är zum
DU. Do wird är zum Fründ. Der ehemalig Zürcher Pfarrer Johann
Kaspar Lavater seit doderzue mit ydrückleche Wort: »Schön, edel ist
es, Gott zuzutrauen, was man einem erprobten Freunde zutraut. So
viel der Freund vermag, so viel traut der Freund dem Freunde zu.Und
hätte er auch mit dem Freunde kein Wort über den einzelnen Fall, in
dem er gerade jetzt sich befindet, gesprochen, er kennt sein Herz; er
weiss es: Ich kann mich nie an ihm irren; ich kann auf ihn zählen. So
weiss auch der Fromme, der Gott kennt, an wen er glaubt.«

De wird öppis still i eim. Jo, de wird alles still i eim, still und gstil-
let. »*Zu Gott allein ist stille meine Seele.*« De lehrt üsi Seel dä Fride
kenne, wo üs verheisse isch.

Dass dä Mönsch do im Psalm so rede cha, das het syni Gschicht,
und das het sy ganz bsundrig Afang. Aer verzellt dervo am Schluss vo
sym Lied. Aer isch einisch im Tämpel gsy, villicht vor vile Johr, uf
ere Pilgerreis, i mene Gottesdiensch. Do het Gott zue nem gredt. Wie,
verzellt är nid. Das isch letschtlech ou nid wichtig. Wichtig isch, as är

glost het, as är dere Stimm vertrout het. Wichtig isch dChraft, wo vo
däm Erläbnis bliben isch und wo ihn sys ganze Läbe lang begleitet
het. Aer verzellt:

>*Einmal hat Gott gesprochen,*
zwei Dinge sind's, die ich gehört:
dass Gottes die Macht ist,
und dein, o Herr, die Gnade.«

Und das het glängt, liebi Gmeind! »*Einmal hat Gott gesprochen, zwei*
Dinge sind's, die ich gehört.« Einisch het Gott zu ihm gredt, und für
immer het är glost und vertrout! So vernäh mer das vo allne Grosse,
innerhalb und usserhalb vo der Bible. Einisch längt. Das isch wie nes
Sägel, wo me einisch richtet, und de het sSchiff der Kurs.

Und was het är ghört? »*Dass Gottes die Macht ist, und dein, o*
Herr, die Gnade.« Aer het dörfe en Yblick tue i Gottes Wäse. Es isch
ihm ufgange und inegange, as Gott Macht isch und as Gott Gnad isch.
Beedes zäme. Macht isch Gnad, und Gnad isch Macht. Nid e zerstöre-
rischi Macht, sondern e schützendi Macht, e müetterlichi Macht, e
fridvolli, heilendi Macht, aber Macht, Chraft, Stärki, wo sich duresetze
wird. Und die Macht z'erfahre, das isch Gnad. Gott erfahre, wie är
sich zu üs abebeugt, no einisch wie e Muetter zu ihrem Chind. Wie är
sich über üs erbarmt, üs tröschtet, üs syni Mildi und Güeti zeigt. Nid
e weichi Gnad, e Gnad wo zrette weiss, aber e Gnad voll Liebi. *Und*
so isch Gott machtvolli Gnad und gnädigi Macht i üsem Läbe. Das het
dä Psalmsänger ghört, und das het är bhalte, und mit däm läbt är, uf
das vertrout är, »*dass Gottes die Macht ist, und dein, o Herr, die*
Gnade.« Und scho do sinkt är i dErfahrig mit däm Gott und seit DU.

Und so isch är vo däm Gottesdienscht und Gotteshuus as e Verwand-
lete usegange. Aer het der beschti Fründ vo sym Läbe gfunde und het i
all dene Johr siderhär erfahre, wie di Fründschaft hebt und treit.

Aber eifach und nume schön het är's deschtwäge nid gha. Dodervo
redt dä Psalm. *Dä Psalm isch im Kampf mit der Not gebore und im*
Kampf um sVertroue. Es hilft, wenn me Not und Kampf i Wort fasse
cha.

Dä Mönsch het e Uebermacht gäge sich, und är erläbt sich wie e
Muur, wo ystürzt. I lise us ere neuere Uebersetzig: »*Wie lange wollt*
ihr einen einzelnen Mann bestürmen, anrennen allesamt wie gegen
eine sinkende Wand, eine stürzende Mauer?« (H. J. Kraus)

Mängisch isch es fasch nid z'gloube, wie Mönsche mit Mönsche umgö, wie Mönsche vo Mönsche allei glo wärde, wie Mönsche anderne Mönsche Lyde zuefüege. Sälte isch es offene böse Wille. Meischtens isch es Ahnigslosigkeit, Glychgültigkeit, Unyfüehlsamkeit, ou Egoismus, oder Angst. Aber das cha unsägleche Schmärz arichte. *»Wie lange wollt ihr einen einzelnen Mann bestürmen, anrennen allesamt wie gegen eine sinkende Wand?«*

Ou e Chranket cha me so erläbe, as ne gwaltige Asturm uf üses chlyne Läbe. As es Usgliferet-Sy, wie me das no nie erläbt, het. As e Zämesturz und e Schwächi, wo eim total bedroht.

Villicht zeigt üs dä Psalmsänger do e Wäg. E Wäg, wo är sälber i der Not immer wider gangen isch, und jetz zum Zytpunkt vo däm Psalm grad neu wider got. Sy Satz, wo är sich dra orientiert, tönt i ruige Zyte e chly anders as jetz. Het är am Afang gseit:

»Zu Gott allein ist stille meine Seele;
von ihm kommt mir Hilfe.«

so seit är jetz:

»Zu Gott allein sei stille, meine Seele!
denn von ihm kommt mir Hoffnung.«

So redt är sich zue, no einisch wie e Muetter zu ihrem Chind. Jo no meh: so richtet är sich wider us, so befeschtiget är sSägu wider a sym Schiff: zu Gott hi, wo är weiss: *»Nur er ist mein Fels und meine Hilfe und meine Burg.«*

Das bruucht Muet. Es git so vil Möglechkeite, sich sälber zrette, oder vor sich sälber zflieh. Und es git so vil Lüt, wo mit guete Rotschläg chöme. Es bruucht Muet, do quer derdur zgo und zsäge: *»Zu Gott allein sei stille, meine Seele.«* Und es bruucht Vertroue. Es Vertroue, wo üs letschtlech nume Gott sälber schänke cha, Gott i synere gnädige Macht und i synere mächtige Gnad.

Bis dä Sänger der Bode wider gspürt. Bis är Gott wider gspürt, nid nume syni Angscht und Schwächi. Das got nid vo eir Sekunde uf di ander. Was är do im Psalm zwöi Mol seit, das seit är wohrschynlech unzähligi Mol am Tag, immer wider: *»Zu Gott allein sei stille, meine Seele!«* Bis gscheht, bis sich vollzieht, was Jesus seit: *»*Kommt her zu mir alle, die ihr mühselig und beladen seid. Ich will euch Ruhe geben« (Mt 11,28).

Und de gscheht no öppis Schöns. Dä Mönsch möcht syni Erfahrig nid für sich bhalte. Aer möcht si für anderi uftue:

>*Vertraue auf ihn, du ganze Volksgemeinde,*
schüttet euer Herz vor ihm aus!
Gott ist unsre Zuflucht.«

Sälber vo Mönsche bedrängt, got är uf Mönsche zue. Sälber e sinkendi Wand, wyst är anderi a dä Fels, wo alles treit. Das isch sWunder vo mene Mönsch, wo syni Seel still worden isch i Gott. Es Stück neui Aerde. Und es Stück Himmel uf Aerde. Amen.

Carl Heinz Ratschow
Psalm 66

Jauchzet Gott alle Lande, lobsinget zu Ehren seinem Namen, rühmet ihn herrlich.

Sprechet zu Gott: Wie furchtbar sind deine Werke. Es wird deinen Feinden fehlen vor deiner großen Macht. Alles Land bete dich an und lobsinge dir, lobsinge deinem Namen. Kommet her und sehet an die Werke Gottes, der so furchtbar ist mit seinem Tun vor den Menschenkindern. Er verwandelt das Meer ins Trockene, dass man zu Fuß über das Wasser gehen kann; dort freuten wir uns sein. Er herrscht aber mit seiner Gewalt ewiglich. Seine Augen schauen auf seine Völker. Die Abtrünnigen werden sich nicht erhöhen können.

Lobet ihr Völker unseren Gott, lasset seinen Ruhm weit erschallen, der unsere Seelen im Leben erhält und lässt unsere Füße nicht gleiten.

Ja, Gott, du hast uns geprüft und geläutert, wie Silber geläutert wird. Du hast uns lassen in den Turm werfen, du hast auf unsere Lenden Lasten gelegt. Du hast Menschen lassen über unser Haupt fahren. Wir sind in Feuer und Wasser gekommen: aber du hast uns herausgeführt in die Freiheit.

Darum will ich Brandopfer geben in deinem Haus und dir meine Gelübde bezahlen, wie ich meine Lippen habe aufgetan und mein Mund geredet hat in meiner Not. Ich will dir Brandopfer bringen von feisten Schafen samt dem Rauch von Widdern, ich will opfern Rinder und Böcke.

Kommet her, höret zu alle, die ihr Gott fürchtet. Ich will erzählen, was er an meiner Seele getan hat. Zu ihm rief ich mit meinem Munde, da ward ich erhöht über die, so mich hassen. Ich dachte in meinem Herzen, der Herr wird nicht hören. Aber er hat gehört, er hat gemerkt auf mein Flehen. Gelobt sei Gott, der mein Gebet nicht verwirft noch seine Güte von mir wendet.

Dieser Psalm redet von dem Aufgehen des Lichtes Gottes. Er redet davon, worum es an *Epiphanias* geht: von dem Aufgehen Gottes. Er redet davon nicht so, wie die alte Kirche meinte, dass sie *Epiphanias* feiern sollte: mit der Hochzeit zu Kana, oder mit der Taufe Johannes des Täufers, oder mit den heiligen drei Königen. Sondern er redet von dem Aufgehen des Lichtes Gottes für uns, für die Welt, für die Völker. Dieser Psalm ist offenbar einer von den Psalmen – und davon gibt es eine ganze Reihe –, die das Textbuch waren für ein »Drama«, für eine Liturgie, die im Tempel von Jerusalem oder im Tempel von Bethlehem, oder im Tempel von Gad aufgeführt wurde. Dieses Drama oder diese Liturgie, für die unser Psalm das Textbuch ist, vollzog sich in drei Akten.

Man muss sich den Tempel in Jerusalem z. B. vorstellen. Vor dem Tempel der große Brandopferaltar und das Riesengefäß, das große Eherne Meer für das Wasser der Reinigung, und von da gehen die breiten Treppen herunter zu dem ersten Vorhof, wo die Gemeinde steht. Und aus dem Tempel kommen jetzt Priester und Leviten gezogen und stellen sich oben vor den großen Brandopferaltar: Es ist ein Chor von Priestern und zwei levitische Chöre. Die Leviten stehen auf der Mitte der Treppe. Der große Priesterchor beginnt zu singen: »Jauchzet Gott alle Lande, lobsinget zu Ehren seinem Namen, rühmet ihn herrlich.« Wie sie das gesungen haben, das wissen wir nicht. Dass sie es mit Orchester gesungen haben, das können wir annehmen. Man kann es sich vielleicht so vorstellen wie den Beginn des Weihnachtsoratoriums von Bach. Dieser Priesterchor mit dieser Aufforderung redet die Länder an. Die Länder, die Erde, die Erdteile, die verschiedenen Teile der Erde werden angeredet.

Und der erste levitische Chor, zum Tempel hin gewendet, singt davon: »Wie furchtbar sind deine Werke, Gott.« Dieser Chor redet singend also Gott selbst an. »Es wird deinen Feinden fehlen vor deiner großen Macht, alles Land bete dich an und lobsinge dir, lobsinge deinem Namen.« Das heißt, in diesem Chor oder von diesem Chor wird Gott angesprochen in der Größe seiner Macht, und das Land wiederum aufgefordert, in den großen Lobpreis der Taten Gottes einzustimmen.

Und dann kommt der dritte Chor, und der wendet sich dann wohl zu dem Tal Kidron hin, wo die Weite den Blick freigibt zum Ölberg, und singt: »Kommt her, ihr Länder, und sehet die Werke Gottes an ... Er verwandelt das Meer ins Trockene, dass man zu Fuß über

Wasser gehen konnte. Dort freuen wir uns. Er herrscht mit seiner Gewalt ewiglich.«

Diese drei Chöre bilden den ersten Akt. Dieser erste Akt dieses Dramas lädt die Länder ein, Gott zu lobsingen.

Wieweit sind wir eng beschränkten Leute des 20. Jahrhunderts doch von dieser Frömmigkeit entfernt. Jene Leute konnten vor Gott mit der Erde, mit dem Land, mit den Ländern, mit der Welt eine Einheit im Gebet bilden. Was wissen wir noch davon, dass wir dazu da sind, dem Lande und der Erde das Lob Gottes zu verkündigen. Was wissen wir armen Leute noch davon, dass die Erde, dass das Land mit uns einstimmen will und soll in den Lobpreis Gottes. Bei uns »menschelt« es immer bloß. Die ganze »menschliche allzu menschliche« Kümmerlichkeit tragen wir auch in unserer Frömmigkeit noch mit uns herum. Aber das können und das sollen wir in der Bibel lernen: es geht vor Gott um diese Welt, eben auch um das Land, eben auch um das Anorganische. Diese Lande, das ist das Erste, sollen hören, von uns hören, was es denn sei um die Größe Gottes. Und diese Lande wollen und sollen einstimmen in unsern Lobpreis: Ihr Länder, lobsinget, ja lobsinget seinem Namen, d. h. seiner Macht, seiner Größe. Und der dritte Chor sagt denn auch, worum es dabei geht: Er hat damals das Wasser plötzlich stehen lassen, dass Israel hindurchgehen konnte durch das Wasser. Und dann – entsetzlichermaßen – hat er das Wasser wieder zusammenfallen lassen über die glänzende Streitmacht Ägypten. Das sind seine Taten. Und der zweite Chor sagt: Furchtbar, furchtbar ist dieser Gott. Das heißt bei diesen großen Taten Gottes, da ist es nicht nur, dass man vor Glückseligkeit verschwimmt, sondern das ist eine tiefernste und eben auch immer furchtbare Sache, weil die Größe und die Gewalt und die Undurchschaubarkeit dessen, was Gott mit uns und für uns, was er mit der Welt und für die Welt, was er mit den Ländern und für die Länder tut, für uns ganz unbegreiflich ist. Denn wenn wir uns das ansehen, was das Zeugnis der Bibel uns zu berichten hat über das, was Gott an den Landen alles getan hat, da denken wir immer wieder: wie furchtbar, wie unbegreiflich, wie erschütternd, für unseren Verstand ganz entsetzlich ist die Größe und die Macht und die Herrlichkeit dieses Gottes. Das kann auch nicht anders sein. Denn da, wo wir Gott sagen, da stoßen wir an die Grenzen unseres Fassungsvermögens, weil wir an das Letzte stoßen, an das Letzte. Das Letzte, sowohl nach vorn, wo unsere Auffassungsfähigkeit beginnt, nämlich Schöpfung oder Geburt; wie das Letzte, wo unsere

Auffassungsfähigkeit endet, unser eigenes Ende und das Ende der Welt: alles Dinge, die unser Verstand zu ermessen nicht in der Lage ist. Aber da stoßen wir auf »ihn«. Und wo wir denn die Lande auffordern, in den Lobpreis seines Namens, seiner Macht einzustimmen, da fordern wir sie auf, vor den zu treten, der die Grenze da vorne und die Grenze da hinten ist. Und da wird es »furchtbar« für uns und unser Verstehen. Man kann sich das klar machen an unserem Verhältnis zu unserem eigenen Sterben. Dieses unser eigenes Sterben ist zunächst und unmittelbar für uns furchtbar, weil wir das Ende unserer Existenz zu bedenken nicht vermögen.

Der zweite Akt dieser Liturgie hat wiederum drei Chöre. Wiederum beginnt wohl ein Priesterchor, der die große Aufforderung singt: »Lobet, ihr Völker, unseren Gott. Lasset seinen Ruhm weit erschallen, der unsere Seelen im Leben erhält und unsere Füße nicht gleiten lässt.« Jetzt sind nicht mehr die Lande, sondern die Völker angeredet. Jetzt geht es um das menschliche Leben: »der unsere Seele im Leben erhält«. Ein ganz neues Thema. Und der zweite Chor wendet sich wiederum zum Tempel direkt zu Gott:

»Ja, Gott, du hast uns geprüft und geläutert, wie Silber geläutert wird. Du hast uns lassen in den Turm werfen, du hast unsere Lenden mit Lasten belegt, du hast Menschen lassen über unser Haupt fahren, wir sind in Feuer und Wasser gekommen. Und du hast uns herausgeführt in die Freiheit.«

Und dann kommt der dritte Chor: »Darum lasst uns mit Brandopfern in sein Haus gehen, lasst uns Gelübde bezahlen, wie ich meine Lippen aufgetan habe und mein Mund geredet hat: Ich will dir Brandopfer bringen von feisten Schafen samt dem Rauch der Widder. Ich will opfern Rinder und Böcke.«

Mit diesem dritten Chor ziehen dann die drei Chöre in den Tempel ein. Hier geht es also um die Völker. Hier geht es um das Leben menschlicher Seelen, das Leben menschlicher Seelen angesichts dieses Gottes. Was muss man da eigentlich sagen? Nach der Meinung dieses Psalms muss man da von den tiefen Angefochtenheiten in der Geschichte der Völker, der Religionen und der Kirchen reden. Eine Meinung, die das Alte Testament und das Neue Testament ganz durchzieht und die dann von Luther in der Reformation wiederentdeckt wurde, nämlich: Dieser Gott geht mit den Seinen den unteren Weg. Es mit diesem Gott zu tun bekommen, heißt, mit dem zu tun bekommen, der unserer Seelen Leben dadurch erhält, dass er unsere Seele auf die

Probe stellt, dass er uns in Feuer bringt und in Wasser, dass er uns in Türme eingesperrt sein lässt – abgeschlossen, so wie wir heute von der Welt abgeschlossen sind – dass er diese Gemeinde Israel vereinsamt in der Welt, so wie seine christliche Kirche vereinsamt ist in der Welt und dass er uns Lasten auf unsere Lenden legt.

Das ist die Meinung dieses Psalms: Gott sagen, das heißt von seiner Macht reden. Gott sagen, das heißt, davon reden, wie wir im Kontext von Gemeinde und Kirche auf die Probe gestellt werden. Eine merkwürdige Sicht der Sache. Aber nach der die ganze Bibel durchziehenden Meinung und nach der Meinung der Reformation, die Sicht der Sache, d. h. Gottes, die allein in der Lage ist, unserer Seelen Leben zu erhalten und zu bewahren. Mit diesem Gott und seiner Macht konfrontiert sein, heißt unser Leben und die ganze Geschichte neu sehen, nicht so sehen, wie Menschen das sehen. Wir Menschen sehen es so: Das ist gut, wenn die Leute viel zu essen haben, wenn sie ein hohes Gehalt haben, wenn sie eine gute Lebensversicherung haben; und das ist schlecht, wenn sie krank werden und wenn sie kein Geld haben und wenn sie in Not kommen. Diese Wertungen sind vor diesem Gott offenbar überstiegen. Diese Wertungen gelten im Zusammenhang dieses Gottes jedenfalls nicht. Es geht vor diesem Gott um etwas anderes offenbar. Es geht darum, Augen zu bekommen dafür, dass die Kostbarkeit unseres Daseins da liegt, wo die Not uns betritt. Nun, das ist wohl nicht so, wie man das in gewissen Zeiten des Mittelalters und in gewissen Zeiten des 17. Jahrhunderts gemeint hat, dass Christen Leute sind, die sagen: Ach, wo ist denn das Unheil, in das ich mal hineinschlüpfen kann. Sondern es ist wohl so, dass wir die Welt so anschauen, wie sie ist. Da aber brauchen wir wohl keine großen Aufschwünge und Anstrengungen zu machen, die Not zu entdecken. Wenn wir die Welt so ansehen, wie sie ist, dann entdecken wir sehr schnell auch in unserer großartigen Zeit, wo wir's so weit gebracht haben, dann entdecken wir sehr schnell die ganzen Risse, diese ganzen Abgründe, diese ganzen Tiefen des Grauens, die überall da direkt zur Stelle sind, wo Menschen handeln. Da brauchen wir gar nicht diese ganzen schrecklichen Dinge des Terrorismus zu studieren. Wir brauchen nur mal uns selbst anzusehen, wie wir uns eigentlich gegenüber dem Menschenleben empfinden. Wir merken's dann sehr schnell, mit welchen Abgründen wir es zu tun haben. Das sind die Nöte, die wir sehen müssen, die wir so sehen müssen, wie sie sind, die wir nicht verkleistern dürfen, die wir nicht verstecken dürfen, die wir im Glauben den Mut bekommen anzusehen. Und indem wir sie ansehen – so sagt unser Psalm – in ihnen und durch sie will dieser merkwürdige Gott meine Seele am Leben erhalten.

Gott geht mit den Seinen den unteren Weg. Das heißt, in seinem Schutz können wir es wagen, in die dämonischen Hintergründe des menschlichen Daseins in der Geschichte einzutauchen, ohne dass wir Pessimisten werden, ohne dass wir Gotteszweifler werden, ohne dass wir alles beiseite werfen. Sondern wir gewinnen das große Verwundern über die Langmut dieses Herrn, über die tiefe unergründliche Weisheit dieses Herrn, der mit uns, so wie wir sind, seine Wege geht. Das Unerhörte in den Chören dieses Psalms, speziell dieses zweiten Aktes, ist es, dass die Bibel dem Menschen die Augen auftun möchte für sich selbst und für die Geschichte, so wie sie ist. Man hat mit Recht gesagt, zum Christen gehört Sachlichkeit. Paulus nennt das Nüchternheit. Und diese Sachlichkeit, diese Nüchternheit führt uns an die Tiefen des Daseins als der Werke dieses Gottes an uns und für uns, das heißt für das Leben unserer Seele.

Das ist die Freiheit, von der der zweite Chor singt. Das ist die Freiheit! Wir haben die ganzen Zwänge der Wohlerzogenheit und der sozialen Stellung und des Berufes und der Bildung und was es alles Schönes gibt, gar nicht nötig. Weit über sie hinaus geht die Nüchternheit unserer Sachlichkeit. Wir können das Leben so betrachten, wie es ist. In der Gehaltenheit dieses Gottes stehen wir damit und können in der Freiheit umgehen, die den Kindern dieses Gottes zukommt.

Da ist also der erste Akt: Die Länder werden versammelt, und ihnen wird das Zeugnis gegeben von den großen Taten Gottes. Und da ist der zweite Akt, da werden die Völker herangeholt, und die Geschichte wird in ihrem innersten Zusammenhang gesehen, und die Wertungen des Lebens, gut und böse, recht und unrecht, werden neu gesetzt. Allerdings, das Böse bleibt böse, und das Ungerechte bleibt ungerecht. Aber das Ungerechte und das Böse ist umfasst von der Freiheit, in der die Kinder Gottes in der Welt sein können.

Die Chöre der Priester und Leviten sind abgezogen zum Opfer in den Tempel. Und nun tritt offenbar aus der versammelten Gemeinde heraus ein ganz zivil und normal gekleideter »Bürger«, ein Glied der Gemeinde betritt die Stufen, wendet sich zur Gemeinde und beginnt zu singen: »Kommet her, höret alle zu, die ihr Gott fürchtet. Ich will erzählen, was er an meiner Seele getan hat. Zu ihm rief ich mit meinem Munde, da ward ich erhöht über die, so mich hassen. Ich dachte in meinem Herzen, der Herr wird nicht hören. Aber er hat gehört, er hat gemerkt auf mein Flehen. Gelobt sei Gott, der mein Gebet nicht verwirft, noch seine Güte von mir wendet.«

Das ist der dritte Akt. In diesem dritten Akt ist da also ein Mann wie jeder andere, und dieser Mann wendet sich an die, die Gott fürchten. Er wendet sich an die Menschen, die etwas davon wissen, wie furchtbar Gottes Macht ist. Er wendet sich also an die Menschen, die die üblichen, normalen, gängigen Vokabeln von dem lieben Gott über der Lebendigkeit ihres Glaubens vergessen mussten und vergessen konnten, und die von Gott so reden, wie man von ihm reden muss: Wie furchtbar sind deine Werke, und was ist das für eine Freiheit, zu der du mich befreit hast! An diese Leute wendet er sich. Und diesen Leuten will er erzählen, wie es ihm in seinem Leben gegangen ist. Er erzählt davon, wie er eines Tages in einer großen Not war, und wie er in dieser Not etwas ganz Merkwürdiges getan hat: Er hat nach Gott gerufen. Ein vernünftiger Mensch, der mitten im Leben steht, und der nun Schwierigkeiten kriegt, seien es berufliche, wirtschaftliche oder Nöte anderer Art, der macht dieses Merkwürdige: Er ruft nach Gott. Dieser Mensch da, der meint tatsächlich, dieser Gott hätte was zu tun mit Geld und mit beruflicher Ehre und mit Durchsetzungskraft und mit Vernunft und Verstand und mit Sachwissen und mit allem Möglichen. Das meint dieser Mensch. Und auch dieser Mann steht, wie er sagt, noch in der Fraglichkeit: Ich meinte, ach, das kann Gott ja gar nicht hören. Der ist ja wohl so weit weg, und der ist ja wohl so entsetzlich heilig, dass er sich um diesen Kram, den ich hier vorhabe, gar nicht kümmern kann. Aber siehe da, er hat tatsächlich gehört, unglaublicherweise. Er, Gott, er, dieser Gott, von dem wir gehört haben bei den beiden Chören, der die Länder versammelt, der die Völker versammelt, dieser mächtige, große, gewaltige, herrliche Gott, der ist in diese kleine Sache eingetreten, in diesen Berufsärger dieses Mannes. Er hat etwas getan. Gott hat etwas getan!

Weil das so ist, sagt dieser Mann, darum »gelobt sei Gott, der mein Gebet nicht verwirft noch seine Güte von mir wendet«. Was macht dieser Mann als dritten Akt des Ganzen? Er beschreibt, wie und wo das Licht und die Herrlichkeit und die Mächtigkeit dieses Gottes über uns eigentlich aufgeht, wenn wir nicht mehr im Zusammenhang der Länder uns selbst verstehen, und wenn wir nicht mehr im Zusammenhang der Religion oder der Kirche uns selbst verstehen, sondern wenn wir in der Not unseres Daseins auf uns selbst zurückgeworfen mit uns selbst allein da sind. Vor lauter Not, vielleicht auch vor lauter Krankheit und Schmerz vermögen wir gar nicht mehr, über uns selbst hinauszusehen, sondern sind nur mit uns allein da. Luther hat einmal gesagt: Rufe mich an in der Not, und ich will dich erretten, so will Gott erkannt werden. Das heißt, Luther meinte, Gotteserkenntnis ist ja eine gute Sache, und beim Glauben kommt's auch auf Gotteserkenntnis an, das ist wahr. Aber diese Gotteserkenntnis von Christen, die besteht nicht darin, dass wir mächtige Sachen machen, dass wir uns Riesensachen philosophischer oder theologischer oder mystischer Art ausdenken, sondern diese Gotteserkenntnis von Christen besteht darin: »Rufe mich an in der Not«. Mehr nicht, mehr ist das nicht. Aber dieses ist ungeheuerlich. Denn, wer mal in Not war, der weiß, wie weit dann Gott weg ist, und was das für ein Sprung ist, der dazu gehört, um das Vertrauen aufzubringen, ihn, Gott, in diese Not hineinzuholen.

Aber darauf kommt es gerade an, bei diesem Gott. Er will mit der Herrlichkeit seiner Weltgröße von uns hineingeholt werden in die kleinen für uns so großen Nöte unseres Daseins. Das ist der innerste Kern. Dieses nennt Jesus bei dem ihm begegnenden Hauptmann von Kapernaum oder anderen Glauben, dass sie sich nämlich zu ihm wenden mit ihrer Not, mit ihrer Krankheit, mit ihrem Kummer und sagen, nun komm mal und hilf mir. Dies nennt er Glauben. Das ist Glaube. Aber, nicht wahr, das ist gar nicht so ganz einfach, wie es klingt; denn wirkliche Not vereinsamt, vereinsamt gegenüber den Menschen, gegenüber der Welt, gegenüber den Tieren unserer Umgebung und den Blumen in unserem Garten. Und wir denken, wir seien auch von Gott vereinsamt. Und das gerade kann oder soll nicht passieren, wo es um Glauben geht, wo es um Gotteserkenntnis geht. Das ist eine tolle Sache, eine ganz tolle Sache. Rufe mich an in der Not, so will Gott erkannt sein.

Das ist das Drama, das am Fest der Erscheinung dieses Gottes in Jerusalem oder Bethlehem oder Gad oder einem anderen Heiligtum Jahr für Jahr aufgeführt wurde und in dem von der großen mächtigen Welt und den unendlichen Tiefen der Völkergeschichte und der Geschichte der Kirchen der Weg angetreten wird zu dem Menschen, der in seiner ganzen Not mitten im Leben vor diesem Gott steht. Ein unerhörtes Drama. Aber dies Letzte, wo unsere Not sich zu Gott öffnet, kann nach der Meinung dieses Psalms nicht sein ohne den Hintergrund der Gemeinde, ohne das Wissen, dass Gott mit den Seinen den unteren Weg geht; nicht wahr, das gehört unmittelbar zusammen. Und dies kann nicht sein ohne das Wissen darum, dass er die Grenze und die letzte Schönheit in der Welt und in den Landen ist und dass wir mit unserer scheinbar so kleinen nebensächlichen Not mitten in dem großen Welt- und Geschichtsgeschehen drinstehen, und dass diese unsere Wendung zu Gott im Gebet nicht ohne Belang ist für die große Geschichte der Kirche und für die große Geschichte Gottes mit der Welt. Dies heißt eben auch, dass wir mit unserer winzigen Not »eine Rolle spielen«; denn wir sollen eines Tages sagen: Kommt her, ihr Länder, lobsinget seinem Namen. Ich weiß das, ich kann euch einladen, nun kommt mal her. Und wir können sagen, ja wir sollen sagen: Du große Geschichte von Kirche und Religionen, du komme mal her, ich habe dir was zu erzählen. Und was wir zu erzählen haben? Da war ich mal in großer Not, und da habe ich es fertiggebracht, mich zu ihm zu wenden, und – das ist fast unglaubhaft – er hat mich gehört. Das ist alles. Das ist tatsächlich alles – das ist das »Ganze«. Und dies heißt Glaube: Da geht die Herrlichkeit Gottes auf – Epiphanie vor Welt, Religionen und vor uns.

Claus Westermann
Psalm 71

Im 71. Psalm spricht ein alter Mensch sich aus: Im Anrufen Gottes kann er sich aussprechen. Da kann er sagen, was er denkt, wie es ihm zumute ist. Der Psalter enthält Gebete von alten Menschen, weil in ihm jedes Alter der Menschen zu seinem Recht kommt. In der Bibel ist der Mensch in seinem Dasein wie auf einem Lebensbogen dargestellt, der sich von der Geburt bis zu seinem Tod erstreckt. Jeder Abschnitt auf diesem Bogen hat seine besondere Bedeutung, seine besonderen Freuden und Schmerzen, manchmal auch seine besondere Sprache. Wir sprechen in unserer Kirchensprache viel zu viel von *dem* Menschen: der Mensch ist dies und der Mensch ist das, der Mensch soll und der Mensch soll nicht; wir sprechen auch vom Wesen des Menschen, das es gar nicht gibt.

Das ist alles wertlos, wenn wir dabei nicht an den Bogen denken. Wir sagen einen Satz, über den alle lachen, merken aber nicht, dass eine alte Frau, die dabeisitzt, bitter gekränkt wird. Und viele Missverständnisse wären zu vermeiden, wenn ein alter Mensch sich um das Verstehen eines jungen Menschen bemühen würde; wenn ein junger Mensch auf das Empfinden eines alten Menschen mehr Rücksicht nehmen würde.

In diesem Psalm lässt man einen alten Mann zu Wort kommen. Es begegnen in ihm Sätze, die in vielen anderen Klagepsalmen auch vorkommen. Hilferufe an Gott: *»Ich flehe zu dir, komm mir zu Hilfe«* und ähnliche. Zu den Klagen treten dann die Bitten: *»Tröste mich!«*, *»Bring mich wieder zu Ehren!«*, *»Verwirf mich nicht!«* Dem folgen oft Worte des Vertrauens: *»Denn du bist meine Zuversicht und meine Hoffnung«.* Diese Worte kennt er von früh auf, sie sind ihm vertraut und kommen ihm von selbst auf die Lippen. Zu diesen gewohnten Gebetssätzen aber kommen solche, die von seiner besonderen Lage reden. Es ist ganz natürlich, dass dazu Worte des Rückblickes gehören: *»Von Jugend auf bis zum Alter hast du mich belehrt«*, das heißt: du hast mir immer wieder einen Weg gewiesen! Er blickt auf Stunden in seinem Leben zurück, in denen er vor einer Entscheidung stand und ihm ein Gotteswort half, den nächsten Schritt zu tun. Dankbar kann er jetzt an sein früheres Leben denken: »*Ich habe mich seit meiner Jugend an dich gehalten.*« Heute sind die in der Minderzahl, die das genau so sagen könnten. Aber die es können, sollten darüber nachdenken, was das bedeutet. Und wenn dann im Psalm darauf folgt: »*Ich war immer deines Lobes voll*«, so soll das nicht heißen, dass er immerfort Loblieder gesungen hat, sondern einfach, dass für ihn die Gottesbeziehung etwas Selbstverständliches war und dass er dadurch auf andere eingewirkt hat. Er hat Erfahrungen gemacht, an die er jetzt zurückdenkt, die einem jungen Menschen helfen könnten, von denen er erzählen könnte, die aber meist niemand hören will.

Dann aber kommt die Gegenwart zur Sprache: »*Harte Mühsal hast du mir aufgelegt.*« Er redet von der Härte der Lasten des Alltags ohne Rückhalt. Das ist der Punkt, an dem es sein Gewicht erhält, was ich von dem Lebensbogen sagte: Es gehört zu ihm, dass die Kräfte schwinden. Dem Wachsen am Anfang entspricht ein Abnehmen im Alter. Das ist in der Schöpfung begründet; in der Erschaffung alles Lebendigen. Es ist sehr schwer und wird immer schwer bleiben, dazu Ja zu sagen. Der alte Mensch im 71. Psalm sagt: »*Ich habe mich von Anfang an an dich gehalten*«, du, mein Vater und mein Schöpfer. Ich bleibe trotz allem bei dir. Er hat dabei ein Recht zu klagen, wenn die Mühsal, die ihm auferlegt wird, zu schwer ist; denn die Klage ist die Sprache des Leides und niemand wird ihm diese Sprache verwehren. Aber die Beziehung zu dem, der ihm das Leben gab, wird ihm nicht zerstört, auch nicht angesichts des Schwachwerdens und Erkrankens am ganzen Körper: an allen Gliedern und an allen Sinnen.

Zu diesem Schweren, was er im Alter zu tragen hat, gehören aber auch die Mitmenschen. So redet auch dieser Psalm von den Feinden: »*Denn meine Feinde reden über mich, und die auf mein Leben lauern, sprechen: Gott hat ihn verlassen.*« Das sind Worte einer traditionellen Klage, die in verschiedenen Zusammenhängen ganz Verschiedenes bedeuten können. Sie verbergen bewusst die Tatsachen, um die es sich hier bei dem alten Mann handelt; man hat Angst davor, sie offen zu nennen. Sie bedeuten hier, dass ein alter Mensch eine Feindlichkeit seiner Umgebung empfindet. Ist doch schon das Überfallenwerden von einer Krankheit wie das Erfahren des Angriffs einer feindlichen Macht; mehr noch das langsame, aber erbarmungslose ständige Fortschreiten der Schwäche, der Hinfälligkeit, der Gebrechlichkeit, dem der alte Mensch ohnmächtig ausgesetzt ist. Hiermit entsteht eine Spannung zwischen dem eigenen Leben, das vom Abnehmen gezeichnet ist, und der Kraft des Gesunden, des Starken, die er ausstrahlt. Diese Spannung führt oft dazu, dass der Lebenskreis der Alten, des Greises und der Greisin, kleiner und leiser wird. Er ist in allem gehemmt und kann nicht mehr mitmachen; da kommt es ganz von selbst und ohne böse Absicht, dass bisherige Freunde, bisherige Bekannte sich von ihm abwenden. Das wird auch in anderen Klagepsalmen vielfach beklagt. Was soll man auch mit ihm reden, was hat man noch gemeinsam? So verliert der alte Mensch unmerklich die Kontakte, er empfindet, dass er draußen steht, »draußen vor der Tür«.

So können wir verstehen, wenn die uns fremden Worte von den Feinden eines alten Menschen sprechen, die sich abwenden, die Böses über ihn reden und ihn verfolgen. Deutlich genug ist, dass es heute wie damals die Entfremdung zwischen den Alten und denen, die in ihrer Vollkraft stehen, gibt und dass sie viel Leid, viel Schmerzen verursacht.

Nun ist hierin gegenüber der Klage des alten Mannes im 71. Psalm gerade in unserer Zeit etwas anders geworden; das Alter wird an vielen Stellen wieder als ein wertvolles Stadium des Menschenlebens angesehen und erhielt sogar eine eigene Wissenschaft; die christlichen Kirchen bemühen sich besonders um die alten Menschen, während noch vor kurzem das Überwiegen von alten Menschen im Gottesdienst ein Grund des Spottes war.

Wir können dankbar dafür sein. Ohne die alten Frauen und die alten Männer wäre die Entfremdung so vieler Menschen vom Glauben und von den Kirchen sehr viel weiter fortgeschritten. So wie ich es sehe, haben die alten Menschen seit dem ersten Weltkrieg mehr für das Durchtragen der christlichen Überlieferung bewirkt als manche Lehranstalten.

Der alte Mann bittet Gott um Hilfe: »*Ich flehe zu dir, komm mir zu Hilfe!*« Es sind die Worte vom leidenden Menschen, die er sein Leben lang oft gesprochen und oft gehört hat. Sie gehen weiter: »*Du bist meine Zuversicht und meine Hoffnung!*« Dieses Wort des Vertrauens ist mit ihm gegangen auf den Höhen und in den Tiefen seines Daseins. Sie klingen ihm jetzt anders, am Ende seiner Lebenstage. Er blickt nun auf das ganze Leben zurück, auf den ganzen Lebensbogen, der mit Lebensfreude und Lachen begann. Eins ist geblieben wie am Anfang. Es ist derselbe Gott, zu dem er jetzt ruft. Er ist der gleiche geblieben. So muss das Ganze einen Sinn haben, einen guten Sinn, weil derselbe Gott jetzt über seinem Ende waltet. Er ist auch jetzt in seiner Hand. So kann er Amen sagen zu dem ganzen Bogen seiner Lebenszeit.

Wenn dieser Mann an sein Leben zurückdenkt, gehören gewiss »die schönen Gottesdienste des Herrn« dazu, wie es ein anderer Psalm sagt. Sie waren damals anders als heute. Aber heute wie damals denken alte Menschen zurück an die Gottesdienste, die in ihrer Erinnerung geblieben sind. Sie können selber nicht mehr mitsingen mit ihrem Mund, aber sie haben den Klang behalten und erinnern sich an Stunden, die unvergesslich sind für sie. Denn Gottesdienste können eine Bedeutung haben, die weit über ihren Verlauf hinausgeht, weil sie Höhepunkte waren, die sie nie vergessen. Dieser alte Mann im 71. Psalm könnte von solchen Gottesdiensten erzählen, so wie meine Gedanken jetzt zurückgehen zu einem Gottesdienst tief in Russland während des Krieges. So verschieden die Gottesdienste sind, in ihnen allen kann es gesprochen und kann es gehört werden, was damals der alte Mann im Rückblick auf sein Leben gesagt hat: »*Du bist meine Zuversicht und meine Hoffnung*«. Amen.

Hans Walter Wolff
Psalm 73

Trotz allem: Gut ist Gott zu den Redlichen,
ist der Herr zu denen, die lauteren Sinnes.
Ich aber wäre fast mit meinen Füßen geglitten,
so gut wie nichts fehlte bei mir,
dann stolperten meine Schritte.

Liebe Gemeinde! In was für eine Spannung zieht uns der Psalmist gleich mit seinen ersten Sätzen hinein! Es ist die Spannung zwischen Glauben und Unglauben, zwischen Zweifel und Gewissheit, zwischen Stehen und Stürzen. Was seine eigene Person anlangt, so gesteht er rückhaltlos: Ich wurde nicht nur recht unsicher, sondern beinahe wäre mein Glaube schlicht hinfällig geworden; eigentlich fehlte bei mir nichts mehr, dann hätte mich der Zweifel zur Strecke gebracht.

Doch bevor er das und noch mehr zu seiner Person aussagt, erklärt er im ersten Satz zur Sache: »Gott ist dennoch Israels Trost! Gut ist Gott für die, die lauteren Sinnes – trotz allem!« Das ist für ihn alles andere als eine Selbstverständlichkeit. Mit dem Eröffnungssatz nimmt er das Ergebnis einer langen Geschichte seiner Verunsicherung vorweg. Er wird sie uns im Folgenden auseinanderlegen. Offenbar meint er, dass seine Erfahrung auch für andere lebenswichtig werden kann. Er will sie an einer Entdeckung teilnehmen lassen: »Gut ist Gott zu den Redlichen.«

So stellen wir uns denn dieser fremden Stimme. Sie wird uns in der Fortsetzung die Fragen beantworten, die die ersten Sätze herausfordern. Erstens: Was hätte denn seinen Glauben um ein Haar zu Fall gebracht? Zweitens: Wie ist er durch die schwere Krise seines Lebens hindurchgekommen? Drittens: Wer darf denn trotz allem damit rechnen, dass er Gottes Güte erfährt?

Sofort beantwortet uns der Psalmist ausführlich die erste Frage: Worüber wäre er fast gestolpert? Wir lesen die Verse 3–12:

Denn ich beneidete die Prahler,
da ich das Glück der Gottlosen sah.
Denn ohne Qualen leben sie,
voll und fett ist ihr Wanst.
Die Plage der Sterblichen teilen sie nicht,
nicht sind sie wie andre geschlagen.
Drum putzt sie ihr Hochmut heraus,
das Gewand der Gewalttat umhüllt sie.
Aus dem Fett tritt ihr Auge hervor.
Wunschbilder überfluten ihr Denken.
Sie vertiefen sich und reden in Bosheit.
Von oben herab drohen sie Unterdrückung.
Sie sperren ihr Maul bis zum Himmel auf.
Ihre Zunge spaziert auf Erden.
Drum läuft das Volk ihnen nach.
Ihre Worte schlürfen sie gierig.
Sie sagen: Was weiß denn schon Gott?
Gibt's Kenntnis überhaupt beim Höchsten?
Genau so sind die Gottlosen:
Ewig ungestört mehren sie Macht.

Diese erfolgreichen Menschen also haben unseren Psalmisten verunsichert. Es waren nicht gedankliche Schwierigkeiten, auch nicht direkte Angriffe, die ihn umwarfen. Eine Kette stiller Beobachtungen war es, wie sie schon Jeremia die Frage aufgenötigt hatte (12,1): »Warum geht's doch den Gottlosen so gut, und die Abtrünnigen haben alles in Fülle?« Als Vereinzelter sieht er sich einer ganzen Reihe anderer Menschen gegenüber. Sie strotzen vor Gesundheit. Ihre Wünsche lassen sie frei spielen. Bei ihnen klappt alles. Mit List oder mit Gewalt verstehen sie es, sich in ihrer Umwelt skrupellos durchzusetzen. Sie gleichen jenem Chaosungeheuer, von dem es in einem altkanaanäischen Text aus Ugarit heißt: »Eine Lippe am Himmel, die andere an der Erde, spielt seine Zunge an den Sternen.« Es sind nicht üble Randerscheinungen der Gesellschaft, eher schon die führenden Kreise. Sie imponieren den Massen. Ihre Zunge kann ebenso brutal drohen wie elegant dahertrippeln. Gott ist ihnen nicht einmal eine Feindschaft wert, höchstens eine beiläufige Scherzfrage, die ihn für uninteressant erklärt. Völlig ohne Gott erzielen sie glänzende Erfolge. Heimsen sie nicht schon immerzu den Segen ein, den Gott doch nach

dem Glauben der Väter den Frommen vorbehalten hat? So fragt sich
wohl der Psalmist. Und wie fragen wir? Florieren nicht bei uns Wissenschaft, Wirtschaft, Politik ohne Gott besser denn je? Ist Ihr atheis-
tischer Nachbar nicht glücklicher als Sie, meine Damen und Herren?
Warum boykottieren denn 90 % die Predigt? Ist nicht des vereinsam-
ten Psalmisten Frage nach Gott ein leeres Spiel, ja eine sinnlose
Selbstquälerei? Wie sieht er sich selbst? Wir lesen weiter Vers 13–16:

> *Ja, umsonst hielt ich meine Gesinnung rein,*
> *wusch ich meine Hände in Unschuld.*
> *Geplagt war ich den ganzen Tag,*
> *Morgen für Morgen gezüchtigt.*
> *Hätte ich gesagt:* »*Ich will reden wie sie!*« –
> *genau dann hätte ich das Leben deiner Söhne verraten.*
> *Ich dachte und dachte, wie ich's verstünde –*
> *eine Qual war es für mich.*

Wer von uns kennt etwas von solchen Anfechtungen? Da empfinden
wir nach, wie wenig selbstverständlich der erste Satz war, wie zunächst unannehmbar: »Gut ist Gott zu den Redlichen.« Und wie unent-
behrlich wenigstens das vorangestellte: »Trotz allem!« Dieser »lautere
Sinn« oder – wie Luther übersetzt – dieses »reine Herz« war das
Gegenteil harmlos naiver Gläubigkeit. Er sah keinen Zweck mehr
darin, dass er sich moralisch und intellektuell abquälte. Schon körperlich lebt er an der Grenze des Erträglichen. Sollte er nicht noch viel
mehr als jene glücklichen Frevler Grund haben, beim Wort »Gott« nur
noch spöttisch zu lächeln?

Davon hielt ihn nur eines zurück: der Gedanke an Menschen, die er
»Söhne Gottes« nennt. Sie hätte er verraten, wenn er leichthin Gott
aufgegeben hätte. Er mag an den geprüften Abraham, an den an-
gefochtenen Hiob denken. Welche geschichtlichen und gegenwärtigen
Glaubenszeugen mögen uns hemmen, schnellfertig ins Lager der
Gottlosen überzuwechseln? Wem können wir den stillen Respekt nicht
verweigern, vielleicht Blaise Pascal, vielleicht Dietrich Bonhoeffer,
vielleicht dem, der uns zum Glauben geholfen hat? Vielleicht ist es
nur noch der eine, Jesus von Nazareth selbst, der »Sohn Gottes«
schlechthin. Hemmen? Vielleicht! Gott ist nicht einfach wegzuwi-
schen. Eine Bremse – der Gedanke an einige unübersehbare Gestalten
– funktioniert zum Glück noch bei der flotten Talfahrt. Aber die Qual

des Denkens und Vergleichens wird damit nur zerdehnt: Warum das Glück der Gottlosen? Ein Zeitgenosse sagt es so:

Wenn ich nur dich habe, so frage ich nichts ..., ja.
Nun aber frage ich / frage Tag und Nacht / nach Himmel und Erde.
Ich habe dich nicht / und suche vergebens.
Frage ich am Himmel, / so löst er sich auf,
frage ich auf Erden, / so wird alles Staub.
Auch meinen Sinn / finde ich nicht.
Fände ich dich, so fragte ich nicht mehr nach Sinn.
Ich ließe dich nicht / und du segnetest mich.
Nun aber ringe ich / mit wem? – mit mir selbst –
ein aussichtsloser Kampf / im Bodenlosen / für den Taucher
kein goldener Becher an spitzen Korallen /
nur Mächte und Gewalten.
Wo aber ist meines Herzens Trost und mein Teil?

Wer unter uns mag ähnlich sprechen: »Ich dachte und dachte, wie ich's verstünde – eine Qual war es für mich?« Wer scheuert sich nicht irgendwo wund? Wer kennt nicht seine Defizite? Doch genau an dieser Stelle stehen wir schon vor der entscheidenden Wende in unserem Psalm. Wir lesen Vers 17–22:

Bis ich in Gottes Heiligtümer eintrat
und Einsicht in ihr Ende gewann.
Ja, auf schlüpfrigen Boden stellst du sie,
du lässt sie in Täuschungen stürzen.
Wie brechen sie plötzlich zusammen!
Sie enden, verschwinden mit Schrecken.
Wie einen Traum nach dem Erwachen, Herr,
so verachtet man ihr Bild in der Stadt.
Als mein Geist verbittert war
und mein Innerstes tief verletzt,
da war ich ein Rindvieh ohne Verstand,
wie ein Ochse stand ich vor dir.

Jetzt also beantwortet der Psalmist unsere zweite Frage: wie er denn aus der tiefen Krise herausfand. Sie währte nur so lange, »bis er in Gottes Heiligtümer eintrat«.

Meine Damen und Herren! Für unser eigenes Fragen kommt nun alles darauf an, diesen Eintritt richtig zu begreifen. Er beschreibt einen Ortswechsel. Er verharrt nicht auf seinem alten, eigenen Standpunkt, an dem er wie unser zitierter Zeitgenosse Himmel und Erde vergeblich nach dem Sinn absucht und dann den aussichtslosen Kampf mit sich selbst im Bodenlosen kämpft. Nein, er wechselt seinen Standort. Er überschreitet eine Schwelle.

Er tritt in »Gottes Heiligtümer« ein. Was ist das? Meint er das Gebäude, in dem die Gemeinde sich versammelt? Ging er in das Haus des Weisheitswortes Gottes, von dem später Jesus Sirach sagt: »Selig der Mann, der durch seine Fenster schaut und an seinen Türen lauscht, der in seines Hauses Umkreis sich niederlässt und an seiner Mauer seinen Zeltpflock befestigt, der in seinem Schatten sich vor der Hitze birgt und in seiner Herrlichkeit wohnt« (14,23–27)?

Jedenfalls ist es der Ort und die Zeit, wo nur die eine Stimme laut wird, gegen die 15 000 Stimmen belanglos sind: »Seid stille und erkennt, dass ich der Herr bin!« Es ist die Stelle, an der Propheten und dann vor allem Apostel auf das in unsere Geschichte eingetretene Wort Gottes zeigen. Es ist der Platz, an dem das Brodeln und Rumoren der anderen und der Trauermarsch um das gequälte Ich zum Stillstand kommen und Gott selbst in seiner Freiheit das Wort ergreift, uns neue Augen gibt und uns neu bildet.

Man spricht vom Bildungsurlaub. Georges Bernanos schrieb: »Fünf Minuten Paradies werden alles in Ordnung bringen.« Wieviel Bildung braucht der Mensch? Ist etwas anderes wirklich wichtiger als täglich eine begrenzte Zeit und sonntäglich eine weniger begrenzte Zeit auf jene bildende, umgestaltende und neuschaffende Stimme zu horchen, die durch die biblischen Boten an uns wirkt? Die Krise unseres Psalmisten nahm jedenfalls kein Ende, »bis dass er eintrat in die Heiligtümer Gottes«. Und jetzt tritt sofort eine Veränderung ein. Die Verhältnisse, die ihn bisher aufregten, sind nicht mehr Anlass, sich zu ärgern. Er sieht die, die er bisher voll Neid ewig ungestört Macht mehren sah, nüchterner, sachlicher. Er lernt Vorläufiges und Endgültiges unterscheiden. Andere Fakten treten vor sein Auge. Es ist nicht alles Gold, was ohne Gott glänzt. Die so unerschütterlich schienen, dass er selbst fast über sie gestolpert wäre, sieht er auf schlüpfrigem Grund. Über Nacht muss einer von der großen Bühne abtreten. Schlagartig verliert er überall seinen großen Einfluss.

Vor allem aber sieht der Psalmist sich selbst anders: als er verbittert war und sich verletzt fühlte, da war er im Grunde ein Rindvieh ohne Verstand. Hören Sie's knallen, wie er sich vor den Kopf schlägt? »Wie ein Ochse stand ich vor dir.« Er hatte von den Schwierigkeiten der Verhältnisse gesprochen. Dabei war zunächst nur er selbst schwierig. Er dachte und dachte nach, und er verrannte sich doch in seinem Denken, bis er in der Stille und im Licht des Heiligtums zu Verstand kam. Georg Neumark prägt uns in unserem Gesangbuchlied diese Wende im Psalm ein:

Denk nicht in deiner Drangsalshitze,
dass du von Gott verlassen seist,
und dass ihm der im Schoße sitze,
der sich mit stetem Glücke speist.
Die Folgezeit verändert viel
und setzet jeglichem sein Ziel.

Doch nicht nur die anderen und sich selbst lernte er nüchterner einschätzen. Das wichtigste der neuen Bildung kommt noch: jetzt erst kann er von Gott sprechen. Wie tut er das? Wir lesen Vers 23–26:

Und doch: Bei dir war und bin ich stets,
du hast mich bei meiner Rechten gefasst.
Mit deiner Beratung führst du mich,
am Ende – Herrlichkeit! – nimmst du mich an.
Wen brauche ich im Himmel?
Und – bin ich bei dir, so verlange ich nicht nach der Erde.
Verzehrt sich mein Fleisch und mein Geist,
so bist du doch, Gott, mein Lebensunterhalt auf immer.

Schon die Sprachgestalt ist jetzt völlig neu geworden. Er spricht nicht mehr über Gott, sondern mit Gott. Nachdem Gott ihn angesprochen hat, kann er jetzt zu ihm sprechen. »Mit deiner Beratung führst du mich.« Das Gebet ist des Menschen ursprüngliche und eigentliche Rede von Gott. Es ist Antwort auf den Zuspruch. Da dürfen wir Menschen ihn dankbar beim Wort nehmen. Rogate ist heute. Das heißt: Sie können beten! In unserem Psalm wird nun auch Gott in der Du-Form das Subjekt aller Aussagen, während der Psalmist vorher (bis Vers 22) im Wesentlichen über sich selbst und zwischendurch lange über die Gottlosen räsonnierte. Jetzt ist nichts anderes als Gott sein Thema. Unerhört in unserer Welt! Aber Gott wird das Thema.

Fast mystisch überschwenglich klingt es: »Und doch, bei dir war und bin ich stets« – wenn dieser Satz nicht schon recht herb vorbereitet wäre mit dem Geständnis: »Wie blödes Vieh war ich bei dir!« – aber eben doch auch so: »bei dir!« Selbst in seinem Zweifel, in seiner Verbitterung, in den Stunden, da bei ihm schon alles aufs Stolpern und Stürzen zuging, da er selbst keinen Griff nach Gottes Hand wagte, »hast du mich bei meiner Rechten gefasst«. Das ist seine Entdeckung für Vergangenheit und Gegenwart. Und so geht er in die Zukunft: »Mit deiner Beratung führst du mich.« Es hat mit dem Eintritt in die Heiligtümer begonnen und das wird sich schrittweise zeigen. Jede Minute ist mir von dir gegeben, jede Gelegenheit.

Der Psalm lockt uns dazu, es im Modus der direkten Anrede Gott zuzutrauen: Du führst mich mit deinem Ratschlag, deine Seelsorge begleitet mich: im täglich meditierten Wort in der stillen Zeit, in der Anrede eines Boten, der mir geschickt wird, in der Gemeinde, die ich aufsuche. Gottes Führung ist wichtiger als alles andere auf der Welt. Die Schrittberatung, nicht ein Gesamtplan hat ihn aus der Zerrissenheit herausgeholt, die »fünf Minuten Paradies«, nicht eine Generalübersicht über Gott und die Weltprobleme. Und doch kann er seine Gewissheit noch ausdrücklich auf einige Grenzfälle ausdehnen. Was wird »am Ende« sein? Was kommt bei einem letzten »danach«? »Du nimmst mich an!« Knapper und zugleich vertrauensvoller geht's nicht. Da ist keine ausgeführte Entrückungsvorstellung, wie sie etwa der Erzähler bei der Entrückung des Propheten Elia entfaltet oder der 49. Psalm wenigstens andeutet. Auch kein Auferstehungsgedanke wird ausgeführt. Nur dies eine Wort, hebräisch »*lakachta!*«, »du nimmst mich!«, wie es auch im Alten Testament gebraucht wird, wenn ein Mann seine Frau ganz intim zu sich heimholt. So klingt das volle Staunen des Dankes gegen Gott in diesem Satz: »Am Ende – Herrlichkeit! – nimmst Du mich an.«

Dann denkt er an die Möglichkeit letzter Einsamkeit. Vorstellungen vom Himmel, von mythischen Kräften, tragen nicht mehr. Auch die Erde entzieht sich mit ihren Kostbarkeiten und mit ihren Menschen. Und doch wird er nichts entbehren, da er sagen kann: »Ich bin bei dir!« »Bei dir!« – dies dreifach wiederholte Wort (Vers 22.23 und 25) lässt sich kaum in erklärende Sprache umsetzen, es rafft Erfahrung und will im Leben ausgelegt sein.

Da erzählte uns ein Student, er stelle sich gelegentlich vor, er müsse in einer Welt leben, in der Gott für ihn nicht da sei. Er wolle lieber schwer krank sein, mit Gott, lieber aufs Studieren verzichten, mit Gott, als in einer Welt ohne Gott weiter existieren zu müssen. So etwa spricht sich heute die Entdeckung der Gegenwart Gottes aus: »Wenn ich nur bei Dir bin, – dann wird alles im Himmel und auf Erden völlig zweitrangig.«

Oder eine Studentin erklärt: Wenn ich einmal die Entdeckung wahrnehme: Trotz allem – Gott ist gut für mich! –, dann fallen die Zwangsvorstellungen, unter denen unsere Generation oft maßlos leidet, dass man Kausalgesetzen im Psychischen und Leiblichen rettungslos ausgeliefert ist; dann kann ich sagen: Und wenn ich durch die Hölle gehen muss, so will ich doch mit dir durch die Hölle gehen.

»Ich bin bei dir!« Was für eine Fülle Gottes ist hier erkannt! Welche Nähe! Welche Allgenugsamkeit! Der Mann nimmt Bachs Motette vorweg: »Weg – weg! weg! mit allen Schätzen, du bist mein Ergötzen, Jesu, meine Lust!«

Schließlich durchdenkt er die Möglichkeit, dass Körper und Geist hinfällig werden. Es könnte auch schon Gegenwart für ihn sein, wie er ja früher schon von seinen täglichen Plagen im Gegensatz zur strotzenden Gesundheit der Gottlosen sprach. Keine Silbe spricht von Rehabilitation. Wie dicht führt uns dieser Beter überhaupt an den Gekreuzigten heran. »Sterben wir mit, so werden wir mit leben.« So deutlich er vom Verfall des Leibes und des Geistes spricht, so deutlich nennt er Gott seinen Lebensunterhalt, sein Brot für immer. Kein »Wie denn?« ficht ihn an. Alles ist in seinem Gott selbst geborgen. Nicht das Wohlergehen, sondern der Friede Gottes hat Vorrang. Alle Phantasie ist vom Glauben gebändigt. Der gefährdete Mensch aber ist für die Zukunft in der Fülle Gottes geborgen, so wie er vorher sogar noch mit seinen viehischen Dummheiten von Gottes Hand gehalten war. So endet der Bericht eines Zweiflers in einer überwältigenden Zuversicht, genauer: in der Zuversicht eines Überwältigten. Mit dem Eintritt ins Heiligtum wurde er durch den Zuspruch des Gegenwärtigen überwunden. Mit dem weiten Weg seiner Erfahrung hat er gezeigt, wie sein Leitsatz vom Anfang stimmt: »Trotz allem – Gott ist gut zu den Redlichen, zu denen, die lauteren Sinnes.« Er schließt nicht, ohne seine Erfahrungsgewissheit am Ende in einem Gegensatzpaar zu entfalten. Wir lesen Vers 27–28:

Die sich entfernen von dir, verlieren sich;
du bringst zum Schweigen jeden, der dich treulos verlässt.
Für mich aber gilt: Gott näher zu kommen, das ist gut.
Mein Vertrauen setze ich auf den Herrn.
So erzähle ich all deine Taten.

Die Alternative stellt vor eine Entscheidung. Nicht zwei Standpunkte werden zur Auswahl konfrontiert, sondern zwei Richtungen menschlicher Bewegung. Die eine ist: sich entfernen von Gott, d. h. praktisch: weg von den Heiligtümern des unter uns zeltenden Wortes. Die Konsequenz dieser Bewegung regt den modernen Menschen auf: sie verlieren sich; »du bringst zum Schweigen jeden, der dich treulos verlässt«. Doch würde der Beter es inhuman, ja intolerant finden, diese Gefahr zu verschweigen. Nicht wenige müssen die Erfahrung bestätigen: Wenn sich meine Schritte von dem Weg Gottes entfernen, bringt es mich in unheimliche Verstrickungen. Wir schädigen uns wohl jeden Tag empfindlich, an dem wir uns nicht von solchem Erfahrungswissen steuern lassen. Beachten wir, dass der Psalmist diese Erfahrung nicht wie vom Himmel herab doziert (so, wie die Gottlosen von oben herab reden), sondern dass er sie im Gebet vor Gott ausspricht, als warne er zuerst sich selbst vor neuer Gefahr.

Die entgegengesetzte Richtung hat er als das Gute entdeckt: Gott näher zu kommen. Damit beantwortet der Psalmist in beachtlicher Weise die dritte Frage, die die Eingangssätze provozierten: Wer darf denn mit Gottes Güte rechnen? Wer ist denn lauteren Sinnes, so dass ihm der Zuspruch gilt? Er schließt nach seiner Erfahrungsskizze nicht aus, dass einer drauf und dran ausgerutscht wäre, ja, dass er in Verbitterung und in Torheiten fiel. Aber er blieb nicht liegen, sondern überschritt die Schwelle in jenen Raum, in dem das Wort Gottes Fleisch wurde. Für uns ist noch deutlicher, dass Gott nicht ein vager Traum ist, sondern geschichtliches Format in Jesus Christus annahm. Gott hat sich uns in ganzer Liebe ausgeliefert, damit wir unser Vertrauen allein auf ihn setzten. »Das ist meine Freude, dass ich mich zu Gott halte«, übersetzt Luther. Gott näher zu kommen, – das ist gut. Es ist das einzig Gute. Auf die Richtung kommt es an. »Mein Vertrauen setze ich auf den Herrn.« Von dieser Zuversicht her wird ein ganzes Leben klar. »So erzähle ich all deine Taten.« Er behält sie nicht für sich. Er erzählt seine Erfahrung. So hilft er seinen Mitmenschen, dass sie nicht in ihren Schwierigkeiten hängenbleiben. Auch wir nicht. Amen.

Christoph Hinz
Psalm 80,2–4 und Matthäus 9,36

Du Hirte Israels, höre, der du Josef hütest wie Schafe! Erscheine, der du thronst über den Cherubim, vor Ephraim, Benjamin und Manasse! Erwecke deine Kraft und komm uns zu Hilfe! Gott, tröste uns wieder und lass leuchten dein Antlitz, so genesen wir.   *Psalm 80,2–4*

Und da Jesus das Volk sah, jammerte ihn derselben, denn sie waren verschmachtet und zerstreut, wie Schafe, die keinen Hirten haben.
        Matthäus 9,36

Schwestern and Brüder, Gemeinde Jesu Christi (hier in der Kirche and auch ihr in den Krankenzimmern, die ihr mithören wollt, gehört dazu), liebe Gemeinde!

Der Sonntag heute wird seit Jahrhunderten »Hirtensonntag« genannt. Die Bibellesungen vom guten Hirten haben ihm den Namen gegeben. Das Stichwort löst in uns widersprüchliche Gefühle aus: es ist manchem zu sentimental, »wirklichkeitsfremd«. *Oder* es weigert sich etwas in uns, zum unmündigen Schaf zu werden, das sich selber wie ein kleines Kind und Dummerchen führen lassen muss. *Oder* das ganze Bild von Hirt und Herde ist uns fatal, weil wir das »dumme Schaf« als Schimpfwort kennen, ebenso die Hammelherde, die dem Leithammel und Führer nachrennt. Ich möchte darum einen Umweg machen, um wieder in die Nähe dessen zu kommen, was der Glaube Israels meinte, wenn er betete: Du Hirte Israels, höre, der du Josef hütest wie Schafe! Erscheine und komm uns zu Hilfe . . . «

Ernst Lange, der begnadete Theologe, ging als junger Pfarrer für einige Jahre nach East Harlem, das alte Viertel der Schwarzen in New York – ein Ort menschlichen Elends. Er hat es später oft beschrieben, was er als Mitarbeiter einer ganz kleinen christlichen Gemeindestation dort vor Augen hatte: menschliche Schicksale, von Arbeitslosigkeit, Hunger, Krankheit, Kriminalität, Rauschgift, Bandenwesen gezeichnet, unvorstellbare Wohnverhältnisse ohne Hygiene, aber mit Ratten, vor

denen die schlafenden Säuglinge nicht sicher sind. – Und dann die
Versuche, Menschen zu helfen, trotz allem den Willen zum Leben zu
stärken, den Willen, sich herauszuarbeiten, ein Gewissen gegen den so
nahen Abrutsch ins Verbrechen zu finden. – Ein Tropfen auf den
heißen Stein scheinen all diese Versuche, bei den vielen Rückfällen
und der Übermacht sozialer Zerstörung. Die kleine christliche Gruppe
selber ist dauernd versucht, alles hinzuschmeißen, weil es so sinnlos
scheint, gegen dies Elend anzugehen. Und in dieser Versuchung singen sie ein Lied, wie ein Gebet: »HERR, habe acht auf uns, denn der
Weg ist noch lang und unsere Kraft ist so klein ... «

Nicht wahr, das ist nicht die Bitte von Schwächlingen, die selber
nicht handeln können, sondern die Bitte von Starken, die mit der
Erfolglosigkeit ihrer Arbeit kämpfen. Das ist nicht die Kindergarten-
Mentalität von Unmündigen, sondern das Lied derer, die all ihre
Lebenskraft für andere aufbieten, die sich von der Not der Leidenden
den Ort ihrer Berufung vorgeben lassen, und nun merken, wie eben
die Verhältnisse und die Erfahrung mit Menschen ihren Mut und
Willen unterspülen. »HERR, habe acht auf uns ... «, dass nicht unser
Glaube, der unser Handeln trägt, ausgehöhlt wird und kaputt geht
unter den Elendserfahrungen.

Schwestern und Brüder, so ähnlich – denke ich – haben sie in Israel
gebetet ... (Psalm 80,2f) »Du Hirte Israels höre, der du Josef hütest
... Erscheine und komm uns zu Hilfe ... «

Gewiss, nach Psalm 80 war das Elend damals in Israel politische
Bedrängnis, Feinde im eigenen Land. – Aber der Kern des Appells an
Gott war doch der gleiche: er möge als Hirte da sein, dass die Ver-
hältnisse nicht über ihnen zusammenschlagen!

Heute ist in eurer Gemeinschaft Jahresfest des Diakonissenmutter-
hauses. Rückblicke auf viel Gelungenes, getane Arbeit, auch offen-
gebliebene Aufgaben, werden anklingen, Schwesternjubiläen, die 40,
50 und mehr Dienstjahre umschließen. Ich vermag nicht zu ermessen,
wie es in Menschen aussieht, die sich so völlig dem Dienst an anderen
verschrieben haben und mit ihren Kräften verausgaben. – Ich weiß
nicht, ob da Beglückung aufsteigt, dass man so ganz dem Geist Christi
hat Raum geben können und die Last der andern tragen, – oder ob da
eine große Leere auftritt, Erschöpfung, Ausgebranntsein, Müdigkeit,
sich zu großen Gedanken aufzuschwingen, ja müde, noch beim Beten
nicht einzunicken. Ich denke, dass da unter Menschen auch viel Treue
zu rühmen ist, Verlässlichkeit, durchgehaltene Pflicht, – Treue, die

doch nur möglich wurde aus der Treue Gottes. Darum könnte auch das zur Bilanz der Jubiläen gehören, zu benennen: »Der HERR ist mein getreuer Hirt, hält mich in SEINER Hute …« Er hütet auch den Sinn eines Diakonissenlebens – ob beglückt oder verausgabt. »HERR, habe acht auf uns …«, darüber sind wir nie hinaus.

Ursprünglich war in Israel und der alten Welt »Hirte« eine feststehende Bezeichnung für den verantwortlichen Regenten, den König, den Kaiser, den Pharao. Sie war ganz politisch gemeint. Was der Hirte für seine Herde war, war bei den Alten eine harte, höchst verantwortliche Arbeit. Er hatte sie oft in gefährlichem Gelände zu weiden, an Felsspalten und Schluchten entlang. Immer wieder war sie von Raubtieren umschlichen. Er hütete die Herde ständig mit seinen Blicken, keins der Tiere durfte er aus den Augen lassen. Was dieser Hirte tat, war der Inbegriff des verantwortlichen Menschen schlechthin, des einen für die vielen. Darum galt das Hirtesein auch vom König. Darum kritisierten die Propheten die »falschen Hirten«, die als Volksverführer vom Volk lebten, es ausnutzten, ausplünderten und nicht den Schwachen zu ihrem Recht verhalfen. Darum heißt es in der politischen Katastrophe, als Israels König im Krieg gefallen ist und alles verwirrt auseinanderläuft: »sie waren zerstreut wie Schafe, die keinen Hirten haben …«. Immer wieder im politischen Auf und Ab hofften sie auf einen verantwortlichen Regenten, den wahren David, weil sie für das ganze Volk Gottes hofften, für die vielen, für alle; und sie haben doch zugleich im Glauben die Hirtensorge Gottes gesucht, der mit seinen Augen Menschen ganz anders begleitet und ihr Lebensgeheimnis hütet. Und dann wird, auf sehr überraschende Weise, von Jesus die Hirtenhoffnung aufgenommen und verwandelt. Matthäus und Markus erzählen die Szene: Als Jesus (einmal) die Menge der Leute sah, »jammerte es ihn, denn sie waren verschmachtet und abgehetzt wie Schafe, die keinen Hirten haben.«

Mit dem politischen Katastrophenbild deutet er die tiefere Katastrophe, ihr verborgenes Elend, – dass sie sich in ihrem Dasein so abhetzen und ihnen doch der Sinn ihres Lebens aus der Nähe Gottes fehlt.

Es heißt, ER habe sie alle gesehen mit seinem prophetisch-seelsorgerlichen Blick: *die Kranken*, die sich nichts als Heilung wünschen, »Hauptsache gesund!«, wie verständlich ist das in einem Krankenzimmer; *die Krüppel, Lahmen, Blinden*, die ohne Sozialfürsorge nur vom Betteln leben und jemand suchen, der sie sieht, sie beachtet, sie als Mensch anschaut; *die Gauner* und die moralisch Abgerutschten, die

Gebote nicht mehr kennen und die es doch nicht glücklich machte, den Nächsten auszunehmen, ihnen ist zu Ohren gekommen, von Jesus geht etwas aus, was ihre Selbstzerstörung heilt und die Rastlosigkeit zur Ruhe bringt, – und auch die vielen ordentlichen Bürger, die ihre Arbeit redlich tun, die Familien ernähren und denen doch etwas fehlt und sie wissen nicht was.

Sie alle hat Jesus im Blick: »Ihn jammerte des Volks, denn sie waren abgehetzt und verschmachtet wie Schafe, die keinen Hirten haben.« Dabei blickt er in die tiefere Schicht der Menschen, dorthin, wo einer, der alles Nötige hat, sich plötzlich fragt: »Wozu bin ich eigentlich da?« Es ist nicht ihre Lage, wie sie den Leuten erscheint, sondern die Dimension ihres Lebens unter Gottes Augen, die Jesus an ihnen wahrnimmt. In diesem Blick Jesu arbeitet bereits die Wachsamkeit des guten Hirten, der »acht hat auf Menschen« und nicht will, dass sie sich kaputt machen und verloren gehen. In ihm lebt die Nähe Gottes, die Menschen mit seinen Augen begleitet und mit seiner Stimme anrühren will. Begleitet, aber nun eben nicht, wie ein Stück Vieh, Hammel, Schaf, ohne Bewusstsein, sondern wie Menschen, denen er damit ein Lebensvertrauen abgewinnen will, ein Staunen: »Da ist jemand/einer – ganz unvorstellbar –, dem an mir liegt, der mich sucht, der mich nicht aus den Augen lässt.« Es ist die stille Gegenwart Christi, das lebendige DU der Wirklichkeit Gottes für uns. Denn er hütet den Sinn unseres Lebens. Das trägt – ganz unvorstellbar – noch in Katastrophen.

Ludwig Berger, der große Regisseur und Schriftsteller, berichtet vom Abtransport der jüdischen Freunde in Holland: Vier Uhr morgens im Dämmer, Amsterdamer Güterbahnhof. Die Menschen werden in die übervollen Viehwagen getrieben, Weinen, Verzweiflung. Bella aber, die schwierige und eigenwillige Sängerin, bleibt als letzte auf dem Perron und singt mit ihrem jubelnden Sopran in Schuberts Vertonung: »Der Herr ist mein Hirte, mir wird nichts mangeln . . .« Schreitet den Zug entlang, singt es allen zu ». . . mir wird nichts mangeln!« – bis die verblüffte SS (die es erst geschehen ließ), auch sie in den Waggon treibt. Es ist, als ob da jemand aus dem Volk Jesu bereits die Nähe des guten Hirten bekennt (noch auf der Fahrt durch die Todesschatten), des guten Hirten, so wie ihn Christus uns verbürgt mit allem, was wir von ihm wissen. Gewiss ist das ein Grenzzeugnis, hell, wie ein Leuchtfeuer!

Normalerweise wissen wir ja auch als Glaubende nur zu gut, dass es kein Dauerbesitz ist, so zu jubeln: »Der HERR ist mein Hirte . . .«

Es sind gar nicht die großen Katastrophen, es sind oft genug die kleinen Alltagserfahrungen, die uns die Gewissheit nehmen, das Arbeitspensum, das wir nicht schaffen, die Krankheit, die mich nach Luft schnappen lässt, die Enttäuschung mit Menschen, die bitter macht.

Darum suchen und warten und hoffen wir, dass er wiederkehre, mit seiner Gewissheit, und bitten: »Du Hirte Israels, erscheine ... komm uns zu Hilfe.« Lass uns wieder einkehren in die Zuversicht: »Der HERR ist mein Hirte ... « Lass uns je und je das Vertrauen wiederfinden (das voll Glück bekennt): »Er führet mich auf rechter Straße ...«. Lass uns doch auch dies erfahren: (und mitsingen können) »... ob ich schon wanderte im finstern Tal ... « (das ist das Tal der Todesschatten, vielleicht die dunklen Gedanken, mit denen ich mich in schlaflosen Nachtstunden rumschlage) »... und ob ich schon da hindurch muss, fürchte ich kein Unglück, denn Du bist bei mir ...« Unbezahlbarer Jubel, wenn er (der Hirte) uns zu diesem Vertrauen hütet!

Darum beten wir: »Erscheine, DU Hirte Israels ... « und »hab acht auf uns, wenn der Sinn unserer täglichen Mühe zerrinnt in Ärger und Misserfolg, hab acht auf uns, wenn die Krankheit uns festhält und uns beschäftigt morgens und abends, dass wir nicht im Selbstmitleid stecken bleiben, sondern den Willen behalten, gesund zu werden, so wie Du's fügst.

Hab acht auf uns, wenn die Abendsonne des Lebens sinkt und die Aussicht auf Gesundheit sich mindert. Gib acht, wenn wir dann stolpern im finstern Tal, denn nur, wenn Du bei mir bist, finde ich den Weg in dein Licht.« »Hüt uns zum ewgen Leben« – Amen.

Rudolf Landau
Psalm 84

²*Wie lieb sind mir deine Wohnungen, Herr Zebaoth!*
³*Meine Seele verlangt und sehnt sich nach den Vorhöfen des Herrn; mein Leib und Seele freuen sich in dem lebendigen Gott.*
⁴*Der Vogel hat ein Haus gefunden und die Schwalbe ein Nest für ihre Jungen – deine Altäre, Herr Zebaoth, mein König und mein Gott.*
⁵*Wohl denen, die in deinem Hause wohnen; die loben dich immerdar.*
⁶*Wohl den Menschen, die dich für ihre Stärke halten und von Herzen dir nachwandeln!*
⁷*Wenn sie durchs dürre Tal ziehen, wird es ihnen zum Quellgrund, und Frühregen hüllt es in Segen.*
⁸*Sie gehen von einer Kraft zur andern und schauen den wahren Gott in Zion.*
⁹*Herr, Gott Zebaoth, höre mein Gebet; vernimm es, Gott Jakobs!*
¹⁰*Gott, unser Schild, schaue doch; sieh doch an das Antlitz deines Gesalbten!*
¹¹*Denn ein Tag in deinen Vorhöfen ist besser als sonst tausend. Ich will lieber die Tür hüten in meines Gottes Hause als wohnen in der Gottlosen Hütten.*
¹²*Denn Gott der Herr ist Sonne und Schild; der Herr gibt Gnade und Ehre. Er wird kein Gutes mangeln lassen den Frommen.*
¹³*Herr Zebaoth, wohl dem Menschen, der sich auf dich verlässt!*

Da steht sie neben mir, ein kleines Mädchen, 11, Elvira hieß sie. Braungelockt und mit Sommersprossen. Schüchtern eigentlich. Am Abend nach einem rundum schönen Gemeindefest »Rund um die Kirche« in Sexau. Irgendwann stand sie neben mir. Die Kirche, weiß mit hohem Turm, hinaus ins grüne, waldumschlossene Brettenbach-durchflossene, blühende Tal schauend, ragte in den sich blau-violett färbenden Abendhimmel. Irgendwo schon überm Kirchenschiff der Mond. Da setzten die Glocken ein, zur Abendandacht zum Ende des Festes. Und dann sagte sie den Satz, den ich nicht vergessen werde:

Ich liebe die Kirche! Aus vollem Herzen, es brach aus ihr regelrecht heraus, sie war überwältigt wohl wie ich von diesem Einklang, dieser Harmonie: der schöne Tag, der hohe weiße Kirchturm, schwimmend im Abendblau, die Glocken: ich liebe die Kirche!: Wie lieblich sind deine Wohnungen, Herr Zebaoth!

Zu allen Zeiten, denke ich, seit es Tempel und Kirchen, Dorfkirchen und allerhöchste, den Himmel berührende Kathedralen gibt, werden Gläubige das gedacht, gesagt, gesungen, gebetet haben: Meine Seele verlangt und sehnt sich nach den Vorhöfen des Herrn: ich liebe die Kirche!

Dass dies Mädchen dann sich wie so viele, viele, aus der Kirche herauskonfirmieren ließ, mag ich nur andeuten, um nicht ins falsche Schwärmen zu kommen. Aber das ist nicht unser Thema. Das Thema wird angegeben von diesem menschenlebenlangen, verwundert sehnsüchtigen: Meine Seele verlangt und sehnt sich . . . !

Und wir werden sogleich sagen und mitsprechen müssen: es ist dann nicht das Gebäude, es ist dann nicht die Stimmung am Abend oder, wie sie mich oft erfasst, am Sonntagmorgen, wenn ich mich freue auf unsere Gottesdienste und die Kirche sehe, wie sie neben dem Pfarrhaus hier betulich und dick wie eine Glucke auf die Küken wartet oder streng und wachsam am Waldrand in Schwabhausen die Gräber der Toten mit der Glockenbotschaft vom ewigen Leben überfliegt – nein: es ist dies: Mein Leib und Seele freuen sich in dem und auf den lebendigen Gott!

Ihr Lieben: das ist nun das innerste, heiligste, gefühlvollste Geheimnis eines Menschenlebens – ich denke, wenn du das noch nicht gefühlt, erlebt, erfahren hast, bist du noch arm dran: diese innere, kurze, aber unumstößliche Freude und Gewissheit: der lebendige Gott wartet auf mich. Da, in der Kirche.

Er, der Himmel und Erde geschaffen hat, dem alles entsprungen ist und der einmal alles in allem sein wird, der die Toten auferweckt und alles neu schaffen wird: er, der dreieinige, heilige, dreimal heilige Gott – wartet auf mich! Da, im Gotteshaus.

Was will er da mit mir? Er will mich stärken, trösten, mir Sonne und Schild sein, will mir Nest und Geborgenheit sein; will mich anreden, damit ich lebe. Denn, nicht wahr, wer vom ewigen Gott angeredet wird, der lebt in Ewigkeit!

So ziehen sie da hinan, es ist ja ein Wallfahrtslied, ein Lied, wie man es singt, wenn man damals aus allen Landschaften Israels, aus

Galiläa und aus dem Jordantal, aus der Wüste Juda und von der Küste und aus den Häusern und Hütten der Dörfer und der Hauptstadt zum Tempel zog, ein großes Fest zu feiern mit und bei Gott!

Und jetzt machen wir uns in Gedanken auf diesen Weg, sehen, wie sie da in der Ferne den Tempel weiß und golden ragen sehen und wie sie aufjauchzen, hinzeigen, rufen: da, da, da: Wie schön, wie schön: ich liebe die Kirche.

Es ist also Gottesdienstgang, und wir gehen dem nach. Seht, als ihr da heute Morgen aus dem Haus gingt – als die Tür hinter euch – und den faulen und trägen oder gottesarmen Mithausgenossen, die sich einen Deut um Gott scheren – zufiel –: da habt ihr doch nicht alles hinter euch gelassen, was in euren Häusern und auf euren Tagesstrassen geschieht und geschehen ist und was euch bewegt und lähmt und fröhlich und bedrückt sein lässt.

Das hat sich mit und in euch auf den Weg gemacht. Aber es hat euch nicht abgehalten, wie schwer es auch vielleicht ist. Denn ihr ahntet und wusstet: da, wo ich jetzt hingehe, da ist Gott gegenwärtig. Und dahin gehe ich, denn ich möchte mich zu IHM begeben, ich halte IHN für meine Stärke und meinen Trost und will IHN loben in der Gemeinde derer, die das auch tun.

Und ich sage dir: wohl dir! Selig bist du! Selig sind die Gottsuchenden und Gottaufsuchenden. Selig die, die sich nach dem Gottesdienst sehnen und sich drauf freuen und hierher kommen – ihr sollt nicht ungesegnet aus diesem Hause gehen, sollt nicht unerfreut in unerfreuliche Lebensverhältnisse zurückkehren. Sollt selig sein: weil ihr euch auf den Herrn verlasst.

Der HERR, das ist in diesem Psalm der Gott Zebaoth, wohl nicht ohne Grund wird er gerade hier so genannt: denn der Gott Zebaoth das ist der Gott aller Macht und Stärke und Herrlichkeit in der Herrschaft seiner Engel und Erzengel. Unbesiegbar. Der ist der, der durchhält, durchträgt, durchhilft.

Ist auch nötig. Nicht wahr, wie oft im Alltag wird doch unser Glaube und unser Wissen um diesen Gott verkleinert, verdunkelt, zerrieben? Ist es nicht so, als sähen wir dann bestenfalls diesen ewigen, heiligen, gerechten Gott wie durchs umgedrehte Fernrohr noch, wie eine Kathedrale, die dann ganz klein, ganz verschwindend, ganz unscheinbar da steht in der unerreichbaren Ferne?

Wie unser Glaube eben nicht durchhält, durchträgt und durchhilft – wenn es stürmt und weht und nötet und abbricht? Und da gehst du am

Sonntagmorgen aus dem Haus. Und mit dir geht alles, was in dir ist und rumort. Dein Leid, Dein Glück, deine Unlust, deine Sorgen, dein unleidlicher Nachbar geht da auch, den du immer noch nicht, verdammt noch mal, magst und grüßt.

Geht mit zum Gottesdienst. Den Weg. Den Weg zu Gott, zum Heil, zum Frieden, zur Versöhnung – wird alles da jetzt angesagt und gefeiert. Und du gehst durch dein Tränental – in Schwabhausen ist es der Friedhof wie in Schillingstadt – oder es ist dein einsamer Weg, Weg dessen, der ohne Liebe und ohne gute Worte und ohne eine sanfte Berührung wieder einmal durch die Woche musste – Tränenweg.

Im Psalm heißt er: das dürre Tal. Hat im Hebräischen den Namen BAKA – Tal, ist ein Wadi im Nordwesten der Stadt, ausgetrocknet in heißen Zeiten, Anmarschweg. Hat auch, weil die Worte sich im Hebräischen ähneln, den Namen: Tal der Tränen.

Merkst du, wie nah das alles ist: der Weg des Gottesvolkes Israel zu seinem Gott und der Weg, dein Weg zu demselben Gott hierher, hierhin, hierhinein, miteinander!

Und doch, und doch: der Weg hat ein Ziel. Auf das du dich freust. Das du ansteuerst. Es ist egal, ob es die Kirche als Gebäude oder der Tempel oder ein Dom ist: oder am nächsten Sonntag der Gottesdienst im Wald! Entscheidend ist, wer da auf dich wartet. Wer kommt. Wer dich erwartet und wen du da erwartest: deinen Gott, den Heiland aller Menschen und dein Herr und dein Gott. Der sich deiner erbarmt, mit dir dient – Gott dient dir, du Menschlein! – mit seinem Wort, seiner Nähe, seiner unverbrüchlichen Gegenwart. Der dich bei der Hand nimmt – und du weißt, wenn ich nachher den Weg zurückgehe, wieder durchs Tränental, in mein Haus, wo vielleicht wieder Einsamkeit oder Streit oder Gezänk oder Arbeit und Mühsal auf mich warten, auch Glück und Geborgenheit und die Menschen, die ich mag und die ich lieb habe – jedenfalls: du weißt: dieses dürre Tal wird mir im Gottesdienst zum früchtebringenden, lebensquelldurchflossenen, wundersam fröhlich machenden Segensweg. Als ob da Blumen wüchsen; als ob ich da für einen Augenblick schon im Himmel wäre – und du warst es ja bei deinem Gott im Gottesdienst – als ob ich sorgenfrei schwebte, auch wenn ich schwer daherstapfen muss, als ob ich frei und beschwingt durchatmen könnte, auch wenn du schwer daherschnaufst: nichts wird abgeschüttelt – aber du weißt: ER trägt mit, nein: er trägt.

Er ist meine Stärke in meiner Schwachheit. Er ist Frühregen auf meiner dürren, ausgelaugten Seele. Er, Er, der dreieinige Gott, der bleibt nicht gefangen in der Kirche, lässt sich nicht einschließen, wenn nachher der Kirchendiener zuschließt. Er geht mit. Er ist bei uns. Und uns immer voraus. Du kommst zu ihm und gehst mit ihm. Allgegenwart nennt man das, allgegenwärtiger Gott – aber eben – für uns barmherzig und gnädig allgegenwärtig.

Da, wenn Du ihn lieb hast, rufst, suchst, anbetest, lobst, ihn bittest, ihm dankst – allgegenwärtig für Dich!

So, am Morgen oder am Abend, wenn die weiße Kirche hineinschwimmt in den blaudämmrigen Himmel und es wieder Nacht wird und ein anderer Tag wird, und eine neue Woche auf dich wartet, so kannst du getröstet gehen, liegen, wachen, arbeiten, weinen und lachen:

Ach, ich liebe die Kirche – oh, ihr Lieben: meine Seele und mein Leib freuen sich Gottes, meines Heilandes: ich liebe meinen Gott und Herrn. Amen.

Walther Eisinger
Psalm 85,2–14

*HERR, der du bist vormals gnädig gewesen deinem Lande und hast
erlöst die Gefangenen Jakobs;
der du die Missetat vormals vergeben hast deinem Volk und alle seine
Sünde bedeckt hast,
der du vormals hast all deinen Zorn fahren lassen und dich abge-
wandt von der Glut deines Zorns:
hilf uns Gott, unser Heiland, und lass ab von deiner Ungnade über
uns!
Willst du denn ewiglich über uns zürnen und deinen Zorn walten
lassen für und für?
Willst du uns denn nicht wieder erquicken, dass dein Volk sich über
dich freuen kann?
Herr erweise uns deine Gnade und gib uns dein Heil!
Könnte ich doch hören, was Gott der HERR redet, dass er Frieden
zusagte seinem Volk und seinen Heiligen, damit sie nicht in Torheit
geraten.
Doch ist ja seine Hilfe nahe denen, die ihn fürchten, dass in unserm
Lande Ehre wohne;
dass Güte und Treue einander begegnen, Gerechtigkeit und Friede
sich küssen;
dass Treue auf der Erde wachse und Gerechtigkeit vom Himmel
schaue;
dass uns auch der HERR Gutes tue, und unser Land seine Frucht gebe;
dass Gerechtigkeit vor ihm her gehe und seinen Schritten folge.*

Liebe Brüder und Schwestern! Mit diesem Psalm Nummero fünfund-
achtzig könnt ihr beten lernen, und zwar anfangend ganz vorne, »vormals«, und auf ganz neue Weise. »Beten«: das ist die intensivste
Weise des Sprechens; ein Sprechen ohne Umwege. Beim Bergsteigen
gibt es langsamere Wege und schnellere, direktere. Die italienischen
Bergsteiger haben den direktesten Weg zum Gipfel die »diretissima«

genannt. Das Beten ist die Diretissima des Sprechens, das klarste, ungenierteste Sprechen der Welt, Aug' in Auge. Es ist das Sprechen in der zweiten Person – da wird nicht »über« jemanden geredet, sondern »*mit*« jemandem. Wenn ich einen Menschen »ins Gebet nehme«, dann heißt das: ich rede ohne Schnörkel, ohne Umschweife oder Umwege mit ihm.

Und dieses Sprechen ohne Umschweife könnt ihr lernen am Sprechen zu und mit Gott. Da beginnt es ganz einfach mit: »HERR, du . . .« oder eben mit dem »HERR, der du . . .« – so beginnt unser Psalm. Darum lernen wir heute, wie unsere Gebetsvorgänger Gott ins Gebet genommen haben und wie sie sich von Gott ins Gebet haben nehmen lassen. Gott liebt dieses Reden ohne Umwege, er hat es gern direkt. Das Reden »über« ihn überlässt er manchmal den Theologen, manchmal den Atheisten.

Der erste Schritt geht so: »*Herr, der du vormals gnädig gewesen deinem Lande und hast erlöst die Gefangenen Jakobs . . .*«. So geht es immer los, wenn es gut losgehen soll. »Herr, vormals . . .«. Beter erinnern sich und erinnern Gott an »vormals«. Sie erinnern sich, sie vergessen nicht – »vergiss nicht, was er dir Gutes getan«! »Herr, vormals bist du gnädig gewesen, vormals hast du die Missetat vergeben, vormals hast du die Sünde des Volkes bedeckt, so dass niemand sie mehr sehen konnte, vormals hast du deinen Zorn fahren lassen, *vormals* hast du dich abgewendet von der Glut deines Zorns. – Diese furchtbare Belastung durch begangenes Unrecht, die das Zusammenleben mit anderen nahen und ferneren Menschen und Völkern – und mit mir selbst so problematisch und schwierig macht und auch ganz zerstört, hast du abgenommen und hast immer wieder neue Chancen gegeben, neben- und miteinander freundlich auszukommen und zu leben. Wir können wirklich nur noch zu dir kommen mit diesem »Vormals«! Vor 55 Jahren, am 9. November 1938, hat unser Volk die Synagogen deines Volkes zerschlagen, Herr! Was sollen wir angesichts dessen und was darauf folgte, anderes tun als mit dem Psalm deines Volkes, den wir auf unsere Lippen zu legen uns trauen, zu dir zu kommen und dir dein »Vormals« vor die Füße zu legen? Dein Volk selbst, Herr, gedenkt seines »Vormals« mit Schrecken und Grauen. Wenn da je wieder etwas wirklich Neues geschehen und entstehen soll, dann hat es mit deinem »Vormals« zu tun, Herr. Uns selbst können wir ja nicht mehr in die Augen schauen – so wollen wir in deine blicken. Das ist der einzige, der direkteste Weg. Schon heute, nach nur 55 Jahren, hast du uns so viele neue Chancen gegeben. Viele Lasten hast du uns abgenommen und wir können freundlich auch mit denen leben, die uns fremd vorkommen. Dass wir das können, kann nicht an uns liegen, das musst immer du gewesen sein, Herr – denn in uns und in unserem Tun und Lassen wohnt nichts Gutes. Wie heiß muss dein Zorn gewesen sein über alle Bösartigkeit und Böswilligkeit, Hinterhältigkeit, Zweideutigkeit und Unehrlichkeit, Grobheit und Aggressivität der Menschen: Sie haben deinen Zorn mehr als einmal zu spüren bekommen – vor allem aber haben sie zu spüren bekommen jene Erleichterung, die sich einstellte, wenn sie abließen von ihren Teufeleien gegeneinander und damit gegen dich. Vormals, lieber Herr und Gott, warst du so gnädig: wie du auf die Menschen wieder zugegangen bist und neu mit ihnen angefangen hast – wie man eben immer wieder neu mit Kindern beginnt in unendlicher Geduld, bis sie alles begriffen haben und es nicht mehr vergessen. Erinnere dich, Gott, an deine Gnade von vormals. Lass dich von uns daran erinnern – erinnere dich an deine Gnade, nicht an unsere Boshaftigkeiten! Das ist der erste Schritt des bittenden Gebets, das wir in der Schule der Psalmen lernen.

Der zweite Schritt: »Du bist doch der Gleiche wie ›vormals‹! Sei wie vormals, lieber Herr und Gott, erinnere dich an dich selbst, damit du der bleibst, als der du dich uns von Beginn an vorgestellt hast. Bleib’ für uns, der du warst! Steh’ zu dir selbst! Vergiss dich nicht! Und vergiss uns nicht! Hilf uns doch, Gott, unser Heiland!«

Wir kennen doch die Fragen, die wir oft beim Nachdenken und Grübeln über Gott stellen: Warum denkt Gott nicht an mich, warum ist er so ungerecht, warum lässt er das zu, warum lässt er mich allein? Nimm das alles in dein Psalmgebet, lieber Christenmensch, dann lautet er ganz so wie im 85. Psalm: »*Willst du denn ewiglich über uns zürnen, / willst du uns denn nicht wieder erquicken, erfrischen, dass wir uns wieder über dich freuen können?*« Wenn wir an dich denken, wollen wir das nicht immer als traurige Menschen tun; wir möchten, dass dein Name, Gott, in erfreulichen Zusammenhängen genannt wird – schon wegen unserer Kinder, die immer häufiger nur noch negativ von dir reden hören. Wir appellieren an dich: Sei so, dass wir uns über dich wieder freuen können, lieber Gott und Herr!«

Der dritte Schritt: Jetzt fallen der Beter und die Beterin doch – ganz kurz! – in die dritte Person: »*Könnte ich doch hören, / was Gott der Herr redet, dass er Frieden zusagte . . .* «. Im Lied von Paul Gerhardt

habt ihr vorhin gesungen: »Ach, dass ich hören sollt das Wort / erschallen bald auf Erden, / dass Friede sollt an allem Ort, / wo Christen
wohnen, werden! Ach, das uns doch Gott sagte zu / des Krieges
Schluss, der Waffen Ruh / und alles Unglücks Ende.« Diese Friedens-
sehnsucht sollten wir nicht zerreden, zerdiskutieren, im Blabla großer
Kommissionen, Demonstrationen und Verhandlungen wegschmelzen
lassen – wir sollen auf der Diretissima zu Gott gehen und ihn ansprechen in dieser Sache: Das ist eine Art zu reden in Klage und Bitte
und Lobgesang, anders als das ewige Agitieren und Maulen, bei dem
doch immer die anderen schuld sind: »*Könnte ich doch hören ...*«: da
nehme ich mich selbst ins Gebet, meine ganze Hör-Unfähigkeit Gottes
Wort und Gottes Sprechen gegenüber, das ja sehr leise sein kann, wie
das »stille, sanfte Sausen« bei Elia (1. Könige 19,12). Könnte ich doch
hören, was Gott der Herr redet! Bleiben wir bei dieser Bitte, die ja
auch ein Gebet für die eigene Seele ist.

Der vierte Schritt: »*Doch er ist ja nahe denen, die ihn fürchten,
dass in unserem Lande Ehre wohne, dass Güte und Treue einander
begegnen, Gerechtigkeit und Friede sich küssen, dass Treue auf der
Erde wachse und Gerechtigkeit vom Himmel schaue, dass uns auch
der Herr Gutes tue, und unser Land seine Frucht gebe, dass Gerechtigkeit vor ihm her gehe und seinen Schritten folge.*«

Eine wunderbare Gebetsanleitung! Was »wohnt« nicht alles in unserem Lande: »Freiheit« bis zur Verantwortungslosigkeit, Respektlosig-
keit, Unachtsamkeit, Unaufmerksamkeit, Unhöflichkeit! Nun aber soll
in unserem Lande Ehre wohnen. Das ist nichts Altmodisches. Die
Ehre: das ist das, was uns an Ansehen, Respekt und Aufmerksamkeit
zusteht; jeder Mensch hat seine Ehre. Gott gibt sie ihm. Sie soll unter
uns wohnen, bitten wir. Güte und Treue sollen Geschwister werden,
Gerechtigkeit und Friede sich »küssen«. Wohin wir sehen: Gerechtigkeit und Friede widersprechen einander oder werden gegeneinander
ausgespielt. In Bosnien reden sie über einen Frieden ohne Gerechtigkeit. In anderen Ländern wollen sie die Gerechtigkeit auf Kosten des
Friedens durchsetzen, weil alle recht haben wollen. Wir bitten, dass
Gerechtigkeit und Friede sich küssen. Eine Ehe kann zugrunde gehen,
wenn jedes auf seine Gerechtigkeit pocht, das bringt keinen Frieden.
Nimm alles in dein Gebet, lieber Mitchrist. Das erneuert das Denken
und Tun.

Eine schöne Gebetslehre, dieser 85. Psalm. Gerade gegen Ende des
Kirchenjahres. Nehmt, liebe Freunde, zuhause wieder einmal die

Traubibel vom Regal oder aus dem Schrank und meditiert und betet diesen 85. Psalm, dazu das Lied Nr. 283 im Gesangbuch, das wir in diesem Gottesdienst miteinander gesungen haben und das nichts anderes ist als der 85. Psalm gegen Ende des Dreißigjährigen Krieges Paul Gerhardt, der Dichter, weiß genau wie der Beter und die Beterin des Psalms 85: »Herr, der du vormals hast dein Land mit Gnaden angeblicket« – du wirst uns Betenden und Bittenden »viel Gutes tun«.

Im Beten, im Bitten fangen wir zu glauben an. Ein Alttestamentler, der es genau wissen muss, weil er sein Leben lang an den Psalmen gearbeitet hat, sagt es fast unterkühlt, aber mit großer Leidenschaft: »Das Konstanteste in den Psalmen ist die Bitte. Sie fehlt nie. Deutlich wahrnehmbar ist eine Tendenz des Anwachsens der Bitte und des Schwindens der Klage.« Die Klage schwindet, die Bitte wird lauter. Genau wie der Herr uns gelehrt hat, genau wie es im Christenleben zugeht. Amen.

Klaus Schwarzwäller
Psalm 90

Herr, du bist unsre Zuflucht für und für.
Ehe denn die Berge wurden und die Erde und die Welt geschaffen
wurden, bist du, Gott, von Ewigkeit zu Ewigkeit.
Der du die Menschen lässest sterben und sprichst: Kommt wieder,
Menschenkinder!
Denn tausend Jahre sind vor dir wie der Tag, der gestern vergangen
ist, und wie eine Nachtwache.
Du lässest sie dahinfahren wie einen Strom, sie sind wie ein Schlaf,
wie ein Gras, das am Morgen noch sprosst,
das am Morgen blüht und sprosst und des Abends welkt und verdorrt.
Das macht dein Zorn, dass wir so vergehen, und dein Grimm, dass
wir so plötzlich dahin müssen.
Denn unsre Missetaten stellst du vor dich, unsre unerkannte Sünde ins
Licht vor deinem Angesicht.
Darum fahren alle unsre Tage dahin durch deinen Zorn, wir bringen
unsre Jahre zu wie ein Geschwätz.
Unser Leben währet siebzig Jahre, und wenn's hoch kommt, so sind's
achtzig Jahre,
und was daran köstlich scheint, ist doch nur vergebliche Mühe, denn
es fähret schnell dahin, als flögen wir davon.
Wer glaubt's aber, dass du so sehr zürnest, und wer fürchtet sich vor
dir in deinem Grimm?
Lehre uns bedenken, dass wir sterben müssen, auf dass wir klug werden.
Herr, kehre dich doch endlich wieder zu uns und sei deinen Knechten
gnädig!
Fülle uns frühe mit deiner Gnade, so wollen wird rühmen und fröhlich
sein unser Leben lang.
Erfreue uns nun wieder, nachdem du uns so lange plagst, nachdem
wir so lange Unglück leiden.
Zeige deinen Knechten deine Werke und deine Herrlichkeit ihren
Kindern.

Und der Herr, unser Gott, sei uns freundlich und fördere das Werk
unsrer Hände bei uns. Ja, das Werk unsrer Hände wollest du för-
dern!

Liebe Gemeinde! Der Bußtag wurde als Feiertag abgeschafft. Das
neue Jahrtausend steht vor der Tür. Beides gibt Anlass zum Nachdenken darüber, was diese Abschaffung enthält und was es mit unserer
Zeit auf sich hat. Immerhin hat es den Bußtag an die 140 Jahre gegeben; nun wurde er sang- und klanglos aufgegeben und scheint ins-
gesamt nur wenig vermisst zu werden. Der Beginn des neuen Jahrtau-
sends, Jahrhunderts, Jahrzehnts und Jahres in der kommenden Silvesternacht hingegen das ist etwas Außerordentliches. Mir drängt sich
dabei eine Balkenwaage vors Auge: Der Bußtag in der einen Schale
sinkt hinunter, geht dahin; umso höher steigt dafür auf der anderen
Seite der Jahrtausendbeginn und zieht die Aufmerksamkeit auf sich.
Die zahlreichen Worte, Vorbereitungen und Veranstaltungen aus
Anlass der Jahrtausendwende flüstern und flößen uns ein: »Hurra, eine
neue Zeit beginnt!« und erzeugen den Eindruck, als käme nun eine
andere, die gute Zeit. Buße jedoch – das haben wir hinter uns.
  Ich werde dieses Bild der Waage nicht los. Es macht mir Angst. Je
länger ich ihm nachsinne, desto mehr, desto erschreckender scheint es
sich zu bestätigen. Denn in der Tat: Buße ist nicht »in«. Buße – das
Wort lässt an Zerknirschung und Selbstanklage denken, an Demüti-
gung und Selbsterniedrigung; damit kommen selbst die Kirchen nur
noch verstohlen, wenn überhaupt. Statt dessen jedoch – Ein prominen-
ter Politiker, wegen Steuerbetrugs rechtskräftig verurteilt, also ein
Straftäter, sagte vor laufender Kamera, hierauf angesprochen: »Es sind
Fehler gemacht worden.« Eine der letzten Größen der DDR schilderte,
vor der Kamera befragt, gewissermaßen schulterzuckend, er habe nur
das Beste im Blick gehabt; doch es sei eben anders gekommen. Hier
wie dort: Das war's. Kein Wort des Bedauerns hüben wie drüben, um
von Entschuldigung zu schweigen; nicht einmal eine Geste der Betrof-
fenheit. Der eine betrügt die Steuerzahler zugunsten seiner Partei, der
andere wirkt mit in einem korrupten Unterdrückungssystem. Reue,
Buße? Der eine hat sich erwischen lassen, der andere hatte das Pech,
dass sein System abgewickelt wurde – und? Was geht das diese Männer an? Was eine dem Namen nach »christliche« Partei die Millionen,
mit der man sie, wie es den Anschein hat, schmierte, als sie regierte?
– Deutsche Politiker der Gegenwart. Unsere Gesellschaft heute. Der

Bußtag ist und bleibt abgeschafft. Der Blick auf das Jahr 2000 gibt wenig Anlass zu Hoffnungen.

Umso mehr zu Besorgnis. Ich werde dieses Bild der schiefen Waage einfach nicht mehr los. Der Bußtag ist weg; Skrupellosigkeit blüht. Buße ist »out«; feixende Abgebrühtheit ist obenauf. Das stimmt in sich nicht. Es stimmt in sich nicht, dass es wie eine Mode ist, nicht mehr zur eigenen Vergangenheit und zu den eigenen Taten – und Untaten! – stehen zu müssen, sondern sich ihnen mit Phrasen zu entziehen und damit durchzukommen, und das nicht allein in der Politik, sondern schier allenthalben. Es stimmt in sich erst recht nicht, wenn geschäftstüchtige Gewissenlosigkeit und brutales Erfolgsdenken belohnt werden und Gewissenhaftigkeit und Treue Nachteile und Nackenschläge eintragen. Und es macht bitter und resigniert, dass wir – wir können uns drehen und wenden, wie wir wollen – unentrinnbar hineinverwoben sind in Zusammenhänge und Systeme, die durch kalte Skrupellosigkeit geprägt und die in ihren Strukturen unmenschlich sind. Wir hoffen zwar anders, doch im Innersten wissen wir: Das neue Jahrtausend wird daran nichts ändern. Es wird eher schlimmer werden.

Zeitpunkt: Bußtag. Es liegt nicht in unserem Vermögen, das umzuwenden. Wohl aber können wir diesen Abend dazu nutzen, für uns selber die Weichen zu stellen für die neue Zeit und sie so zu stellen, dass, soviel an uns ist, die über Leichen gehende Arroganz der Mächtigen und der Möchtegern-Mächtigen ein dickes, ein solides Kontergewicht bekommt. Dass also die *Buße* unter uns ihren Ort zurückerhält und ihre Bedeutung und auch *ihre Würde.* Ja, *Buße hat Würde. Denn sie lässt uns unsere Würde neu finden. Darin ist die Buße zutiefst menschlich und aufbauend.* Unser Psalm lässt es deutlich werden.

Der Gott, zu dem er zu beten anleitet, ist immer schon. Er ist wie eine rettende Festung von Ewigkeit her – ehe noch der Urknall war und die Erde sich aus kosmischem Staub zusammenklumpte und wir Menschen uns aufrichteten. Auch die Erde kann wanken; dieses Jahr, erst die letzte Woche wieder, hat erschreckend darüber belehrt.

Gott bleibt. Wir nicht. Das ist die Kehrseite. Wir bleiben nicht. Er lässt uns sterben, er ruft uns zurück aus dem Leben. Ja, Gott ist es, der uns sterben lässt, er, der den Tod ausschickt. Er – nicht das Schicksal und auch nicht die Henker und Schergen und Teufel, die da Schicksal spielen und die uns von Gott anvertraute Macht so himmelschreiend missbrauchen. Gott – indem ich das sage, denke ich an den letzten Monsun in Ostindien, der auch dann katastrophal gewirkt haben würde, wenn die Behörden die Sturmwarnung ernst genommen und Vorsorgemaßnahmen ergriffen hätten; ich denke an die in den Fluten umgekommenen Tausende und frage: – Gott? Er? Einsicht und Antwort dieses Gebets – es sagt sich nicht leicht: Ja, Gott. Vor ihm sind wir, wie wir im All sind, und haben wir die entsprechende Größe: winzig. So winzig, dass 1000 Jahre – die Zeit von 30 Generationen! – vor ihm wie ein rasch verflogener Tag sind, wie eine Nachtwache. Was zählt das schon.

Eine durchwachte Nacht kann unendlich lang sein! Und unsere gesamte Lebenszeit sollte vor Gott nicht zählen? Wenn nicht vor ihm, wo und vor wem dann? Wenn selbst nicht vor Gott, – dann müssen wir uns selber Bedeutung verschaffen und uns wichtig machen. Dann müssen wir mitspielen, aktiv mittanzen im »Tanz der Vampire« um Geld und Macht und Erfolg. Doch es ist gerade umgekehrt: Weil einzelne Stunden nicht vergehen wollen, aber unsere Lebenszeit davoneilt wie ein fliegender Vogel, denn wir sind winzig: darum haben wir allen Grund, unsere Tage und Jahre, die uns gewährte Zeit, zu nutzen und zu verkosten, statt sie zu vertun. Haben wir zumal allen Grund, uns auf den zu besinnen, der da ist von Ewigkeit zu Ewigkeit und der, wie winzig wir auch sind, Interesse nimmt an uns, leidenschaftliches Interesse.

Wir merken es – jedenfalls indem wir uns vom Psalm anleiten und die Augen öffnen lassen – ganz unmittelbar, und zwar zunächst einmal *negativ*. Das nämlich ist die Aussage, die *message* dieses alten Gebets: Unheil und Verderben unter uns und insbesondere den massenhaften Tod und seine Schrecken und seine lähmende Sinnlosigkeit wirkt Gott. In seinem Zorn lässt er uns unsere eigenen Wege gehen und verzichtet ingrimmig darauf, uns auf ihnen zurückzuhalten. Wir wollen, dass die Waagschale der Buße fällt und die der Gewissenlosigkeit emporsteigt? Nun, dann *sollen* wir es auch so haben – und wir haben es in einem Maß, das uns grauen lässt. Wir wollen ohne ihn sein und leben? Nun, dann *sollen* wir es auch, doch unsere Lebenswelt hat mit Gott zugleich Halt und Sinn, Ziel und Werte verloren und taumelt, immer schneller strudelnd, wie irre – und in die Irre. Rummel und Glanz um die Jahreszahl 2000 mögen das für eine Weile zudecken. Doch ich fürchte, die Böller und Raketen in der Silvesternacht müssen ganz viel Angst übertönen, begründete, berechtigte Angst.

Zeitpunkt Busstag: Buße beginnt mit der Einsicht: »Unser Leben währet siebzig Jahre, und wenn es hoch kommt, so sind es achtzig . . . «:

Das ist das Menschenmaß. Siebzig, auch achtzig Jahre: Wir haben die Möglichkeit, die uns gewährte Zeit zu füllen und zu gestalten – als Menschen und in den Grenzen unserer Fähigkeiten. Siebzig, achtzig Jahre haben wir Frist zu Recht und Wahrheit. Siebzig, achtzig Jahre haben wir Frist, unsere Endlichkeit zu akzeptieren, statt sie in Frage zu stellen mit Projekten und Plänen, die unsere Grenzen überschreiten. Siebzig, achtzig Jahre haben wir Frist, uns darauf zu besinnen, wem wir gehören und auf wen oder was wir hören. Siebzig, achtzig Jahre haben wir Frist, uns unserer Schuld und unseres Unrechts bewusst zu werden und Buße zu tun. Mit einem Wort: Siebzig, achtzig Jahre sind uns gewährt, als Geschöpfe Gottes zu leben, also Gottes Gebot zu halten, in Liebe zu handeln und mit Umsicht zu wandeln vor Gottes Angesicht (Micha 6,8b).

Ich habe Sehnsucht nach dieser Buße. Denn ich habe Sehnsucht danach, dass der Waagebalken nicht noch weiter sich verdreht, sondern dass er zurückschwingt in ebene Lage. Ich habe Sehnsucht danach, dass an die Stelle von Arroganz und Gewissenlosigkeit Umsicht tritt und Bescheidenheit und insbesondere dies, dass man zu Fehlern und Vergehen steht – und stehen kann, ohne deswegen in die Pfanne gehauen zu werden. Kurz, ich habe Sehnsucht danach, dass es menschlich zugeht unter uns. Danach, dass an die Stelle von shareholder value und Erfolg, von Berechnung und doppelzüngigem Taktieren, von Sorge um Einfluss und um den Eingang der Kirchensteuern, dass an die Stelle von alledem das trete, was sich so leicht dahersagt und doch so kostbar ist: – Menschlichkeit. Menschlichkeit – wo wir einem Menschen begegnen und aufatmen können, da haben wir etwas von dem erfahren, was »Menschlichkeit« meint. Wo jemand redlich zu seinem Tun und auch zu dem steht, was ihm selber die Schamesröte ins Gesicht treibt, da können wir durchatmen: Hier wurde der unmenschliche Teufelskreis von Lüge und Brutalität durchbrochen. Mit einem solchen Menschen kann man zusammenleben.

Ich bin sicher: Das ist nicht meine Sehnsucht allein, auch wenn manche das Wort »Buße« stören wird. Viele sehnen sich nach einer menschlichen Welt und träumen von ihr. Nach einer Welt, in der Krankheit und Leid nicht in erster Linie als Versagen oder Kostenfaktor geächtet und zugleich um jeden Preis bekämpft werden, sondern – es klingt so altmodisch! – angenommen und gemeinsam getragen. So dass also Menschen nicht unter den Zwang geraten, ein Kind im Mutterleib, dessen genetische Ausstattung eine Krankheit als möglich erwarten lässt, vorzeitig zu beseitigen – ein solcher Mensch könnte ja eine Last werden und Geld kosten. Nach einer Welt, in der ich mich nicht als Depp oder als Versager zu fühlen brauche, wenn ich nur kleine Brötchen backe oder weil ich etwas versehen habe. In einer solchen Welt kann ich dazu stehen, nicht nur unvollkommen, sondern auch fehlerhaft zu sein bis hin zur Fragwürdigkeit meiner Person, ja meines Charakters. In ihr darf ich – Mensch sein, so wie ich's bin: beschränkt, unvollkommen, womöglich krank, für meine Mitmenschen nicht nur Freude, sondern auch Last, schuldig werdend, vor Gott und seinem Gebot versagend und ständig versucht, das alles durch Überheblichkeit zu kompensieren.

Zeitpunkt Bußtag! Bußtag als Gelegenheit, hieran zu denken, es zu begreifen und diesen Abend zu nutzen, uns auf den Weg zu machen – den Weg zur Menschlichkeit. Das ist nicht der Weg der Vorsätze, der Projekte oder der moralischen Anstrengungen. Es ist der Weg der Buße, nämlich der Besinnung darauf: *Wir sind Gottes Kreaturen.* Das ist unser Adel. Das gibt und bewahrt uns unsere Würde. Als Gottes Kreaturen haben wir unsere Menschlichkeit. Als diese haben wir Maß und Ziel. Als diese haben wir das Recht auf menschliches Leben, sind wir also weder Verbrauchsmaterial der Mächtigen noch selber Möchtegerngötter. In alledem erweisen sich Bedeutung und Würde der Buße.

Vor allem aber: Wir haben als Gottes Geschöpfe einen uns *zugewandten* Schöpfer, uns *leidenschaftlich* zugewandt, verkörpert und verbürgt in Jesus Christus. Darum haben wir das Recht zu Gebet und Bitte und das Vorrecht, von Gott Hilfe zu *erwarten*. So lassen Sie uns den Weg der Buße, also den Weg der Rückkehr zu Gott und zu unserer Menschlichkeit; lassen Sie uns diesen Weg einschlagen und in Anlehnung an die Bitten des Psalms unsererseits bitten:

Lass uns einsichtig werden und annehmen
die Grenzen, die du uns ziehst;
damit wir Menschen seien.
Lass uns nicht dahingehen
in Unbußfertigkeit und Schuld;
verachte nicht unser kleines Leben,
sondern schenke uns Freude und Jubel!
Lass uns erfahren –
ein Stück nur, Herr,

doch erfahren, spüren –:
Du gibst die Schuldigen nicht preis,
du bewahrst im Versagen.
Gewähre Stärke und Gelingen.
Halte zusammen, was uns zerrinnt,
zerrinnt unter unseren Händen.
Leite unsere Schritte zur Buße,
bewahre uns vor Anpassung und vor Resignation.

Das sei unsere Zeitansage für das kommende Jahr und Jahrzehnt. Und der Herr unser Gott, Gott von Ewigkeit zu Ewigkeit, der aus Liebe zu uns sich neben uns in unsere Zusammenhänge des Unrechts stellte und sich für uns ans Kreuz schlagen ließ und Unrecht und Kreuz überwand: Er fördere unsere Schritte. Ja, diese unsere Schritte wolle er fördern. Amen.

Lothar Steiger
Psalm 91,15.16 mit Psalm 42,7

Er ruft mich an, darum will ich ihn erhören; ich bin bei ihm in der Not, ich will ihn herausreißen und zu Ehren bringen.
Ich will ihn sättigen mit langem Leben und will ihm zeigen mein Heil.

Mein Gott, betrübt ist meine Seele in mir, darum gedenke ich an dich aus dem Land am Jordan und Hermon, vom Berge Misar.

Liebe Gemeinde! Der heutige Sonntag am Eingang der Passionszeit trägt den Namen Invokavit, das heißt: »Er hat angerufen«. Der Name kommt her aus dem Introitus- oder Eingangspsalm, den wir zu Anfang hörten, als wir den Gottesdienst begannen im Namen des dreieinigen Gottes und dadurch mutig wurden dazu und dessen gewiss, dass wir vor Sein Angesicht traten und auch wirklich gelangten. Mut und Gewissheit aus Gottes Zusage, die verspricht: »Er ruft mich an, so will ich ihn erhören; ich bin bei ihm in der Not; ich will ihn herausreißen und zu Ehren bringen.« Wer rief einst oder ruft noch so? Er, Jesus! – Wo hört man sein Rufen? Im Garten! – Wie ruft es? So: »Meine Seele ist betrübt bis an den Tod.« – Woher hat sie's, was sie ruft, solche Seele solches Stoßgebet? Zitternd Zitat aus einem Psalm, aus dem mit dem: »Was betrübst du dich, meine Seele, und bist so unruhig in mir . . .« Ein Psalm sagt es dem andern. Hört am Anfang der Passion, wie diese gut endete, wie das Leiden errettet wurde durch Leidenschaft, welches das Leiden der Liebe ist, die an und für uns litt. Wie Er vor Gottes Angesicht kam, damit auch wir dahin kämen. Sein Anruf war der Beginn unseres Gottesdienstes, der Eingang und Zugang unserer betrübten Seelen. Darum in die Passionszeit eingehen und den Psalm betrachten, den unser Herr in Gethsemane gebetet hat, einen Wortfetzen nur, herausgerissen aus dem ganzen. Wie sagt der andere, der Invokavit-Psalm? So: »Ich will ihn herausreißen und zu Ehren bringen.« Ja, der Erhörte und Herausgerissene, der riss dies Wort heraus aus dem zweiundvierzigsten Psalm und brachte es so zu Ehren: »Mein

Gott, betrübt ist meine Seele in mir.« Das geriet ihm sogar ungenau zu: »Meine Seele ist betrübt bis an den Tod«. Genau war das, Gott weglassen zu müssen, weil überbetrübt seine Seele war bis an den Tod. Ihr Philologen und Wortliebhaber, wohl dem, der dann zitieren kann. Zitieren heißt ja herbeirufen, wo dein, wo jedes Wort von dir versagt. Zitate sind auch leer, doch waren sie mal voll, hier dieser Psalm war einmal voll von Gott, vielleicht dass er sich von neuem rufen, zurückzitieren lässt ins alte Wortgehäuse? Wortfetzen als Zitat, das fetzt: »Meine Seele ist betrübt ... « Das reicht, zu mehr war auch nicht Zeit, nicht die Gelegenheit in Ungelegenheit: da kam ihm dieser Psalm gelegen, als er lag, der Herr für uns auf den Knien, der Sohn vor seinem Vater – »Mein Gott« als Anrede weglassen und »bis an den Tod« anfügen, das kann man nur, wenn man seine überbetrübte Seele für möglich hält, diesen Seelenzustand, so übertrieben, für keine Übertreibung halten muss. Da muss man ja zum Ausgleich erst unter- und dann maßlos übertreiben, erst das gewohnte »Mein Gott« im Monolog und Selbstgespräch der Seele aufgeben, um im Proslogion, in der Anrede – Ist da noch wer, wer da? – Gott übertreibend fortzufahren: »Mein Vater, ist's möglich ... ?« Aufs Angesicht fallend, dass der sein Angesicht zeige. Wodurch sich eine betrübte Seele klärt. Die einzige Möglichkeit. Hier ist alles übertrieben: dieses »bis an den Tod«, das nicht nur das letale Ende, den irdischen und zeitlichen Tod meint, schon der ist bitter; sondern darüber hinaus meint: dieses Nichtleben-und-nicht-sterben-Können, dieses Tausende-Tode-Sterben, das sich nicht beruhigt und beruhigen lässt davon, dass man singt: »und in fünfzig Jahren ist alles vorbei« und der Seele rät: »Lasset uns essen und trinken, denn morgen sind wir tot.« Du fragst, liebe Seele, warum das so ist, ja weshalb dir so ist, soviel mehr nach Unruhe und soviel mehr nach Trinken? Dann krieche wie ein Einsiedlerkrebs in dieses alte Psalm- und Muschelgehäuse, das dich schützt – und noch glänzt und noch lautet. Das sprichst du nach einer Pause des Lauschens einfach nach, schaffst, dass du selig wirst mit Furcht und Zitieren.

»Meine Seele dürstet nach Gott, nach dem lebendigen Gott. Wann werde ich dahin kommen, dass ich Gottes Angesicht schaue? Meine Tränen sind meine Speise Tag und Nacht ... « Was macht die Seele, die lauthals nach Wasser schreit und einen Durst hat, der nur mit Gott, mit dem lebendigen Gott, zu löschen wäre – was macht sie, wenn sie fern, ja abgeschnitten ist von der Quelle und dem Ursprung ihres, ja alles Seins und Lebens? Da klagt die Seele wohl, aber nicht trocken tut sie das, dürstet wohl, aber verdurstet nicht sogleich, sondern als kennte sie Pindars Ode, die singt: Αριστον μεν ὐδωρ – das heißt: »Wasser ist fürwahr das Beste«, fängt die Seele an, auf ihren eigenen Wasserhaushalt zurückzugehen, zu rekurrieren, um sich dadurch zu kurieren, holt sich ihr Wasser aus den Augen, die geben's willig, wenn sie doch weinen müssen, weil sie sein Angesicht nicht schauen dürfen. Und weil die tägliche Frage der Spötter: »Wo ist nun dein Gott?« die Seele doch auf sich bezieht, muss sie weinen. Ach, da fließt es von den Augen weg wie Bächlein auf den Wiesen und gibt der dürstenden Seele zu trinken genug.

Vielleicht denkst du nun, dass solche Trinkkur der Seele ans Herz gehen müsse, dass sie am Ende ertrinke im eigenen Gesundbrunnen. Da fährt schon dein Wasserpsalm fort: »Wenn ich des innewerde, so schütte ich mein Herz aus bei mir selbst.« So wird das Herz sein Wasser los, kommt nicht in die Beine. »Walle! walle/ Manche Strecke/ Dass zum Zwecke/ Wasser fließe/ Und mit reichem, vollem Schwalle/ Zu dem Bade sich ergieße.« Wohin mit all der Tränenflüssigkeit? Hast du den Zauberspruch des Psalms, du weißt wohin und was du tun wirst. Da weiß ein anderer Psalm, was tun, nämlich: Lavabo, ich werde waschen mein Bett die ganze Nacht (Psalm 6,7). Ein Lavabo oder Waschbecken für betrübte Seelen, die können sich klären und waschen. In meiner Lesefibel las der Erstklässler den stabreimenden Satz: Wir Wiener Waschweiber wollen weiße Wäsche waschen. Und wenn's nun überläuft und eine Schwemme gibt im Bett, weshalb Martin Luther übersetzt: »ich schwemme mein Bett die ganze Nacht«, wohin, mein Herz, kannst du dich ausschütten, wenn nicht mehr bei dir selbst? Nimm ein anderes Bett, sagt und fährt der Psalm fort, dein Quasselwasserpsalm, nimm zum Bett ein Flussbett. Ich frage, wie der Fluss heiße. Und der Psalm antwortet: »Mein Gott, betrübt ist meine Seele in mir; darum gedenke ich an dich im Lande am Jordan ...«. Der Jordan, der kann's fassen: »Ich bin getauft auf deinen Namen.« Daran gedenke, unter deine Taufe kriechend, dass Er zuerst dort ein- und untertauchte, der Wasser holende Knecht für deine Tränenwäsche im Garten: »Seht, er läuft zum Ufer nieder;/ Wahrlich! ist schon an dem Flusse,/ Und mit Blitzesschnelle wieder/ Ist er hier mit raschem Gusse.« Schweiß- und bluttriefende Arbeit auf der Raffel seiner Seele, damit wahr würde und gültig bliebe: »Wenn eure Sünde gleich blutrot ist, soll sie doch schneeweiß werden; und wenn sie gleich ist wie Scharlach, soll sie doch wie Wolle werden« (Jesaja

1,18). Flachland am Jordan reicht nicht hin, höher hinauf geht's, zum Hermongebirge, zweitausend Meter, zum Ursprungstal des Jordan, wo's herunterkommt mit steilem Gefälle: »Deine Fluten rauschen daher, dass hier eine Tiefe und da eine Tiefe brausen; alle deine Wasserwogen und Wellen gehen über mich.« So fährt der Psalm fort, indem er hinauffährt. Und du, meine Seele, die du mit deinen Weichteilen sitzest im Psalmengehäuse, schreist wohl entsetzt: »O du Ausgeburt der Hölle!/ Soll das ganze Haus ersaufen?« Ach, der Psalm nennt diese Hermonhöhe mit Luther »einen kleinen Berg«, auf dem du stehen kannst, nachdem es durchgestanden ist, auf Golgatha, wie klein die Höhe, die an den Himmel reicht: zwei Meter hoch dein Herr am Kreuz, ausgespannt die Hände, dich zu fassen. Wie sprach und spricht der Herausgerissene, der Erhörte, der mit dem Wortfetzen aus diesem Psalm mit Vers sieben? »Meine Seele ist betrübt bis an den Tod.« Und warum brach und bricht Er da ab, betrübte Seele in mir? Darum tat und tut Er's, dass du fortfahren kannst im Text, im Kontext dieses Vorbeters, wenn dir danach ist: kannst auch den Vordersatz nachsprechen und wieder »mein Gott« sagen, nachdem Er's hat weglassen müssen, kannst darauf den Jordan hinauf- und wieder hinterfahren, weil du gedenken kannst und sagen erfüllt, denn voll von Gott ist nun wieder der Psalm, das leere Gehäuse eine rauschende Muschel, die singt, keine Wortfetzen mehr, sondern ganze klingende Sätze, so, hörst du's, dicht ans Ohr musst das schöne Hörrohr nehmen, wie's spricht, erst: »Mein Gott, betrübt ist meine Seele in mir ...« und dann: »darum (ja darum!) gedenke ich an dich im Lande am Jordan und Hermon, auf dem kleinen Berg.« Und wenn du dich fragst, wonach die Spötter dich fragen, nämlich: »Wo ist nun dein Gott?«, was wirst du antworten? Nun, nach all diesen Wasserspielen? Ich werde antworten: Ihr Wiener Waschweiber und betrübten Seelen, solche Wasserkünste sah und sieht man nicht, in keinem Schönblick-Schlosspark oder Belvedere, wie hier in diesem Felsengarten, wo ich den schaue, zu dem ich spreche: »Ich sage zu Gott, meinem Fels: Warum hast du mein vergessen? Warum muss ich so traurig gehen, wenn mein Feind mich drängt?« Denn klagen darf ich ja weiter, weil Der »auf dem kleinen Berg« wieder von vorne anfängt mit mir und meinem Psalm und spricht: »Mich dürstet.« »Meine Seele dürstet nach Gott, nach dem lebendigen Gott.« Aber wenn ich weiterfrage, weiterfrage mit dem Psalm, weine ich vor Freuden, weil ich den schaue, nach dem ich frage: »Wann werde ich dahin kommen, dass ich Gottes Angesicht

schaue?« Gekommen bin ich dahin: »Du edles Angesichte, davor sonst
schrickt und scheut … « Ich nicht mehr, bin schon in Händen, in
guten, mein Geist schaut sich schon um im wasserreichen Paradies,
Vierstromland meiner Seele, die kommt dahin mit ihrem Bruder Leib:
»Heute wirst du mit mir … « Keine Wassermusik wurde je gehört wie
diese auf der Themse meiner Seele! Ja, ich werde, »ich werde ihm
noch danken, dass er meines Angesichts Hilfe und mein Gott ist«.

In der Passionszeit den Psalm hören, ihm nachhängen, den dein
Herr in Gethsemane gebetet hat. Den kannst du nachbeten, rufen, und
weil du gerufen hast, bist du gehört worden, herausgerissen wurdest
du, hineingerissen in den ganzen Psalm, hingerissen von dem Wort:
Betrübt ist meine Seele bis zum Tod. Es ist eine Nachfolge die ganze
Passionszeit: dein Leiden wird dir lieb, wird dir zur Leidenschaft, zur
Liebe, wie nie eine Liebe je gewesen ist, so hoch, so tief, Seelen-
Klärchen-mäßig, so himmelhoch jauchzend, so zum Tode betrübt.
»Was betrübst du dich, meine Seele?« – Meine Seele, die liebt, die
hört die Stimme: »Ja, mir hast du Arbeit gemacht mit deinen Sünden«
(Jesaja 43,24), die ist betrübt und glückselig zugleich über sich, süß
und bitter: »Darum dass seine Seele gearbeitet hat, wird er seine Lust
sehen und die Fülle haben. Und durch seine Erkenntnis wird er, mein
Knecht, der Gerechte, viele gerecht machen; denn er trägt ihre Sünden« (Jesaja 53,11). Für diesen bitter-süßen Honig, der ein »Heid-
honig« ist insbesondere für die Heiden, werde ich Ihm noch danken,
»auf den Knien meines Herzens« – die Zitate sind gestohlen, von
Goethe, von Heinrich von Kleist, von Heinrich Müller, dem vielbe-
rühmten Rostocker Prediger aus dem 17. Jahrhundert: Aber der Psalm,
der in den Mund gelegt ward meines fremden Herrn, der ist es nicht,
sondern mir eigen, mir geworden durch Ihn. Mir und allen betrübten
Seelen, die werden ihm noch danken, ich danke schon jetzt.

»Jesu, meines Lebens Leben,
Jesu, meines Todes Tod,
der du dich für mich gegeben
in die tiefste Seelennot,
in das äußerste Verderben,
nur dass ich nicht möchte sterben:
tausend-, tausendmal sei dir,
liebster Jesu, Dank dafür.«

»Nun, ich danke dir von Herzen,
Herr, für alle deine Not:
für die Wunden, für die Schmerzen,
für den herben, bittern Tod;
für dein Zittern, für dein Zagen,
für dein tausendfaches Plagen,
für dein Angst und tiefe Pein
will ich ewig dankbar sein.« (EG 86,1.8).

Sonntag Invokavit: »Er ruft mich an, so will ich ihn erhören; ich bin bei ihm in der Not; ich will ihn herausreißen und zu Ehren bringen. Ich will ihn sättigen mit langem Leben und will ihm zeigen mein Heil« (Psalm 91,15.16).

Und der Friede Gottes, der höher ist als alle Vernunft, bewahre eure Herzen und Sinne in Christus Jesus. Amen.

Werner Krusche
Psalm 103

Lobe den HERRN, meine Seele, und was in mir ist, seinen heiligen
  Namen!
Lobe den HERRN, meine Seele, und vergiß nicht, was er dir Gutes
  getan hat:
der dir alle deine Sünde vergibt und heilet alle deine Gebrechen,
der dein Leben vom Verderben erlöst, der dich krönet mit Gnade und
  Barmherzigkeit,
der deinen Mund fröhlich macht, und du wieder jung wirst wie ein
  Adler.
Der HERR schafft Gerechtigkeit und Recht allen, die Unrecht leiden.
Er hat seine Wege Mose wissen lassen, die Kinder Israel sein Tun.
Barmherzig und gnädig ist der HERR, geduldig und von großer Güte.
  [...]
Denn er weiß, was für ein Gebilde wir sind; er gedenkt daran, dass
  wir Staub sind.
Ein Mensch ist seinem Leben wie Gras; er blüht wie eine Blume auf
  dem Felde;
wenn der Wind darüber geht, so ist sie nimmer da, und ihre Stätte
  kennet sie nicht mehr.
Die Gnade aber des HERRN währt von Ewigkeit zu Ewigkeit über
  denen, die ihn fürchten,
Lobet den HERRN, ihr seine Engel, ihr starken Helden, die ihr seinen
  Befehl ausrichtet, dass man höre auf die Stimme seines Wortes!
Lobet den HERRN, alle seine Heerscharen, seine Diener, die ihr seinen
  Willen tut!
Lobet den HERRN, alle seine Werke, an allen Orten seiner Herrschaft!
Lobe den HERRN, meine Seele!

»Dies ist der Psalm, der gegen alle Schwermut streitet«, schreibt einer
seiner Ausleger. Hier hält einer Zwiesprache mit sich selbst, aber so,
dass wir dabei zuhören sollen. Hier redet der neue Mensch in ihm, den

Gott schon zum Licht erweckt hat, mit dem alten, der noch im Schatten und Dunklen ist. Er ruft sein noch in sich selbst verschlossenes Inneres an, er weckt es auf und öffnet es zum Lobe Gottes, zu einem Lob, das aus dem Innersten kommt. »Lobe den Herrn, meine Seele, und was in mir ist seinen heiligen Namen.« Hier ermuntert und ermutigt sich einer selber zum Loben. Manchmal wird uns das nicht gelingen. Uns ist nicht danach zu Mute. Dann brauchen wir andere, die uns in das Loben mit hineinnnehmen: Wir haben diese Ermunterung zum Loben nötig; denn das Klagen über das, was andere uns angetan haben, oder darüber, dass es mit uns innerlich nicht vorangeht, dass immer wieder das Alte zum Vorschein kommt, dass wir uns immer noch gegenseitig kränken und verletzen, das Klagen liegt uns näher, aber es bringt uns nicht weiter, es lässt uns mit uns selbst allein. Da bekommen wir ein unfrohes Gesicht und einen bitteren Zug um den Mund.

»Lobe den Herrn, meine Seele«, das ist die Ermutigung zu einem neuen Lebensstil, nicht nur dazu, dass wir uns ab und zu einmal zum Loben aufraffen, sondern dazu, dass das Loben unser Leben bestimmt und ausfüllt. »Sein Lob soll immerdar in meinem Munde sein«, nicht nur in ein paar Glücksstunden.

Was heißt das: »loben«? Der Psalmsänger sagt: Nicht vergessen, was Gott an uns gewendet hat, wie er sich unseres Lebens angenommen, wie er uns aufgehoben und wieder aufgerichtet hat: »Vergiss nicht, was er dir Gutes getan hat.« Denk dran, wie Gott dir vergeben hat, als dir deine Schuld schwer zu schaffen machte – vielleicht war es die Schuld der schuldig gebliebenen Liebe. Also gerade nicht: Erinnere dich an deine Schuld, sondern dass und wie Christus sie dir abgenommen hat. Nicht, dass du schuldig geworden bist, ist wichtig, sondern wichtig ist, dass Gott dir vergeben hat. »Der dir alle deine Sünden vergibt.« Er denkt nicht mehr an deine Sünde und nun höre du auch auf, immer wieder davon zu reden.

»Vergiss nicht, denke daran, was er dir Gutes getan hat.« Dein Leben hatte einen Knacks bekommen: Eine Beziehung war zerbrochen. Ein Lebenswunsch hatte sich zerschlagen. Du warst über der großen Enttäuschung richtig krank geworden. Und dann hat er dir wieder aufgeholfen, deinem Leben einen ganz neuen Sinn gezeigt, dir eine neue Lebensmöglichkeit eröffnet, dir neuen Lebensmut geschenkt, ein neues Lebensgefühl in dir erweckt. »Der dir alle deine Sünden vergibt und heilet alle deine Gebrechen«, alles, was dir zerbrochen worden war, dein ganzes verletztes Menschsein. Du lebst nicht mehr als eine, der im Leben etwas unheilbar kaputt gegangen ist, sondern als eine, die heil geworden ist und um deren Heilbleiben ER sich kümmert.

Loben – so hatten wir gesagt – heißt: nicht vergessen, was Gott uns Gutes getan hat. Vor allem daran denken, was das für ein Gott ist, der uns solche Wunder der Vergebung, der inneren und äußeren Heilung hat erfahren lassen. »Du bist der Gott, der Wunder tut«, singt der Beter des 77. Psalms. Wir loben Gott, der nicht nur einmal Wunder getan hat, sondern der weiterhin wunderbar handeln wird. Wir sollen nicht von Erinnerungen leben, von konservierten Erfahrungen. »Lobe den Herrn, meine Seele, der dein Leben vom Verderben erlöst, der dich krönt mit Gnade und Barmherzigkeit.« Lob ihn, ja, lob ihn, meine Seele: Er hat mich aus den Fängen der Verderbensmächte befreit. Sie können mir nichts mehr antun. Er hat für mich sein Leben eingesetzt. Ich bin ihm sein Leben wert. Die dunklen Gewalten können mir nichts mehr anhaben. Sie können nicht mehr zunichte machen, was er in mir angefangen hat. Damit kommt er zum Ziel. Er krönt mein Leben nicht mit Ehre, Macht, Reichtum – diesen vergänglichen Utensilien –, was meinem Leben seine königliche, unüberbietbare Würde verleiht, ist, dass er mich seiner Gnade würdigt. »Der dich krönet mit Gnade und Barmherzigkeit«: Mein Ansehen besteht darin, dass er mich ansieht. »Er hat die Niedrigkeit seiner Magd angesehen«, singt Maria in ihrem Lobgesang, und darum ist sie die Angesehenste unter allen Frauen. Martin Luther hat in der Heidelberger Disputation einen wunderbaren Satz gesagt: »Sünder werden geliebt, nicht weil sie schön sind, sondern sie sind schön, weil sie geliebt werden.« Wir sind schön, weil wir geliebt sind. Darum: lobe den Herrn, meine Seele, der dich krönt mit Gnade und Barmherzigkeit, der dich schön macht durch seine Liebe.

Der Lobsänger des Psalms hat bisher nur davon gesungen, wie er Gott in seinem Leben erfahren hat. Aber er hat zwar ein persönliches, aber gerade kein privates Verhältnis zu Gott. Es gäbe ihn nicht ohne die lange Erfahrungsgeschichte des Volkes Gottes, ohne die Väter und Mütter des Glaubens. »Der Herr hat seine Wege Mose wissen lassen, die Kinder Israel sein Tun.« Wir sind wahrlich nicht die ersten, die das Gotteslob singen. »Der du thronst über den Lobgesängen Israels«, sagt der Beter des 22. Psalms. Wie armselig wäre unser Gotteslob ohne die Lobgesänge des alten Bundesvolkes, ohne die Kirchenlieder aus all den Jahrhunderten, in denen die Generationen vor uns sich immer wieder neu darüber ausgesungen haben, was für einen Gott sie haben und welche Erfahrungen sie mit ihm gemacht haben. Das Singen der Glaubenslieder aus all den Jahrhunderten bewahrt uns davor, dass unser Gotteslob kurzatmig, einsilbig, kleinräumig, enghorizontig, zusammenhanglos wird.

Und davor, dass es oberflächlich und unwahr wird, dass es die Leiderfahrungen unseres Lebens einfach übertönt, dass man meint, mit Lobgesängen die Tiefe der Traurigkeiten überspringen zu können. Der Psalmsänger mutet sich und mutet uns nicht zu, mit ein paar fröhlichen Tönen über die harten Tatsachen unseres Lebens hinwegzuhuschen. Der Gott, den zu loben er sich und uns aufruft, ist der Gott, von dem er sagt: »Er weiß, was für ein Gebilde wir sind; er gedenkt daran, dass wir Staub sind.« Wir sind wie Gras, wie eine Feldblume, vergänglich, nichtig, schnell vergessen. Gut, dass das nicht verschwiegen wird, gut, dass es in der Bibel nicht nur Lobgesänge, sondern auch Klagelieder gibt. Es gibt eine Tiefe menschlichen Leids, über die nicht weggesungen werden darf. Der Apostel Paulus schreibt an die Gemeinde in Rom: »Freut euch mit den Fröhlichen und weint – weint, nicht lobsingt – mit den Weinenden.« Sie wären sonst überfordert. Aber wer mit den Weinenden geweint hat, der kann ihnen dann auch behutsam helfen, Gott aus der Tiefe, Gott unter Tränen zu loben: Wir loben dich, Herr unser Gott, dass du aus Liebe zu uns Jesus gesandt hast in das Elend der Welt, in ihre tausend Plagen, und dass nun keiner mehr allein sein muss in seinem Leid, mit seinen schwermütigen Gedanken, – auch ich nicht –, und dass er bei mir ist und gesagt hat, unsere Traurigkeit soll in Freude verwandelt und unsere Tränen sollen getrocknet werden. Lob aus der Tiefe zu dem Herrn in der Höhe. Und dabei kann es geschehen, dass einer, der aus der Tiefe gerufen hat, die Erfahrung macht, die einer in einem Psalmlied so ausgesprochen hat: »Rief ich ihn an mit meinem Munde, da Not von allen Seiten drang, so war oft zu derselben Stunde auf meinem Mund ein Lobgesang.« Noch war der Hilferuf auf den Lippen, da formte sich schon der Lobgesang auf der Zunge.

Worin hat das Gotteslob sein Recht und seinen Grund? Es sind die großen Taten Gottes in meinem kleinen Leben, auf dem Weg der Gemeinde und im Weltgeschehen, die das Lob begründen und bewirken. »Herr, du bist mein Gott; ich preise dich. Ich lobe deinen Namen, denn du hast Wunder getan,« heißt es bei Jesaja. »Singet dem Herrn

ein neues Lied, denn er tut Wunder.« Wer Wunder erfahren hat, der
lobt Gott. Aber es gilt nun auch: Wer Gott lobt, erfährt Wunder. »Gott
loben wirkt Wunder«, haben Sie über diesen Tag geschrieben. Und
dahinter stehen ja ganz sicher Erfahrungen, die Sie miteinander gemacht haben.

Gott loben, Christus preisen, das bewirkt Wunder der Befreiung –
ich werde frei von der Fixierung auf mich selbst, auf mein Unver-
mögen, auf alles, was ich nicht kann und nicht schaffe, und bekomme
den in den Blick, der alles für mich getan hat, dessen Kraft in den
Schwachen mächtig ist, der mich nicht beurteilt nach dem, was ich
geschafft oder auch nicht geschafft habe, der alles für mich bereit hält
– das Leben, das uns bleibt, das Erbe, das auf uns wartet. Ich denke,
man kann geradezu von einer therapeutischen Wirkung des Gotteslobes sprechen: es macht gelöst, entkrampft, es bricht meine Enge auf
und weitet meine Welt und mein Lebensgefühl: im Lobpreis haben wir
Anteil am Lobgesang der Engel, die in diesem Psalm aufgefordert
werden: »Lobet den Herrn, ihr seine Engel, ihr starken Helden, die ihr
seinen Befehl ausführt.« Dieses neue Lebensgefühl drückt sich in
einem der schönen, neuen Loblieder aus: »Dass du mich einstimmen
lässt in deinen Jubel, o Herr, deiner Engel und himmlischen Heere,
das erhebt meine Seele zu dir, o mein Gott.«

Gott loben, das geht am besten miteinander. Nicht umsonst mahnt
der Epheserbrief: »Ermuntert einander mit Psalmen und Lobgesängen
und geistlichen Liedern.« Das kann man nicht nur im Gottesdienst,
sondern auch bei der Arbeit. Heute ist in unseren Kirchen Bußtag.
Haben wir davon keinerlei Notiz genommen? Ich denke doch: Buße
heißt Umkehr. Umkehr aus dem Elend ohne Gott in die Freude Gottes,
Umkehr aus der Selbstverschlossenheit der Klage in den weiten Raum
des Lobes und der Anbetung Gottes. Wo einer so Buße tut, da ist
Freude im Himmel. Und nicht nur im Himmel.

Christoph Bizer
Psalm 107,1–5

»Danket dem Herrn,
denn er ist freundlich,
und seine Güte währet ewiglich.«

So sollen sprechen
Die Erlösten des Herrn,
die er aus Drangsal erlöst hat;

die er aus den Ländern gesammelt,
vom Aufgang her
und vom Niedergang,
vom Norden her und vom Meer.

Die irre gingen in der Wüste,
der Einöde,
und den Weg zur wohnlichen Stadt
nicht fanden;

die hungrig und durstig waren,
dass ihre Seele in ihnen verzagte.

1. Die Erlösten des Herrn

Liebe Gemeinde! Die Erlösten des Herrn – was das wohl für Leute
sind? Ich weiß nicht, ob ich mich unter ihnen wohl fühlen könnte. Es
müssen glückliche Leute sein. Ihre Gesichter strahlen. Liegt es an mir,
dass ich der Freundlichkeit misstraue, die sie ausdrücken? Ich nehme
eine Spur von Bemühtheit wahr. Ich glaube es ihnen nicht, dass sie
abgestreift haben, was sich mir täglich beklemmend ums Herz legt.
Sie sind nicht Herren und Frauen ihrer selbst: Die Erlösten des Herrn.

Geht von dem Herrn, der über die Erlösten der Herr ist – ich kenne ihn ja nicht –, aber geht von ihm nicht etwas Zwanghaftes aus? Er ist jedem Zugriff entzogen; er hat kein rechtes Gesicht; er weiß von allem, worauf es hinauslaufen wird, weil er das Ziel bestimmt. Die Erlösten des Herrn – einem Herren-Willen unterworfen? Ich weiß nicht, ob ich dort gut aufgehoben wäre.

Aber nun feiern wir hier einen Gottesdienst. Wir lassen uns zum Heiligen Abendmahl einladen. Irgendetwas hat das mit Erlösung zu tun! Die Erlösten des Herrn: hier gehört es zur Geschäftsgrundlage, dass sich eine Beziehung zwischen den Erlösten und uns ins Spiel bringen wird. Möglicherweise spielt uns der Psalm, uns, die Rolle der Erlösten zu: zum Erwägen und Probieren, vielleicht, – vielleicht so, dass sich eine tragende Verbindlichkeit anmeldet? Die Erlösten des Herrn.

2. Aus Drangsal erlöst, suchend und irrend

Der Psalm hütet sich, die Erlösten des Herrn zu beschreiben. Er würde damit nur Klischees aufsitzen, üble Feststellungen treffen. Ich schließe daraus: Jedermann und jedefrau bringen in diese Rolle den eigenen Gesichtsausdruck ein, die eigene Art zu sprechen und sich zu bewegen. Erlöstsein ist keine Rolle. Jeder bringt sich mit, wie er nun mal geworden ist. – Und dann müsste wohl irgendetwas passieren, was sie zu Erlösten macht? Erst einmal beschreibt der Psalm sorgfältig, woher die Erlösten kommen und wie sie kommen:

... »*aus Drangsal*« heißt das altertümliche Wort. Drangsal, von allen Seiten bist du eingeengt, du kriegst keine Luft mehr, du findest nicht ins Freie. Keine ruhige Minute, immer gehetzt, von innen her und von außen.

... hungrig und durstig ...
dass ihre Seele in ihnen verzagte.

Immerhin: die Unerlösten auf dem Weg zur Erlösung haben eine Seele. Sie merken, dass sie hungrig und durstig sind. Sie spüren das Verzagen. Wenn sie gefragt werden: »Wie geht's?«, dann sagen sie nicht: »O gut, kann nicht klagen«, obwohl sie schreien müssten: ich weiß nicht mehr ein und aus, mit mir. Nein, sie sagen mutig: »ich bin verzagt, tief drinnen.«

Aber vielleicht ist ihnen die Seele erst im Nachhinein spürbar geworden. Erst im Rückblick haben sie gesehen, dass sich ihre Seele auch damals schon geregt hatte, wenn auch verzagend. Aber jetzt, als Erlöste, sind sie sich sicher, dass sie eine Seele haben. Sie achten weiter darauf, wie es der Seele geht. Eine ungeheure Errungenschaft: richtigen eigenen Hunger und richtigen eigenen Durst empfinden, in der Seele.

Was die Erlösten für Leute sind, spiegelt sich darin, wie sie die Ausgangslage beschreiben, aus der sie kommen. Sie achten darauf, wie sie gingen. Im Rückblick erkennen sie: wir sind Leute gewesen, die irre gingen, in der Wüste, in der Einöde.

Immerhin, sie sind gegangen; sie haben sich bewegt. Vielleicht sind sie richtig zu Fuß gegangen, von morgens bis abends. Der Wanderer sieht und riecht, wo er ist. Er bekommt ein gutes Verhältnis zu sich, weil er auf sich angewiesen ist. Er hat Zeit, die Wüsten und Einöden innen und außen wahrzunehmen.

Die Wanderer sind nicht nur fürbass vor sich hin geschritten, sondern sie haben dabei gesucht. Ihrem Wandern liegt ein Suchen zugrunde, eine große Sehnsucht. Die Wanderer suchen den Weg zur wohnlichen Stadt.

Es leuchtet unmittelbar ein, dass sie den Weg zur wohnlichen Stadt zu Fuß suchen müssen. Eine Suche, die Atomstrom und Verbrennungsmotoren zu Hilfe nimmt, zerstört bereits auf dem Anmarschweg die gesuchte Wohnlichkeit.

Der Weg zur wohnlichen Stadt: Zu einer Stadt, in der sich die Nachbarn kennen. Wo es nachts so still ist, dass die Bewohner entspannt schlafen. Eine Stadt, in der es eine Lust ist, Kind zu sein, auf der Straße; – und alt zu werden. In der wohnlichen Stadt rücken die Bewohner eng zusammen, wenn Fremde ankommen, die der Hungersnot entronnen sind. Und was für gemütliche Kneipen diese Stadt erst hat! Nein, – sie haben die wohnliche Stadt nicht gefunden, die Leute auf ihrem Weg. Aber sie haben sie gesucht! Unbewusst vielleicht, aber das ist trotzdem viel!

Die Suchenden kommen vom Aufgang her und vom Niedergang, vom Norden her und vom Meer, aus allen Himmelsrichtungen, aus allen Rassen. Die Leute, die im Aufbruch ihrer Erlösung stehen, haben eine Ahnung davon, dass das Menschsein unteilbar ist. Sie akzeptieren sich in ihrer Fremdheit. Ein Hauch von Geschwisterlichkeit liegt über ihrem Aufbruch.

... aus Drangsal erlöst ...,
die er aus den Ländern gesammelt,
vom Aufgang her und vom Niedergang,
vom Norden her und vom Meer.
Die irre gingen in der Wüste, in der Einöde,
und den Weg zur wohnlichen Stadt nicht fanden;
die hungrig und durstig waren,
dass ihre Seele in ihnen verzagte.

Das ist nicht die Schilderung eines Zustandes, empirisch erhoben, sondern die Vorwegnahme eines Aufbruchs; ein Aufbruch, unter viel Verzagtheit und unter vergeblichem Suchen verborgen.

3. Die Dienstanweisung

Liebe Gemeinde, es wird in diesem Psalm nicht gesagt, wie es von diesem Aufbruch aus zur tatsächlichen Erlösung kommt. Die einzige Andeutung, die ich dem Psalm entnehmen kann, besagt, der Herr habe die Erlösten gesammelt.

Mehr nicht. Das Gesammeltwerden, entsprechend das Zusammen- finden zum Aufbruch, ist schon ein wesentlicher Anfang der Erlösung selbst. Die Aufbrechenden bemerken ihre eigene Erlöstheit noch nicht. Der Herr führt seine Regie so behutsam, dass niemand seine Hand dabei wirklich spürt. Die volle Wahrheit kommt dann erst am Ende der Zeit heraus?

Merkwürdig, wie die Erlösung, als Akt, in diesem Psalm übersprun- gen wird. Auch wenn sich der Akt der Erlösung festlegen ließe, bliebe er mehrdeutig, offensichtlich. (Auch der Auszug Israels aus Ägypten kam nicht eindeutig durch JHWH zustande.) Aber dann wird der Psalm massiv. Die Erlösten bekommen eine Dienstanweisung, so klar, dass jeder Unerlöste sie befolgen könnte. Sie – verlangt ein äußer- liches Tun, das Nachsprechen eines formelhaften Satzes, gar.

Ich will dem Psalm hier eine theologische Absicht unterstellen: Der Übergang vom irrenden Suchen zum tatsächlichen Erlöstsein geht uns gar nichts an. Das macht der Herr, der im Verborgenen handelt und damit basta. Und das ist gut so. Sonst müssten die Erlösten am Ende noch erlöst aussehen, sich vielleicht immer noch ein bisschen »er- löster« darstellen als sie meinen, es zu sein. Das ergäbe einen entsetz- lichen Krampf von Christentum. Die Dienstanweisung:

So sollen sprechen die Erlösten des Herrn:
»Danket dem Herrn, denn er ist freundlich,
und seine Güte währet ewiglich«.

Dieses Verslein, gesprochen, langsam und bedächtig gesprochen, und schon breitet sich – wenn es gut geht – zart, in den ersten Anzeichen, den Sprechenden selber nur andeutungsweise klar: eine Vor-Ahnung vom Erlöstsein aus. Erlöste sind Leute, die die Aufgabe haben, dieses Sprüchlein zu sagen. Und wer von dem Sprüchlein Gebrauch macht, braucht sich um den Rest seiner und seiner Mitmenschen Erlösung keine Sorgen zu machen. Was aussteht, wird dann schon noch kommen.

(Eine gute Gelegenheit, den Spruch auszuprobieren, biete, übrigens, der Beginn oder der Abschluss einer Mahlzeit, – sagt jedenfalls eine in Abgang gekommene christliche Sitte. Weil unser Gottesdienst heute mit einer Mahlzeit verbunden ist, singen wir uns nachher das Sprüchlein wechselseitig zu.)

Es besteht aus einer Aufforderung und einer Begründung: Danket. Es ist nicht selbstverständlich, dass Menschen Danke sagen. Wenn sie es sagen, ist es das Resultat einer Erziehung. Das Sprüchlein übt christliche Erziehung, Selbst-Erziehung ein. Danke wofür? Das weiß jeder selber: für den schönen Abend, gestern; für die überraschende Zwei unter der Proseminararbeit; für meine Gesundheit (auch wenn sie eingeschränkt ist); überhaupt für mein Leben. Ich merke, wie schön es ist zu leben, indem ich »Dankeschön« dafür sage ... Der Akzent aber liegt auf *Danket dem Herrn.*

Niemand von uns hier käme auf die Idee, einen Gott anzunehmen und ihm zu danken, wenn er nicht zum Dank aufgefordert würde. Indem wir dieses Sprüchlein nachsprechen, fordern wir andere auf, dem Herrn zu danken. Während wir sie auffordern, entsteht in uns die Spur einer Vorstellung von diesem Herrn, und die entsprechende Dankbarkeit deutet sich an: in uns, möglicherweise. Wir fordern zugleich uns und andere auf, die Begründung der anfänglich sich abzeichnenden Dankbarkeit nachzuvollziehen. Während des Sprechens: *Denn er ist freundlich.*

Der Herr nimmt für mich Züge freundschaftlicher und wohlgesonnener Zuwendung an. *Und seine Güte währet ewiglich.*

Ich nehme wahr, während ich mit Bedacht dieses Sprüchlein spreche, dass da eine Güte am Werk ist, die ich selber nie ausloten oder gar ableiten kann. Die Güte währet, wirkt in einer unerschwinglichen, geradezu unglaublichen Stetigkeit, – ewiglich heißt es dann auch noch. Kein Mensch kann wissen, dass die Güte des Herrn ewiglich währt. Er müsste ja dazu die Ewigkeit überblicken. Der Spruch behauptet etwas, was schlechterdings jeden menschlichen Horizont übersteigt. Jeder, der das Sprüchlein sagt, übernimmt sich. Nicht einmal der Psalm nimmt es in eigne Verantwortung. Er zitiert es, er schiebt die Verantwortung für den Inhalt ab. »So heißt es,« sagt er. Und: »Sprecht es nach.« Fortan wird es gesprochen und es hallt nach. Dabei zeichnet sich eine Güte in die Welt ein, ewig während, die noch dem größten und letzten Elend der Welt und von mir standzuhalten verspricht.

4. Eine Göttingische Liturgie

Wenn Sie mich fragen: dieses Sprüchlein ist vom Himmel auf die Erde gekommen. Irgendeinem begnadeten Menschen war es für einen kurzen Moment vergönnt, durch einen kleinen Spalt in den Himmel hineinzulauschen und den Engeln zuzuhören. Er hat ihnen diesen Wortlaut abgelauscht, ihn nachgesprochen, und nun hallt er durch die Zeiten. Ein anderer Psalm (Ps 118) hat ihn aufgenommen und in eine Liturgie eingebracht. Vom heiligen Ort Jerusalem aus verbindet er sich aufsteigend mit dem Gesang der Engel im Himmel.

> *Danket dem Herrn, denn er ist freundlich,*
> *und seine Güte währet ewiglich.*
> *So spreche denn Israel:*
> > *»Ja, seine Güte währet ewiglich!«*
> *So spreche das Haus Aarons:*
> > *»Ja, seine Güte währet ewiglich!«*
> *So sprechen, die den Herrn fürchten!*
> > *»Ja, seine Güte währet ewiglich.«*

Der Raum dieser Liturgie weitet sich über die ganze Erde und von überall her kommen die Stimmen. Zunächst noch aus Jerusalem:

> *So sprechen die Gefolgsleute des hingerichteten Galiläers!*
> > *»Ja, seine Güte währet ewiglich.«*
> *So sprechen die griechischen Sklaven in Rom:*
> > *»Ja, seine Güte währet ewiglich.«*

*So sprechen Iraker und Kurden in der Angst vor dem nächsten
Massaker!*
      »Ja, seine Güte währet ewiglich.«
*So sprechen die Bürger und Bürgerinnen in der behüteten Stadt
Göttingen!»*
      Ja, seine Güte währet ewiglich.«
*So sprechen die Studenten, Studentinnen und Lehrenden Ihrer Uni-
versität!*
      »Ja, seine Güte währet ewiglich.«

Manchmal kommt die eingeforderte Antwort fast nicht über die Lippen. An manchen Orten sprechen sie nur noch zwei oder drei.
      Liebe Gemeinde, das ist ein trotziger, schreiender Widerspruch
gegen die Wirklichkeit, die wir zu verantworten haben. Vielleicht auch
ein gelassener und umso beharrlicherer Widerspruch.
      Wir ermessen, was da an Zusammenhang und Herausforderung drin
steckt. Und was für uns daraus folgt, wenn wir so sprechen. Ich
denke, wir können dieses Sätzlein nur unter einer einzigen Voraussetzung wirklich nachsprechen. Dass in der Kluft zwischen der men-
schengewirkten Wirklichkeit und der gottgewollten Güte eine menschliche Gestalt steht, hochaufgerichtet, mit ausgestreckten Armen und
angenagelten Händen. Mit diesen Armen vereint sie in sich diesen
schreienden Widerspruch: Jesus Christus, am Kreuz, der Lebendige,
der uns zu sich zieht; der der ewig währenden Güte des Herrn das
Antlitz verleiht.

*Danket dem Herrn,
denn er ist freundlich,
und seine Güte währet ewiglich.* Amen.

Herr, ewiger Gott, wir rufen dich an, als unsern Vater, der du uns auf
dich hin geschaffen hast und erhältst; als unsern Bruder, der du uns
das Angesicht des Menschen zuwendest; als bewahrende Kraft, in der
du uns mütterlich in immer währender Güte umgibst. Du hast uns
herausgerufen aus Drangsal und Verzagtheit. Du hast uns zu einer
Kirche zusammengetan, aus allen Ländern der Erde. Du hast uns die
Sehnsucht nach der wohnlichen Stadt ins Herz gegeben. Nun sind wir
nach deinem Willen, in der christlichen Kirche, die von dir Erlösten,
deine Heiligen. Herr, wir sind immer noch in der Verzagtheit, ein-

gefangen in die eitle Geschäftigkeit unseres Landes. Unsere Sehnsucht
nach der wohnlichen Stadt zehrt sich auf.

Wir sind überfordert als Erlöste. Wir sind komische, hilflose Heilige. Aber wenn du schon freundlich zu uns bist – dann mach uns
fröhlich im Tun. Wenn du schon deine Güte an uns wendest – dann
lass auch uns Güte zeigen: Damit du nicht blamiert bist, durch uns.

Herr wir danken dir. Herr, wir fordern uns gegenseitig auf, dir zu
danken. So gib uns allen ein dankbares Herz, gelassenen Glauben und
Weite in unserer Liebe.

Herr Gott, himmlischer Vater, wir liegen dir mit unsern Bitten in
den Ohren. Wir bedauern, dass wir nicht lauter und inständiger bitten.
Wir erfassen das Elend der Welt nicht mehr und werden hartherzig.
Bangladesch, der Irak, die Abessinier. Wir kommen nicht mehr nach,
das Elend auch nur zu registrieren. Wir wenden uns ab wie unsere
Medien. Halte du deine Welt beieinander. Bei uns ist sie schlecht
aufgehoben.

Herr, wir bitten dich für alle Menschen, die in der Nähe und Ferne
leiden. Such ihnen unter uns Nächste aus. Herr, wir bitten dich für alle
Hungernden. Such ihnen unter uns Leute, die ihnen zu essen geben.
Herr, wir bitten dich für alle Gefangenen. Hol dir aus unserer Mitte
Leute, die für sie bitten und sie besuchen.

Herr, wir bitten dich für alle, die auf Krieg sinnen, immer noch.
Bestimme ihnen aus uns unserer Mitte friedfertige Gegner, an denen
sie nicht vorbeikommen. Herr, wir bitten dich für alle Kranken. Erwecke ihnen aus unserer Mitte tröstende, stärkende, heilende Mitmenschen. Gib Geduld und Einsicht in die Grenze des Menschseins.
Herr, sei du selber bei den Schwerkranken und Sterbenden. Gib ihnen,
wie uns allen, Deinen Frieden. Wir danken dir, dass wir dich bitten
dürfen, denn du bist freundlich und deine Güte währet ewiglich.
Amen.

Lukas Christ
Psalm 113

Halleluja! Lobet, ihr Knechte des Herrn, lobet den Namen des Herrn!
Gelobet sei des Herrn Name von nun an bis in Ewigkeit. Vom Aufgang
der Sonne bis zu ihrem Niedergang sei gelobet der Name des Herrn!
Der Herr ist hoch über alle Heiden; seine Ehre geht, soweit der Him-
mel ist. Wer ist wie der Herr, unser Gott, der sich so hoch gesetzt hat
und auf das Niedrige sieht im Himmel und auf Erden; der den Gerin-
gen aufrichtet aus dem Staube und erhöht den Armen aus dem Kot,
dass er ihn setze neben die Fürsten, neben die Fürsten seines Volks;
der die Unfruchtbare im Hause wohnen macht, dass sie eine fröhliche
Kindermutter wird. Halleluja!

Verehrte Väter und Brüder! Dass wir unser Beisammensein, unser
gemeinsames Reden und Raten im Namen des Herrn beginnen dürfen,
ja dass Gott der Herr selber dadurch, dass er uns sein Wort sagen
lässt, seinen Namen an den Anfang unsres Unternehmens und damit
über unser ganzes Unternehmen setzt, das allein wäre schon Grund
genug, den Namen des Herrn zu loben. Nun tut er, unser Gott, aber
mehr. Er treibt uns und hilft uns dadurch zu solchem Lobe seines
Namens, dass er ihn uns aufs Neue in seiner herrlichen Fülle und
Kraft verkündigen lässt. Das große Halleluja des alten Gottesvolkes,
dieser Lobgesang auf den Namen des Herrn, ist auch dem Gottesvolke
des neuen Bundes, der Kirche, gegeben und aufgegeben, also auch
uns, den Vertretern unsrer Kirchen. »Halleluja! Lobet, ihr Knechte des
Herrn, lobet den Namen des Herrn!« Es mag wohl sein, dass uns gar
nicht besonders ums Loben ist, wenn wir hier als Diener der Kirchen
zusammenkommen. Was wäre da schon viel zu loben? Geht es doch
wirklich um geringe Dinge. Und zwar nicht nur heute und morgen bei
unsern Verhandlungen. Sondern auch das Jahr hindurch in unsern
Kirchen. Was haben sie eigentlich noch zu bedeuten? Was gilt ihr
Wort noch bei unsern Zeitgenossen? Wo sind ihre Taten, ihre Erfolge,
ihre Früchte? Ist sie nicht die Unfruchtbare, das kinderlose Weib, das

im Hause nichts gilt, geringgeschätzt, beiseite geschoben, aufs Altenteil gesetzt? Wer unter uns hätte nicht schon darunter gelitten und darüber geseufzt?

Und nun doch: »Lobet, ihr Knechte des Herrn, lobet den Namen des Herrn!« Einfach deshalb, weil uns dieser Name gegeben ist. Hätte Gott den Menschen nicht seinen Namen kundgetan, sähe er, der Hohe und Erhabene, nicht auf das Niedrige, hätte er sich uns nicht geoffenbart, wir wären nicht da. Es gäbe keinen Kirchenbund, keine Kirche. Nun hat er uns aber seinen Namen kundgetan, und alles hängt daran, dass wir seinen Namen erkennen und bekennen, dass wir seinen Namen loben. Und eben dazu bringt er uns dadurch, dass er uns auch heute seinen Namen und darin sich selber kundgibt.

Seinen Namen! »Der Herr ist hoch über alle Völker; seine Ehre geht, so weit der Himmel ist. Wer ist wie der Herr, unser Gott, der sich so hoch gesetzt hat?« Das also ist sein Name: Herr über alle Herren, Ursprung und Ziel alles Lebens. So offenbart er sich uns durch das Zeugnis seiner Knechte, durch die Botschaft der ganzen Heiligen Schrift. Und seine Knechte loben seinen Namen, indem sie bekennen: Ich glaube an Gott, Vater, den Allmächtigen, Schöpfer Himmels und der Erden.

Aber der heilige Gott hat sich nicht dazu so hoch gesetzt, dass er uns ferne sei. Er wohnt wohl in der Höhe und im Heiligtume, aber er siehet vom Himmel auf das Niedrige auf Erden. Und wo Gottes Auge ist, wo sein Antlitz leuchtet, da ist er selber. So ist er wohl der Herr über alle Völker, aber zugleich bei allem Volke. Er ist der Vater über allen Menschen und zugleich der Sohn bei uns Menschen. Er ist der Herr, »der die Unfruchtbare im Hause wohnen macht, dass sie eine fröhliche Kindermutter wird«. Das ist das Wunder seiner Schöpfermacht und zugleich das Wunder seiner gnädigen Herablassung. Wir kennen die Zeugen dieses Wunders. Da ist Sara, deren erstorbenem Leibe der Herr den Sohn der Verheißung geschenkt hat, so dass sie bekennen kann: »Gott hat mir ein Lachen zugerichtet«. Da ist Hanna, dieses betrübte Weib, das aus seinem großen Kummer und Traurigkeit vor dem Herrn redet. Und der Herr hört sie und gibt ihr Samuel, den »Gotthört«, so dass sie jubelt: »Mein Herz ist fröhlich in dem Herrn«. Und ihr Lobgesang tönt auch in unserm Psalme weiter. Und diese beiden fröhlichen Kindermütter sind ja nur Schatten, die das kommende Weihnachtslicht vorauswirft. Dort, dort ist die, die der Herr zur fröhlichen Kindermutter macht. Sie, die ihren Lobgesang anstimmt:

»Meine Seele erhebet den Herrn, und mein Geist freuet sich Gottes, meines Heilands; denn er hat die Niedrigkeit seiner Magd angesehen.« Da gibt Gott seinen wahren Namen kund. Da offenbart er sein ewiges Wort. Da, wo seine Zusage erfüllt ist: »Uns ist ein Kind geboren, ein Sohn ist uns gegeben, welches Herrschaft ist auf seiner Schulter; und er heißt: Wunderbar, Rat, Kraft, Held, Ewig-Vater, Friedefürst.« Welch ein Name! Und die Kirche lobt diesen herrlichen Namen des Herrn, indem sie bekennt: Ich glaube an Jesum Christum, seinen eingeborenen Sohn, unsern Herrn, der empfangen ist von dem Heiligen Geiste, geboren von Maria der Jungfrau.

Der Herr hat sich hoch gesetzt und sieht auf das Niedrige. Und noch einmal: wo sein Auge ist, da ist er selber, in der tiefsten Niedrigkeit, im Staube der Geringen und im Kote der Armen, in der Gestalt des sündigen Menschen, unter die Übeltäter gerechnet, zwischen zwei Schächern hingerichtet. Unser Psalm gehört zu dem Lobgesange, den das alte Gottesvolk bei seinem Passahmahle gesungen hat. Unser Herr Christus selber hat ihn mit seinen Jüngern gesungen in der Nacht, da er verraten ward. Da er ihnen das Brot und den Kelch gab, seinen für uns gebrochenen Leib und sein für uns vergossenes Blut, da sah Gott auf das Niedrige. Da tat er uns seinen wahren Namen kund. Und seine Knechte loben diesen seinen Namen, indem sie bekennen: Gelitten unter Pontius Pilatus, gekreuzigt, gestorben und begraben, niedergefahren zur Hölle.

»Wer ist wie der Herr, unser Gott, der sich so hoch gesetzt hat und auf das Niedrige siehet, der den Geringen aufrichtet aus dem Staube und erhöht den Armen aus dem Kot, dass er ihn setze neben die Fürsten.« Der arm ward um unsertwillen, der sich selbst erniedrigte und gehorsam ward bis zum Tode, ja zum Tod am Kreuze, den hat Gott erhöht und hat ihm einen Namen gegeben, der über alle Namen ist. Und diesen Namen lobt die Kirche, indem sie bekennt: Am dritten Tage wieder auferstanden von den Toten, aufgefahren gen Himmel, sitzend zur Rechten Gottes, des allmächtigen Vaters, von dannen er kommen wird zu richten die Lebendigen und die Toten.

Das ist der Name des Herrn, den er, der Herr, uns selber kundtut: Vater und Sohn. Es ist aber noch nicht sein ganzer Name. Der Herr, der auf das Niedrige sieht, der den Erniedrigten erhöht, der ihn setzt zu seiner Rechten, er ist es auch, der die Unfruchtbare zur fröhlichen Kindermutter macht. Wie geschieht dieses Wunder? Der Engel Gabriel, von Gott gesandt, sagt es der Jungfrau Maria: »Der Heilige

Geist wird über dich kommen.« So wird das ewige Wort Fleisch, durch den Heiligen Geist. So offenbart sich Gott der Herr uns Menschen, durch den Heiligen Geist. So geschieht es heute noch, dass wir Gottes Wort hören und glauben, seinen Namen erkennen und bekennen, durch den Heiligen Geist und nur durch ihn. Der Heilige Geist ist der Herr, der lebendig macht, sagt das in Nicäa erweiterte Bekenntnis der Kirche. Der auch uns dadurch lebendig macht, dass er den Abstand zwischen gestern und heute, zwischen dort und hier, zwischen dem heiligen Gott und uns armen Sündern überwindet, dass er uns des Herrn Namen nahebringt und uns so zum rechten Glauben hilft. Das ist des Herrn Name. Und wir loben diesen Namen des Herrn, indem wir mit der Kirche bekennen: Ich glaube an den Heiligen Geist.

Wo dieser Name des Herrn, der Name des Vaters und des Sohnes und des Heiligen Geistes erkannt und bekannt, wo der Name des dreieinigen Gottes gelobt wird, da sind Knechte des Herrn, da ist Kirche. »Gelobet sei der Name des Herrn von nun an bis in Ewigkeit.« Wann immer der Name des Herrn gelobt worden ist, gelobt wird und gelobt werden wird, ist Kirche. Kirche, die sich Gottes Sohn durch den Heiligen Geist aus dem ganzen menschlichen Geschlechte von Anbeginn der Welt bis ans Ende sammelt, schützt und erhält. Loben wir den Namen des Herrn, so sind wir verbunden mit allen seinen Knechten, die je gewesen sind und je sein werden. Wir stehen in seiner Gemeinde, die durch alle Zeiten hindurch lebt und lobt. Wir sind Glieder einer Kette, die nicht abbricht. Wir laufen in einer Reihe von Stafettenläufern, die hinüberreicht in die Ewigkeit.

»Vom Aufgang der Sonne bis zu ihrem Niedergang sei gelobet der Name des Herrn.« Wo immer der Name des Herrn gelobt wird, da ist Kirche. Dass wir hier aus unsern verschiedenen Schweizer Kirchen zusammenkommen, das ist nur ein kleiner Anfang und ein schwaches Abbild der Wahrheit und der Wirklichkeit, ein Hinweis darauf und ein Angeld dafür, dass die Kirche größer und besser ist als unsere Kirchengebilde. Unser unvollkommenes Bekennen ist nur ein stammelnder Versuch des Lobes, das den Namen des Herrn über den ganzen Erdkreis hin verherrlicht. Und sähen wir auch gar nicht, bliebe unser kläglicher Versuch, des Herrn Namen zu loben, auch ganz allein, es ist uns doch gesagt, ist uns zugesagt: Vom Aufgang der Sonne bis zu ihrem Niedergang wird der Name des Herrn gelobt. Es gibt eine bekennende Kirche, verstreut und versteckt in allen Völkern. Gott der Herr hat in der zerschundenen und zerrissenen Menschheit seine

auserwählte Gemeinde. Und damit ist der lebenskräftige und zukunfts-
trächtige Keim der Gemeinschaft da. Das alles, weil er uns und alle
Welt dadurch zum Lobe seines Namens bringt, dass er uns seinen
Namen kundgibt. Und wir loben seinen Namen, indem wir bekennen:
Ich glaube an eine heilige allgemeine Kirche, die da ist die Gemeinde
der Heiligen.

Wir denken nicht groß von unserer Kirche. Aber wir denken groß
von Gott. Darum brauchen wir auch an der Kirche, an unsrer Kirche
nicht zu verzweifeln. Gewiss, sie ist arm und gering. Sie ist vor den
Mächten und den Mächtigen dieser Welt ohnmächtig. Sie ist die
Unfruchtbare. Aber sie hat die Verheißung, dass sie der Herr zur
fröhlichen Kindermutter machen will. Will der Herr, so kann er unsre
arme, schwache, verlassene Kirche segnen, dass ihr Kinder geboren
werden wie der Tau aus der Morgenröte. Der Herr kann und will ihr
Segen und Frucht schenken, sie im Hause wohnen, in unserm Volke
Platz und Stimme, Geltung und Wirkung gewinnen lassen. Freilich
nicht anders, als dass er ihr, ihren Gliedern und uns, ihren Dienern,
seinen Namen groß und uns so zum Lobe seines Namens bereit und
fähig machen will. So, so allein, aber so gewiss, werden wir trotz
allem Verzagen und Versagen seine Kirche. Unser Psalm ist wohl zum
ersten Mal angestimmt worden, als das alte Gottesvolk aus der Gefangenschaft in Babylon in die Heimat, in das Heilige Land zurückkehrte.
Da hat der Herr Jerusalem aus der Unfruchtbaren zur fröhlichen
Kindermutter gemacht. Und was er damals seinem Volke getan hat,
das hat er ihm auch fernerhin immer wieder erwiesen. So hat er seine
Kirche vor vierhundert Jahren aus der babylonischen Gefangenschaft
befreit, da er ihr sein Wort und seinen Namen aufs Neue groß und
wert machte. So kann und will er seiner Kirche auch immer wieder
tun. Davon lebt sie. Darum ist sie Kirche, die Gemeinde der Heiligen.

Die Gemeinde der Heiligen? Die Kirche, der ich diene? Wo sind da
die Heiligen? Die Gemeinde, deren Glied ich bin, Gemeinde der
Heiligen? Ja. Aber das nur durch den Heiligen Geist. Er versichert
mir, dass ich ein lebendiges Glied der Kirche bin und ewig bleiben
werde. Gott selber tut auch das. Er, »der sich so hoch gesetzt hat und
auf das Niedrige sieht, der den Geringen aufrichtet aus dem Staube
und erhöht den Armen aus dem Kot, dass er ihn setze neben die Fürsten, neben die Fürsten seines Volks«. Er hat seinen bis ans Kreuz, ja
bis in die Hölle erniedrigten Sohn erhöht und zur Rechten seiner
Herrlichkeit gesetzt. Und er bezeugt mir durch seinen Geist, dass er

das meinetwillen und für mich getan hat. Ich armer Sünder bin mit ihm, der mein Fleisch und Blut, mein Bruder geworden ist, erhöht aus dem Kot der Sünde. Ich Geringer bin mit ihm aufgerichtet aus dem Staube des Grabes. Ich Elender werde gesetzt neben ihn, den Fürsten des Lebens. Ich bin nun nicht mehr Fremdling und Beisasse, sondern Bürger mit den Heiligen und Gottes Hausgenosse. Ich bin das alles, weil mir der Herr seinen Namen kundtut dort, wo der einzige rechtmäßige Träger seines Namens unter meinem Namen stirbt, wo der an meiner Statt gestorbene von den Toten aufersteht. Das ist sein Name. Und ich lobe diesen seinen Namen, indem ich mit seiner ganzen Kirche bekenne: Ich glaube an eine Vergebung der Sünden, Auferstehung des Fleisches und ein ewiges Leben. So wird sein Name gelobt. So wird er auch von mir gelobt. Und dieses Lob greift aus der Zeit in die Ewigkeit hinein.

Sind wir hier nur beieinander als kirchliche Amtsträger, als Vertreter einer menschlichen Sache, als Diener eines irdischen Unternehmens? Oder sind wir Knechte des Herrn? Wir sind Knechte des Herrn, wenn wir den Namen des Herrn, den er uns selber offenbart, loben. Darum: »Lobet, ihr Knechte den Herrn, lobet den Namen des Herrn! Halleluja!«

Heinz Eduard Tödt
Psalm 119,25–32

Meine Seele, o Herr, klebt am Staube, belebe mich doch nach deinem
   Wort.
Ich erzähle dir meine Geschicke – und du erhörst mich. Lehre mich
   deine Satzungen.
Lass mich den Weg deiner Ordnungen erfassen, so will ich nachsinnen
   über deine Wunder.
Meine Seele zerfließt vor Kummer, richte mich auf nach deinem Wort.
Halte den Weg der Lüge von mir fern und begnade mich mit deiner
   Weisung.
Ich habe den Weg der Treue erwählt, nach deinen Bestimmungen
   verlangt mich.
An deinen Zeugnissen halte ich fest, Herr, lass mich nicht zuschanden
   werden.
Ich laufe den Weg deiner Gebote, denn du machst mir das Herz weit.

Das Gesetz der Freiheit – so heißt das Thema der Predigten dieses
Semesters. Aber hat dieses Thema wirklich etwas zu schaffen mit dem
Psalmabschnitt, den wir eben gehört haben? Wir formulieren: »das
Gesetz«, in der Einzahl – aber der Beter benutzt diesen abstrakten
Begriff nicht. Er spricht in der Mehrzahl, von den Weisungen, den
Ordnungen Gottes, er redet von dem Weg der Gebote. Bei uns ist es
wohl das höchste der Gefühle, dass man sich den Gehorsam gegen *das*
Gesetz abringt. Der Beter aber scheint ein elementares Bedürfnis zu
haben nach den Weisungen Gottes: »Nach deinen Bestimmungen,
Herr, verlangt mich«. Diese Bestimmungen Gottes schränken offenbar
nicht sein Leben ein. Sie sind für ihn etwas Wunderbares, dem man
lange nachsinnen muss. – Und wie steht es hier mit der *Freiheit*? Der
ganze Abschnitt hat kein hebräisches Wort, das diesem Begriff Freiheit entsprechen würde. Es bestätigt sich also, was in der Predigt des
letzten Sonntags gesagt wurde: Die Freiheit als Zustand ist dem alten
Israel unbekannt. Aber auch von Akten der Befreiung ist – auf den

·

ersten Blick gesehen – in unserem Text nicht die Rede. Wir müssen also herausfinden, ob es, wenn nicht dem Wort, so der Sache nach um Freiheit geht.

Am Anfang und dann noch einmal in der Mitte einsetzend, steht die *Klage* des Beters: Meine Seele, mein Leben liegt im Staub. Mein Leben zerfließt vor Kummer. Wir können nicht den konkreten Grund für diese Bedrängnis erkennen. Krankheit? Feinde, die ihm zusetzen? Mangel und Angst? Wir wissen es nicht. Und doch können wir mitempfinden, wenn er darum bittet, dass er neue Lebenskraft bekommt, dass sein verkrampftes Herz sich entspannt und wieder weit wird. Wer von uns gerät denn nicht in die Enge, fühlt sich blockiert und bedrängt? Die Bedrängnis und Verkrampfung ist wohl am größten, wenn es uns einfach die Sprache verschlägt. Wenn wir fühlen: sinnlos, noch irgendwelche Worte darüber zu machen. Man kann nicht verlangen, dass andere verstehen, worum es geht. So gerät man dann in die völlige Isolierung, ist eingeschlossen und schließt sich selbst ein in das Gefängnis eines leer und starr gewordenen Lebens.

Aber eben aus dieser Lage befreit sich der Beter. Ihm glückt es, den Bannkreis der Einsamkeit und Bedrängnis zu durchbrechen. Gleich auf die erste Klage folgt der Satz: »Ich erzähle dir meine Geschicke – und du erhörst mich«. Das ist die entscheidende Tatsache. Da gibt es ein Gegenüber für den einsamen Beter, da ist einer, zu dem er sprechen, dem er klagen kann und der reagiert. Der enge Raum weitet sich wieder. Er hat Platz dafür, dass der Beter seine Geschicke ausbreiten kann und Echo, Antwort findet. Dass sich dieser Raum zwischen Mensch und Gott auftut, dass in diesem Raum etwas Belebendes, Befreiendes geschieht – davon legt dieser Text Zeugnis ab. Hier, in diesem Raum kann der Mensch dankbar sagen: Du machst mir das Herz weit!

Es ist in diesen Tagen gerade 25 Jahre her, dass ich längst überfällig mit einigen tausend anderen nach fünf Jahren Kriegsgefangenschaft aus Moskau entlassen wurde. Offiziell hatte man die Rückführung der Gefangenen schon ein halbes Jahr vorher für beendet erklärt. Nun kam es anders! Für mich hatten die fünf Jahre bösen Hunger gebracht, Zwangsarbeit, Auszehrung des Körpers, Krankheiten, monatelange Einzelhaft, Morddrohungen und wirkliche Morde, die meinen engsten Freundeskreis trafen. Aber zugleich: eine lebendige christliche Gemeinde, eine Gemeinde der Brüder. Nun kamen wir also nach Hause – randvoll von Beklemmung. Noch viele Jahre füllte solche Bedrängnis die Träume, musste in ihnen abgearbeitet werden. Verständlich, dass dieses alles aus uns heraus wollte, dass wir davon erzählen mussten. Von den Bedrängnissen nicht nur, sondern auch von tiefer brüderlicher Gemeinschaft und glücklichen Bewahrungen. Aber was fanden wir in der Heimat vor: Menschen, die nun endlich nichts mehr wissen wollten von Krieg und Gefangenschaft, – und das war verständlich. Die seit ein paar Jahren begonnen hatten, sich das Nötigste zu sichern, oder sogar sich neuen Wohlstand zu erkämpfen. Die endlich ein bisschen »vom Leben haben« wollten. Und an den Universitäten eine junge Generation, die ganz mit ihrem Studium beschäftigt war. Hier erzählen, was man erlebt hatte? – meist ganz sinnlos – die Leute waren doch mit ihren Problemen beschäftigt. So verschloss es den meisten den Mund, weil kein Raum für das da war, was aus ihnen herausdrängte. Gewiss, wir waren sehr spät gekommen, nur noch ein paar Tausend, sozusagen Relikte schon vergangener Zeiten. Und doch keine Ausnahmen. Man frage nur die Millionen Vertriebenen, wie es ihnen ergangen ist. War etwa in unseren Gemeinden genug Anteilnahme, genug Raum für das, was sie erlebt hatten, was sie zu verarbeiten hatten? In der Predigt des vorigen Sonntags wurde gefragt: Warum wird in unseren Gemeinden so wenig erzählt von dem, was an uns geschieht? Warum ist nicht die rechte Atmosphäre da, dass wir erzählend danken können, wenn wir uns bewahrt wissen durch Gottes Güte? Es scheint: als *Gemeinden* haben wir fast die Sprache dafür verloren und mit der Sprache den Erlebnis- und Erfahrungsraum, in dem solches geschieht. Damit aber verarmt das christliche Leben oder es tritt zurück ins ganz Verborgene.

Bei dem klagenden, dankenden Psalmbeter ist es anders. Ich erzähle dir meine Geschicke – und du erhörst mich! Woher weiß der Beter, dass er erhört wird? Nur durch eine innere Stimme, durch das Gefühl? Ich glaube kaum. Im alten Israel gibt es eigentlich nicht eine solche von allem Körperlichen und Realen abgelöste Innerlichkeit. Hier neigt alles eher zum Handfesten, zum Praktischen. Vielleicht ist es der Priester, der in einer ganz bestimmten liturgischen Situation dem Beter die Erhörung zugesprochen hat, und der Beter nimmt diesen Zuspruch an und *redet* von ihm – sowie der Zuspruch der Sündenvergebung in unserem Gottesdienst uns persönlich zugedacht ist und von uns beantwortet werden will.

Unmittelbar von dem Dank für die Erhörung geht der Beter zu den Satzungen Gottes über. Keine Rede davon, dass sie dem Beter wie fremde Forderungen gegenübertreten, dass er sich anstrengen müsste, sie zu erfüllen, dass er Angst hätte, den Weisungen Gottes nicht zu genügen. Ganz im Gegenteil: Wer die Ordnungen Gottes zu erfassen beginnt, der hat über etwas Wunderbares nachzusinnen, über Wunder, die an ihm geschehen. So verlangt es den Beter geradezu nach den Bestimmungen Gottes, denn sie vermitteln ihm die Hoffnung, dass er nicht zuschanden wird, dass sich ihm das Leben wieder erschließt. Erst wo jener weite Raum entsteht, in dem der Beter klagen kann und erhört wird, da kann in rechter Weise auch verstanden werden, was es mit den Bestimmungen Gottes, mit dem Gesetz auf sich hat. Es geht um die Grundordnung jenes Raumes, in dem Gott mit den Menschen sich verbindet – eine verborgene Grundordnung freilich, in die auch der Beter immer neu eingewiesen wird. Aber wo er sich hineinfindet, wo er den Weg der Gebote läuft, da geschieht etwas, was er ganz körperlich, leibhaft empfindet: die Verkrampfung löst sich, das Herz wird weit, aufnahmefähig für das pulsierende Blut und das strömende Leben. So körperlich wird hier *Befreiung* erfahren.

Damit haben wir die Antwort auf unsere Ausgangsfrage nach dem Gesetz der Freiheit in diesem Text gefunden. Es ist die Grundordnung jenes Raumes zwischen Mensch und Gott, in welchem der Mensch klagen kann und erhört wird, in welchem ihn danach verlangt, den Willen Gottes zu tun. Hier findet er Leben, erfülltes Leben, und Freiheit ist die Teilhabe an wahrem Leben. Freiheit ist, wo alles, was das Leben beengt und niederdrückt, zurücktreten muss – und eben dieses Geschehen bezeugt unser Text.

Nun scheint es, als hätten wir bisher nur vom einzelnen gesprochen. Das ist auch nicht ganz verkehrt, denn es handelt sich bei der hier zu erfahrenden Freiheit durchaus um etwas ganz Persönliches. Aber um etwas Persönliches, was nicht von den Brüdern und Schwestern, von der Gemeinde trennt, sondern gerade verbindet. Für einen jeden soll sich ja dieser Raum auftun, ein jeder soll hier seine Nöte einbringen und seine Erfahrungen gewinnen. Darum kann man auch über dieses Allerpersönlichste miteinander sprechen, kann man die persönlichen Erfahrungen in einer ganz objektiven Form haben. In den Psalmen wird in einer überlieferten, geprägten Sprache geredet. Hier gibt es die Gattung des Klageliedes, des Bittliedes, des Dankliedes, und gerade unser Psalm 119 vereinigt solche objektiven Sprachformen in reicher Fülle.

Indessen steigt in unserem modernen Gemüt leicht ein anderer Gedanke auf. Wenn sich jener Raum zwischen Gott und dem Beter aufspannt, wenn in ihm der Beter zu Wort kommt und erhört wird, ist das Ganze, so befreiend es sein mag, nicht doch nur ein Produkt menschlicher Einbildungskraft, phantastischen Wunschdenkens? Also Illusion und nicht Wahrheit? Und als Illusion dann vielleicht doch sehr schädlich, weil es den Realitätssinn trüben könnte?

In unserer von Wissenschaft durchwirkten, auf Wissenschaft vertrauenden Welt haben wir uns gewöhnt, als Wahrheit das anzusehen, was jeder erfahren kann, was also intersubjektiv zu überprüfen und zu verifizieren ist. Wir werden uns hüten, auf diesem Wege einen Beweis für die Existenz Gottes und die Wirklichkeit jenes Raumes zwischen ihm und uns zu versuchen. Aber eines ist doch zu sagen: Jedermann ist berufen, die Erfahrung zu machen, dass er, gerade als einsamer und isolierter Mensch, nicht allein ist in dieser Welt, dass vielmehr Gott sich seinem Klagen und Bitten erschließt, wie er sich in vielen Generationen vielen erschlossen hat. Jedermann kann erfahren, dass es sich dabei nicht um eine bloß innerliche, spirituelle Regung handelt, sondern um eine Lebensänderung, die ihn so leiblich betrifft, wie sie dem Beter des Psalmes das verkrampfte Herz entspannt und weit macht und ihm wieder Zugang schafft zu seinen Mitmenschen. Spirituell ist solche Erfahrung schon, aber höchst real, höchst wirksam im Zusammenleben der Menschen.

Wenn es so ist, wenn wir alle in diesen Lebensraum eintreten können, wenn wir alle das Gesetz der Freiheit erfahren können, dann stoßen wir noch einmal auf ein dunkles Rätsel. Warum tun wir nicht, was wir im Grunde doch wünschen? Warum treten wir nicht wirklich in den Raum der Freiheit, nach dem uns verlangt? Warum bleiben wir nicht in ihm? Auf diese Frage gibt es keine Antwort. Wollten wir nämlich eine Antwort geben, so müssten wir begreiflich machen können, warum der Mensch seine Freiheit nicht will, obwohl er sich nach ihr sehnt. Aber gerade das ist in sich selbst unbegreiflich, unverständlich. Die eigene Freiheit nicht zu wollen, nicht wollen zu können, das ist die Sünde, das ist die rätselhafte Verschlossenheit des Menschen, die Kant als das radikale Böse bezeichnet hat. Der Beter in diesem Psalm scheint dieses Rätsel gar nicht zu kennen: Er vermag sein Geschick vor Gott zu bringen und findet Erhörung.

Israel hat die Freiheit, die der Psalmbeter bezeugt, nicht festhalten können. Ihm haben sich vielfach die Weisungen Gottes zum Gesetz versteinert, zu jenem angsterregenden Über-Ich, das den Menschen nur zu knechten vermag. Damit aber ist die Grundordnung jenes Raumes zwischen Gott und Mensch deformiert und unkenntlich geworden. Es waren die Jünger Jesu, die mit neuer Zuversicht vom Gesetz der Freiheit reden konnten, nicht weil sie diesen Raum neu erschlossen hätten, sondern weil sie glaubten, dass in Jesus Gott selbst einladend, werbend, bittend und ermutigend zu seinen Menschen kommt. Nicht die distanzierte Hoheit Gottes, nicht Befehle von höchster Autorität beseitigen den rätselhaften Widerstand des Menschen gegen seine eigene Freiheit. Es ist allein die andringende, zuvorkommende Liebe, welche den Krampf löst und den Raum öffnet, in dem das Gesetz der Freiheit uns erwartet. Von dieser Liebe werden wir das sagen müssen, was der Beter am Ende sagt: Du machst mir das Herz weit.

Eberhard Jüngel
Psalm 121

Ich hebe meine Augen auf zu den Bergen.
Woher kommt mir Hilfe?
Meine Hilfe kommt von dem Herrn,
der Himmel und Erde gemacht hat.
Er wird deinen Fuß nicht gleiten lassen.
Und der dich behütet, schläft nicht.
Siehe, der Hüter Israels schläft noch schlummert nicht.
Der Herr behütet dich. Der Herr ist dein Schatten
über deiner rechten Hand,
dass dich des Tages die Sonne nicht steche
noch der Mond des Nachts.
Der Herr behütet dich vor allem Übel,
er behütet deine Seele.
Der Herr behütet deinen Ausgang und Eingang
von nun an bis in Ewigkeit.

Liebe Gemeinde!
In seinen Liedern verrät sich ein Volk. Denn in seinen Liedern bestätigt sich ein Volk. Israel hat sich in seinen Psalmen verraten. Es hat verraten, und es hat sich selber bestätigt, dass es nicht ohne Gott sein kann. Und es hat zugleich verraten und sich selber bestätigt, wer dieser Gott ist.

Auch wir verraten uns, wenn wir auf die uralten Lieder Israels hören und am Ende vielleicht sogar in sie einzustimmen bereit sind. Wir verraten uns selbst, wenn wir mit den Worten des 121. Psalmes verraten, wer unser Gott ist.

Der Psalmist sagt es negativ: Siehe, der Hüter Israels schläft noch schlummert nicht. Das ist eine gute Verneinung, eine heilsame Negation. Sie ist voll von Bejahung. Es ist gut, zu wissen, dass Gott *nicht* schläft, dass *er wach* ist. Hellwach – wacht Gott über uns. Ohne jede Ermüdung behütet er seine Geschöpfe.

Hellwach und ohne jede Ermüdung? Das unterscheidet Gott von
uns Menschen. Wir brauchen den Schlaf. Wir brauchen ihn Tag für
Tag, oder besser: Nacht für Nacht. Solange wir wach sind, machen
wir ja sozusagen ständig von uns selber Gebrauch. Man kann aber
nicht unerschöpflich von sich selber Gebrauch machen. Deshalb
müssen wir uns selbst regelmäßig entzogen werden. Im Schlaf sind
wir es. Keine Frage also: Schlaf muss sein. Wir brauchen die Pause,
in der wir nicht Herr über uns sind. Schlafend ist ja niemand Herr
seiner selbst. Da verfügt niemand über sich selbst. In einem gewissen
Sinn vergisst man sich selbst sogar, wenn man schläft. Und wenn man
nicht einschlafen kann, dann eben deshalb, weil man sich nicht vergessen kann. Gewiss, im Traum erinnern wir uns dann wieder. Aber das
doch nun so, dass wir nicht mehr Herr über uns selbst sind. Im Schlaf
beherrschen wir uns nicht mehr. Da lassen wir uns los. Und das ist gut
so. Gerade deshalb ist der Schlafende ja so wehrlos, und zwar wehrlos
nicht nur gegen andere Menschen, nicht nur gegen die ihn umgebende
Welt! Sondern wehrlos gerade auch gegen die eigenartige Welt, die
ein jeder in sich mit sich herumträgt und die sich dann nachts in
unseren Träumen so sonderbar bemerkbar macht. Schlafend sind wir
wehrlos gegen uns selbst.

Doch eben das kommt uns durchaus zugute. Im Schlaf, in dieser
Wehrlosigkeit nämlich schonen wir uns, werden wir auch von unseren
Mitmenschen geschont und in gewissem Sinne sogar verschont. Und
diese Schonung des Schlafes kommt dem wachen Leben zugute.
Ausgeschlafen können wir uns ja zumindest gegen uns selber wehren,
können wir mit einiger Aussicht auf Erfolg versuchen, uns selbst zu
beherrschen. Der Schlaf ist also durchaus so etwas wie eine schöp-
ferische Pause unseres Lebens. Er befähigt uns überhaupt erst, wach
zu sein und wach ganz da zu sein. Unausgeschlafen hingegen sind wir
selbst im sogenannten wachen Zustand nicht ganz da. Man dämmert
dann so dahin. Und das ist, wie jeder weiß, ein unangenehmer, ein
gefährlicher Zustand. Denn man wird dann für wach gehalten, hält
sich wohl auch selber dafür, gleicht aber dennoch eher den Schlafenden, ist wie sie nicht ganz da und wird gleichwohl nicht wie die
Schlafenden geschont. Es ist deshalb besser, wachend ganz da zu sein.
Das aber können wir nur, wenn wir der Schonung des Schlafes teilhaf-
tig geworden sind.

Bei Gott ist es anders. Wenn es von ihm heißt: er schläft noch
schlummert nicht, dann bedeutet das auf jeden Fall: Gott schont sich

nicht. Und er lässt sich nicht schonen. Er ist ganz da. Und er vermag
offensichtlich ganz da zu sein, ohne sich von Zeit zu Zeit vergessen zu
müssen. Gott ist ganz und gar Herr seiner selbst. Er beherrscht sich
selbst durch und durch. Und bleibt wach.

Das ist nun freilich noch kein tröstlicher Gedanke. Ein ewig wacher
Gott – der könnte uns ja immerhin auch Angst einjagen oder zumindest auf die Nerven fallen. Kinder hat man nicht selten damit geängs-
tigt: »Der liebe Gott sieht alles und hat dich längst entdeckt.« Und
mancher Mensch schleppt sein Leben lang die Zwangsvorstellung mit
sich herum, Tag und Nacht gleichsam unter Aufsicht zu existieren.
Der ewigwache Gott gliche dann eher einem Tyrannen, der seine
Untertanen niemals und nirgends aus den Augen lässt. Ist das gemeint,
wenn vom Hüter Israels die Rede ist, der weder schläft noch schlummert? Sind wir seinen Blicken noch wehrloser ausgeliefert als wir
unseren Mitmenschen und uns selbst ausgeliefert sind, wenn wir
schlafen? Ist Gott Herr seiner selbst, nur um rücksichtslos Herr über
uns sein zu können? Und um uns dann auch noch dazu zu zwingen,
unsere eigene Unterlegenheit einzugestehen und unsere unbestreitbaren
Mängel, Fehler, Fehltritte und Verfehlungen dazu? Sind wir seinen
Blicken so ausgesetzt, dass wir unsererseits nur die Augen niederschla-
gen können? Müssen wir vor ihm mit niedergeschlagenen Augen unser
Leben fristen?

Dagegen spricht, dass der Psalmist uns ausdrücklich auffordert, die
Augen aufzutun. »*Siehe*«, heißt es, *siehe*: »der Hüter Israels schläft
noch schlummert nicht.« Die Aufforderung gilt einem Pilger, der den
Tempel verlässt. Nach einer Pilgerfahrt zum Tempel in Jerusalem und
nach den Gottesdiensten im Heiligtum schickt er sich zur Heimreise
an. Und an der Schwelle des Tempels hebt er seine Augen auf. Wir
müssen diesen Blick nachvollziehen, wenn wir verstehen wollen, was
der Psalmdichter in seinem Lied verraten hat von sich selbst und von
seinem, von unserem Gott. Wir müssen sozusagen mit dem Dichter in
die Landschaft blicken, um zu verstehen. Denn:

Wer den Dichter will verstehen,
muss in Dichters Lande gehen.

Goethe hat das gesagt. Ein Dichter also. Und was für einer! Wenn
überhaupt von einem deutschen Poeten, dann kann man aus seinen
Werken erfahren, was ein Land, was eine Landschaft für Wirkungen
auf unser Leben hat. In unserer Sprache hinterlässt es seine Spuren,

tiefe, unauslöschliche Spuren. Was wir von Kindesbeinen an tagtäglich sehen, das prägt uns ja, ohne dass wir es eigens bemerken. Das prägt unsere Anschauung, aber sofort auch unsere Sprache. Der Sohn der Berge spricht eine andere Sprache als Klein-Erna und ihre Geschwister aus der norddeutschen Tiefebene. Die Landschaft, in der wir leben, hat die Anschauungskraft unserer Sprache gründlich geprägt. Wir merken das in der Regel kaum. Aber die Dichter, die gehen in ihren Liedern ihrer Sprache auf den Grund. Und sie lehren uns so, die eigene Welt mit neuen Augen zu sehen.

Was wir da zu sehen bekommen, ist allemal verarbeitete Lebenswelt. In Dichters Lande gehen – das heißt also nicht nur: in die Landschaft gehen, sondern zugleich: die Lebenserfahrungen kennen lernen, die man in dieser Landschaft macht. Wer in Dichters Lande geht, der trifft keineswegs auf eine unberührte Natur, in der der Mensch selber nicht vorkommt, oder wenn doch, dann allenfalls »zwei Männer den Mond betrachtend«. Nein, wer in Dichters Lande geht, den erwartet eine vom Menschen geprägte und wiederum den Menschen prägende Landschaft, eine Landschaft mit ihrer besonderen Arbeitswelt und mit ihren ganz spezifischen Lebenserfahrungen.

Auch unser Psalm, dieses Lied für Wanderer, am Tage und des Nachts zu singen, auch dieses Lied ist voll von den Spuren seiner Landschaft. »Ich hebe meine Augen auf zu den Bergen.« Berge versperren die Aussicht. Und zwar nicht nur die Aussicht auf die Gegend dahinter, sondern auch die Aussicht in die Zukunft dessen, der die Berge durchwandern muss. Denn in den Bergen lauern Gefahren. Da sind die natürlichen Gefahren der Bergwelt, in der ein falscher Tritt zum tödlichen Sturz führen, eine unkontrollierte Bewegung die giftige Viper zum tödlichen Biss reizen kann. Selbst der behutsamste Wanderer kann von einem plötzlichen Steinschlag erschlagen werden. Wer die Bergwelt liebt, weiß es am besten: Die Natur der Berge ist voll von solchen Gefahren. Doch dazu kommen noch ganz andere Unsicherheiten. Im Berg – da sind die Räuber. Die Geschichte von einem, der auf dem Weg nach Jericho durch das Bergland östlich von Jerusalem unter die Räuber gefallen ist, hat Jesus erzählt. Dergleichen kam häufig vor. Man musste auch damit rechnen. Der Wanderer, der durch diese Bergwelt hindurch muss, hat also schon einigen Grund, seine Augen besorgt aufzuheben zu den Bergen. Wird er durchkommen? Und wenn der befürchtete Fall eintritt, wenn aus der bloßen Gefahr die akute Not wird – wer wird ihm zu Hilfe kommen?

»Meine Hilfe kommt von dem Herrn, der Himmel und Erde gemacht hat.« Die Antwort, die unser Psalm gibt, bringt nun allerdings
noch einmal neues Leben in die Landschaft. Nicht nur die der Erde
verhafteten Menschen mit ihren besonderen Lebenserfahrungen haben
in diesem Psalm ihre Spuren hinterlassen. Sondern dieses Lied ist erst
recht voll von Spuren des Herrn, der Himmel und Erde gemacht hat.
Von ihm kommt Hilfe – sagt der Dichter.

Das kann man nun freilich nicht mehr aus der Kenntnis jener Landschaft verstehen. Um das zu begreifen, dass Hilfe vom Schöpfer Himmels und der Erden kommt, genügt es nicht, in Dichters Lande zu
gehen. Jetzt muss – mit Goethe geredet – das Dichten selber verstanden werden, also das, was den Dichter treibt, was ihn dazu bewegt, so
zu reden. Und:

> *Wer* das Dichten will verstehen,
> muss ins Land der Dichtung gehen.

Ins Land der Dichtung gehen – das heißt in unserem Fall: sich auf die
Erfahrungen einlassen, die ein solches Vertrauenslied möglich werden
ließen. Und das sind die Erfahrungen, die Israel mit seinem Gott
gemacht hat. Israel – das sind zwar Menschen in einer bestimmten
Landschaft. Aber mehr noch als die Landschaft gehört zu ihnen eine
bestimmte Geschichte. Und zu dieser Geschichte wiederum gehört
unter vielen Erfahrungen vor allem die eine: dass ein Gott da ist, dem
dieses Volk alles verdankt, was es hat und was es ist. Er hat es in
dieses Land geführt. Ohne ihn wäre es weder da, wo es ist, noch das,
was es ist. Kurz: Dieses Volk hatte auf allen seinen Wegen einen
Begleiter. Einen sehr fremden und sehr mächtigen, einen göttlichen
Begleiter. Und mit diesem göttlichen Begleiter hat es seine eigenen
Erfahrungen gemacht: befreiende Erfahrungen, beglückende Erfahrungen, in denen der fremde göttliche Begleiter diesem Volk näher kam
– so nahe, dass sich Vertrauen einstellte zwischen Gott und den Menschen dieses Volkes. Vertrauen entsteht immer aus nächster Nähe.
Bewähren muss es sich freilich, wo von dieser Nähe gerade nichts zu
spüren ist. Unser Vertrauenslied bezeugt die Nähe des Herrn, der
Himmel und Erde gemacht hat. Die Nähe also des allmächtigen Gottes, die Nähe einer schlechthin überlegenen Macht. Doch die Nähe
einer Supermacht, einer aus der Fremde kommenden zumal, hat normalerweise etwas Erschreckendes. Sie kann verheerend sein. Die Nähe
eines ichstarken Menschen z. B. kann sensible Naturen durchaus

erdrücken. Und nicht nur sensible Menschennaturen! Sogar in der Tierwelt kann man dergleichen beobachten. War doch soeben in der Zeitung zu lesen, dass der 15jährige Londoner Rhinozeros-Bulle »Mulunda« bei gewissen unzweideutigen Annäherungsversuchen der 10 Jahre jüngeren Rhinozeros-Dame »Myrtle« das Rückgrat gebrochen hat – worüber ihm selber dann freilich das Herz zerbrach. Der Londoner Zoo hatte danach vier Tonnen tote Rhinozeros-Masse zu beseitigen. Man kann daraus lernen, wie gefährlich die Nähe eines Starken werden kann.

Scherz beiseite! Wie oft wurde ein menschliches Rückgrat gebrochen, weil ein Stärkerer seine Nähe spüren ließ. Genau das aber gilt für Gottes Nähe nicht. Es gehört zu den beglückendsten und befreiendsten Erfahrungen der Menschheitsgeschichte, dass die Nähe des Schöpfers Himmels und der Erde, dass die Nähe des allmächtigen Gottes eben nicht erdrückend ist. Es nähert sich da gerade kein erdrückendes Über-Ich, das man nur fürchten, dem man sich nur unterwerfen, nur mit niedergeschlagenen Augen gehorchen kann. Gewiss, es ist der Herr, der Himmel und Erde gemacht hat. Aber wie übt der Allmächtige seine Macht aus?

Der Psalmist stellt ihn sich und aller Welt als einen *Behüter* vor. Schon in der Art und Weise, wie sich Gott dem Menschen nähert, macht sich das bemerkbar. Er schreckt nicht auf, lässt uns – bei aller Überraschung – nicht auffahren wie man aus einem Alptraum emporfahren mag des Nachts. Er lässt uns auch nicht zusammenfahren wie man zusammenfährt, wenn man bei irgendeiner Untat auf frischer Tat ertappt wird. Gewiss: er ertappt uns wohl, er trifft uns durchaus in bösen Träumen an. Und das nicht nur im Schlaf, sondern durchaus im wachen Zustand. Aber er weckt uns aus solchen Träumen nicht brutal, nicht erbost auf. Er tut es freundlich. Gott nähert sich behutsam. Und mit äußerster Behutsamkeit fasst er uns zerbrechliche Menschen an. Er geht anders mit uns um als wir mit uns selbst. Auch von unserem Unglauben lässt er sich nicht zu Demonstrationen seiner Gewalt bewegen. Gott schlägt nicht drein und schlägt nicht zu, nur um sich so unzweifelhaft in Erinnerung zu rufen. Die Bibel, die gern von Gottes rechtem Arm und viel von seinen Händen redet, kennt bezeichnenderweise keine göttliche Faust. Gottes Hand ballt sich nicht zur Faust.

Nein, unser Psalm redet ganz anders von Gott. Er nennt ihn einen wohltuenden Schatten. Wo die Sonne – wie im Orient – brutal auf den Wanderer niederbrennt, so dass der Sonnenstich droht, da will der

Herr, der Himmel und Erde gemacht hat, nichts weiter als der Schatten sein, der zwischen den Menschen und die ihn verderbende Sonne tritt. Man beachte: nicht die gewaltige Macht der Sonne, die die Menschheit seit Menschengedenken verehrt, wird zum Gleichnis für Gott, sondern der die glühende Gewalt der Sonnenhitze erträglich machende, der die brutale Macht des Lichtes lindernde Schatten: »Der Herr ist dein Schatten über deiner rechten Hand, dass dich des Tages die Sonne nicht steche.«

»... noch der Mond des Nachts«! Auch mit dieser seltsamen Feststellung wird Gott noch einmal als ein Behüter vorgestellt, der der Gewalt entgegenwirkt. Diesmal nun freilich nicht der nackten, brutalen Gewalt des Sonnenlichtes, sondern der listigen, vor allem den ohnmächtigen Schläfer anziehenden Gewalt des Mondscheins. Ebenfalls seit Menschengedenken wurde das fahle Licht des Mondes als eine Macht verehrt, in deren Schein allerlei Aberglauben gedeiht. Mondlicht ist erborgtes Licht, ist selber zutiefst zwielichtig. In diesem zwielichtigen Mondschein verbündet sich nach uralter Meinung »groß Macht« mit »viel List«. Mit Hilfe des von der Sonne erborgten Lichtes des Mondes meinte man Zaubermacht über einen anderen Menschen gewinnen und ihm dies und das anhexen zu können: Fieber und Aussatz z. B., aber auch ein böses Weib. Kein Wunder also, dass der dem freien Himmel schutzlos ausgesetzte Wanderer nicht nur den Sonnenstich am Tage, sondern mehr noch das stechende Licht des Mondes in der Nacht fürchtete. Doch ihn trägt eine Gewissheit: Gott ist mit diesen Zaubermächten, die im Mondschein gedeihen, nicht im Bunde. Gott tritt vielmehr dazwischen, er entzaubert das fahle Mondlicht, entzaubert dessen durch alle Zeiten hindurch so unheimlich anziehende Gewalt. Gottes Macht ist anderer Art. Weder mit nackter, noch mit unheimlicher Gewalt übt er Macht über uns aus. Sondern er tut es so, dass er unser Vertrauen erwirbt. Und so allein wird er wirklich hilfreich. Gott hilft allein dadurch, dass er Vertrauen findet. Vertrauen aber lebt von Bewährungen. Und es bewährt sich gerade da, wo es sich nicht von selbst versteht.

Im Tempel, im Heiligtum – da wusste man sich in Gottes Nähe. Da war man Gottes gewiss. Und das unterscheidet denn wohl die Gottesdienste des alten Israel von unseren Gottesdiensten. Wir kommen mit unseren Zweifeln und gehen oft mit noch mehr Zweifel wieder davon. Doch selbst wenn wir in einer solchen gottesdienstlichen Stunde wirklich Zuversicht geschöpft hätten und neues Vertrauen – es wäre nichts wert, wenn es bei der ersten Begegnung mit den Gefahren und Problemen des Alltags wieder in sich zusammensänke. Gottvertrauen – man sollte es zwar in unseren Gottesdiensten gewinnen! Aber bewähren muss sich unser Gottvertrauen jenseits der Tempelschwelle. Deshalb gibt es in unserem Psalm einen besonderen Segen für den Abschied vom Gottesdienst: »Der Herr behütet deinen Ausgang«! Gott selbst wird hier dem Menschen mit auf den Weg gegeben. Auf dem Weg durch unser so gar nicht heiliges Leben, mitten in allen Gefahren und Nöten ist er dabei. Und gerade dann, wenn wir wohl wissen möchten, wo er denn bleibt, ist er in nächster Nähe. Oft verschwiegen, oft kaum oder auch gar nicht wahrnehmbar, aber ohne zu ermüden, ohne sich selbst zu schonen.

Darin drängt sich deshalb alles Gottvertrauen zusammen: in der Gewissheit, dass unser Behüter weder schläft noch schlummert. Gerade wenn alles dagegen spricht, wenn alles nach einer göttlichen Gewalttat geradezu schreit und eben nichts dergleichen geschieht, gerade dann entscheidet sich, ob unser Vertrauen wirklich *Gottvertrauen* ist.

Zwei Absagen gehören deshalb zum rechten Vertrauen auf Gott. Die eine Absage ergeht an die Sorge, es möchte ein in die Geschicke der Welt so wenig sichtbar eingreifender Gott selber wohl am Verdämmern sein. Doch man schließe nur ja nicht aus dem Zustand der Welt auf den Herrn, unseren Gott! Vom Zustand der Welt lassen sich immer nur Schlüsse auf uns, Schlüsse auf die Menschheit ziehen. Wir mögen dahindämmern. Gott schläft nicht. Er ist kein ohnmächtiger Zuschauer – so wie wir, wenn wir schlafen, im Traum wohl unsere eigenen ohnmächtigen Zuschauer sind. Aber der Gegensatz zur Ohnmacht ist für Gott nun eben nicht einfach die Macht, gerade nicht der Gewaltakt.

Zum Gottvertrauen gehört deshalb eine zweite Absage. Sie gilt dem Wunsch, der Schöpfer Himmels und der Erden möge »mit groß Macht und viel List« beweisen, wer er ist. Groß Macht und viel List – das ist die Rüstung eines anderen, der sich nur gar zu gern mit Gott verwechseln ließe. Wir sollten ihm diesen Gefallen nicht tun. Gott vertrauen wir dann, wenn wir ihm mehr zutrauen als einem allmächtigen Chirurgen. *Gott* – nicht irgendeiner Macht, auch nicht einer abstrakten Allmacht, sondern eben: *Gott vertrauen* wir dann, wenn wir ihm zutrauen, dass er – statt in unsere persönliche Not und in das Elend der Menschheit gewaltsam *einzugreifen* – höchst persönlich *eintritt* in die Situation unserer Not und teilnimmt an allem menschlichen Elend, ohne sich selbst zu schonen.

Und das ist geradezu das Kennzeichen göttlicher Hilfe: dass er statt nur *einzugreifen* selber *eintritt und dabeibleibt* in unserem Leben. Und er tritt ein in unser Leben, indem er *dazwischen* tritt – wie jener Schatten zwischen den Wanderer und die Sonne tritt, den sie zu verbrennen droht. Er tritt dazwischen, wenn wir unsere eigenen Sonnen aufgehen lassen und einander mit unserer Macht gefährden. Er tritt dazwischen, wenn wir im erborgten Licht und Glanz unser Unwesen treiben. Und er tritt auch dazwischen, wenn ich mir selber gefährlich werde, wenn ein Ich sich zu verzehren droht oder sich selber so unheimlich wird, dass es vor sich selber die Flucht ergreift. Gott vertrauen heißt auch dann, ihn dazwischen treten lassen, damit er helfen kann – nicht mit irgendeinem gewaltsamen Eingriff, sondern mit sich selbst. Gott hilft nur mit sich selbst.

Nichts gegen Chirurgen, wir brauchen sie. Wir brauchen sie nur allzusehr. Aber *Gott* ist kein Chirurg, der die Welt mit höchst kunstvollen Eingriffen, aber doch eben allemal mit dem Messer am Leben erhält. Er schneidet nicht heraus, was böse und bösartig ist. Sondern er nimmt das Böse auf sich, und das Bösartige erträgt er. Und das ist es, was ihn unter uns wach hält. So also wacht er: Nicht um Verurteilte zu überwachen, sondern um für uns da zu sein – in nächster Nähe und gerade deshalb völlig verborgen, aber immer hellwach. *Amen.*

Kristlieb Adloff
Psalm 122

*Ich freue mich über die, die mir sagten: Lasset uns ziehen zum Hause
des HERRN!*
Nun stehen unsere Füße in deinen Toren, Jerusalem.
*Jerusalem ist gebaut als eine Stadt, in der man zusammenkommen
soll,*
*wohin die Stämme hinaufziehen, die Stämme des HERRN, wie es ge-
boten ist dem Volke Israel, zu preisen den Namen des HERRN.*
*Denn dort stehen die Throne zum Gericht, die Throne des Hauses
David.*
*Wünschet Jerusalem Glück! Es möge wohlgehen denen, die dich
lieben!*
*Es möge Frieden sein in deinen Mauern und Glück in deinen
Palästen!*
Um meiner Brüder und Freunde willen will ich dir Frieden wünschen.
*Um des Hauses des HERRN willen, unseres Gottes, will ich dein Bestes
suchen.*

Glück wünschen will ich Jerusalem mit dieser Predigt und bitte euch,
es mir nachzutun. Glück wünschen will ich der Stadt, die unser Herr
Jesus so sehr liebte, dass er Tränen über sie vergoss. Über Jahrhunderte hin war es Brauch in der christlichen Kirche, an diesem Sonntag,
dem zehnten Sonntag nach dem Trinitatisfest, der Zerstörung Jerusa-
lems im Jahre 70 n. Chr. zu gedenken – wo es recht geschah: in Buße
und Trauer über die *eigenen* Sünden. Um so mehr ist es heute an der
Zeit, dass wir uns mit*freuen* über die Heimkehr Israels in das wieder
aufgebaute Jerusalem: »Wünschet Jerusalem Glück! Es möge wohl
gehen, denen, die dich lieben!«
    Und die Tränen Jesu, von denen wir im Evangelium hörten: Sollen
wir sie vergessen? O nein. Aber sie haben's in sich, diese Tränen, und
wollen erst einmal von Grund auf verstanden sein. Von Grund auf
heißt: Jesus war zu Hause in den heiligen Schriften Israels – im

Gesetz, in den Propheten, in den Psalmen. Wer ihn sucht, der wird ihn
da finden. Und so höre ich seine Stimme aus unserem herrlichen 122.
Psalm, die Stimme eines frommen Juden, der in langer, beschwerlicher
Wallfahrt das Ziel seiner Sehnsucht erreicht: »Ich freute mich über
die, die mir sagten: Lasset uns ziehen zum Haus des Herrn!« »Nun
stehen unsere Füße in deinen Toren, Jerusalem.«

Ein ganz klein wenig können wir ahnen, was hier gesagt wird:
Liegt doch auch über unserem Kirchgang, wie bescheiden und frag-
würdig er sei, ein Glanz, der von weither kommt, von Jerusalem her.
Unser Gottesdienst ist eben keine »Veranstaltung«, die einer schnell
besuchen und verlassen, die er aus Bequemlichkeit durch Knopfdruck
am Fernsehapparat wie ein Fußballspiel zu Hause empfangen kann.
Nein, da ist ein Weg, der Zeit braucht und Zeit hat, viel Zeit. Sagt,
was ihr wollt: Jene kleinen Grüppchen, die da am Sonntagmorgen dem
Gotteshaus zustreben – sie sind kein trauriger, sie sind ein schöner und
tröstlicher Anblick. Diese Menschen treibt nicht ein kurzfristiger
Wunsch, sie gehorchen nicht dem Befehl eines Tyrannen oder der
allgemeinen Mode – sie folgen in Freiheit dem Gebot des Allerhöchs-
ten, dem Gott vom Zion. Wohl: Er braucht keine Stadt und kein Haus,
um darin zu wohnen, Er. Der uns in jedem Atemzug nahe ist. Aber
wir bedürfen des Ortes der Sammlung, und sei es auch nur, dass wir
unsere Gedanken, zerrissen unter den tausenderlei Dingen des Lebens,
von weither dorthin schicken, hin zu dem einen, was not ist. Und so
war und bleibt es – Gnade, dass Gottes Name sich mit diesem Felsen-
nest Jerusalem im Bergland von Judäa verband, Gnade auch für uns,
weil unser Gottesdienst nicht wäre ohne die Geschichte, die Gott der
Herr mit Jerusalem hatte und hat. Da lernt ihr ihn kennen, den lebendigen Gott, da, in dieser Stadt, wo die Steine, die Zeugen der Vergangenheit, zuletzt nicht Tod predigen, sondern Leben, Leben aus dem
Tod.

Die fremden Eroberer, die über die Stadt herfielen in Jahrtausenden:
Sie kommen, sie gehen – Assyrer, Babylonier, Perser, Griechen, ja:
und jene waffenstarrende römische Weltmacht, die 70 n. Chr. den un-
bändigen Freiheitswillen des kleinen jüdischen Volkes brutal erstickte
für lange Zeit – nur einmal noch flackerte er auf –, Araber dann,
christliche Kreuzfahrer, Türken, Engländer ... Nicht sie zählen in
dieser Stadt, nicht die Zerstörungen zählen, sondern die Auferstehun-
gen. »Es soll nicht durch Heer oder Kraft, sondern durch meinen Geist
geschehen« (Sacharja 4,6) predigt der siebenarmige Leuchter vor dem

Parlament in Jerusalem. Und an der heiligen Stätte, die unter der Herrschaft des jordanischen Königs *Hussein* vor 1967 mit Absicht geschändet wurde, an der Westmauer des zerstörten alten Tempels, die wir fälschlich Klagemauer nennen, da hört man jetzt das Lob des Gottes Israels – auch aus dem Munde der dem Holocaust Entronnenen.

»Jerusalem ist gebaut als eine Stadt, in der man zusammenkommen soll, wohin die Stämme hinaufziehen, die Stämme des Herrn, wie es geboten ist dem Volke Israel, zu preisen den Namen des Herrn.« Diesem Herrn folgt auch Jesus, als er als Wallfahrer mit Freude und Jubel in Jerusalem einzieht. Ja, mit Freude und Jubel zuerst und zuletzt: Denn Jesus kommt ja nicht nach Jerusalem, um sich von diesem blutrünstigen römischen Militärgouverneur Pilatus hinrichten zu lassen, sondern um mit seinem Leben und Sterben den Gott Israels zu loben und so von den Toten aufzuerstehen.

Wer ist dieser Gott, der ja nicht nur Israels Gott, sondern zugleich (auch) der Schöpfer der Welt ist, und so auch unser Gott, der Gott der Heiden geworden ist? In Jerusalem kennt man ihn als den Gott des *Rechtes.* »Denn dort stehen die Throne zum Gericht, die Throne des Hauses David.« Gottes Recht ist freilich etwas anderes als jene armselige menschliche Einrichtung, die wir kennen und »das Recht« nennen. Nicht, dass wir diese Einrichtung verachten dürften: Im Gegenteil. Auch sie ist von Gott, ein schwacher Abglanz des Göttlichen. Aber wir wissen auch, dass allzu oft das Recht gebeugt wird von der Macht. »Jedem das Seine«: Mit diesem stolzen Grundsatz des römischen Rechtes, das in der Christenheit siegreich wurde, kann man jeden hängen und kreuzigen, wie Pilatus nicht nur an Jesus bewiesen hat. Gottes Recht aber kommt gerade jenen Menschen zugute, die unter Macht und Gewalttat namenlos zu leiden haben. Sein Grundsatz lautet nicht: »Jedem das Seine« – sondern »Jedem das Eine«, jedem die Freude, einen Gott zu haben, der hilft, der rettet, der Frieden schafft. Wunderbare Gerechtigkeit, die sich nach dem Schwachen, dem Hilflosen richtet! Aber ihr versteht: An diese Gerechtigkeit muss ein Mensch glauben, weil man sie nicht ohne weiteres sehen kann. Auf sie muss er warten – mehr als die Wächter auf den Morgen. Um ihretwillen muss er auch leiden und weinen, wenn er sieht, wie das Unrecht triumphiert. So haben es die Propheten erfahren – so auch Jesus. Sie sahen, wie die Führer des Volkes ihren faulen Frieden mit der Macht geschlossen hatten, wie der Tempel zur Stätte des Unglaubens an Gottes Gerechtigkeit geworden war, und sie kündigten diesem Ort mit

Zorn und Tränen das Gericht Gottes an, weil Gott seine Güte und Geduld nicht missbrauchen lässt.

So war es damals – so wird es wohl bleiben in der Geschichte Israels und der Völker, solange, bis uns Blinden endlich die Augen aufgehen für die Herrlichkeit des einen, des unsichtbaren Gottes. Wir Deutsche haben vielleicht im letzten Krieg einen Anschauungsunterricht von Gottes Gericht erhalten, den wir niemals vergessen sollten. Und doch stocke ich an dieser Stelle. Nicht, dass ich nicht Ja sagen könnte zu der »Strafe«, die unser Volk für seinen verbrecherischen Wahnsinn erlitten hat ... Aber, was ist das, was ist dieses unser »Leiden« im Vergleich zu der unfassbaren Gewalttat, die dem schuldlosen Israel inmitten der Christenheit widerfuhr! Dafür finde ich keine Worte, auch und erst recht keine frommen Worte mehr. Fragen über Fragen! Zwar stimme ich nicht in den bisweilen leichtfertigen Chor derer ein, die angesichts dieser und anderer Geschehnisse Gott absagen, weil sie an seiner Gerechtigkeit verzweifelt sind. Ich finde eher umgekehrt: »Nach Auschwitz« muss man leidenschaftlicher als je zuvor auf Gott und seine Gerechtigkeit setzen, weil man sonst am Menschen verzweifeln müsste. Aber eben dies muss ich fragen: Haben wir, wir Christen, noch das Recht, zusammen mit den Juden den Gott Israels zu loben, nachdem wir nicht erst im Dritten Reich, sondern von den Anfängen der Christenheit an das von Gott erwählte jüdische Volk zum Sündenbock für unsere Sünden gemacht haben? Liegt am Ende der Fluch, den wir Israel angedichtet haben, auf uns selber? Deutet nicht die Friedlosigkeit und Unrast, die wir in der Kirche beobachten können, darauf hin? Auf diese Fragen gibt es – biblisch – nur eine mögliche Antwort, die leicht gesagt, aber schwer getan ist: Umkehr. »Ein jeder sein Gesichte mit ganzer Wendung richte fest nach Jerusalem« (EG 393,2). Was sehen wir denn da?

Auf dem Ölberg steht eine nach dem zweiten Weltkrieg erbaute Kirche mit dem schönen Namen *Dominus flevit*: »Der Herr weinte«. Wer diese Kirche betritt, der sieht durch das Fenster hinter dem Altar, also sozusagen durch die Tränen des Herrn hindurch, das heutige Jerusalem mit seinen Mauern und Kuppeln. Kein Himmelsbild, sondern eine höchst irdische Stadt mit schier unlösbaren Problemen, eine brisante Ansammlung von Menschen: Arabern – Christen, Mohammedanern – und Juden, Juden, die aus jahrtausendelangen Verfolgungen, zumal unter Christen, hier ihre Zuflucht suchen bei dem Gott, dessen Gerechtigkeit siegen muss auf Erden. Vielleicht sieht der christliche Besucher dieser Kirche die Stadt zuletzt, wenn er lange in der Kirche verweilte, durch seine eigenen Tränen hindurch, durch Tränen der Reue. Aber daraus sollen Freudentränen werden, wenn er erfährt, dass er hier in dieser Stadt wie anderswo unter den Juden Brüder finden kann, Freunde, keine Christen und doch leibhaftige Brüder Jesu, Gottesfreunde seit alters, seit Abrahams Zeiten, Menschen, die mit ihrer Existenz als Glieder des jüdischen Volkes und mit ihrer Treue zur Heiligen Schrift den einen Gott verkündigen, den Jesus uns anzurufen gelehrt hat. Wer solche Menschen gefunden hat, der mag voll Freude und von ganzem Herzen mit den Worten unseres 122. Psalms zu Jerusalem sagen: »Um meiner Brüder und Freunde willen will ich dir Frieden wünschen.« Friede: Dabei geht's gewiss auch um politische Lösungen in diesem heißumkämpften Gebiet. Aber es gibt keinen Frieden um den Preis des Rechtes, das Gott seinem Volk aufs Herz gebunden hat. Es wird heute viel geredet in der Welt von den »legitimen Rechten des palästinensischen Volkes«. Lasst uns vor allem anderen nach *Gottes* Rechten fragen, zusammen mit Israel! Noch ist es Zeit zu beweisen, dass nicht alter mörderischer Hochmut und Gier nach Öl, sondern brüderliche Liebe und Freundschaft um Jesu willen unser Handeln gegenüber den Juden bestimmt. Dann werden wir auch mit Freude, weil aus gereinigtem Herzen, unseren Gott, den Gott Israels wieder loben können.

Sehe ich Jerusalem so durch das Fenster der Kirche *Dominus flevit*, durch die Freudentränen des Gotteslobes hindurch im Glanz seiner Mauern und Paläste, so hat es nicht aufgehört, das irdische Jerusalem zu sein. Aber etwas Göttliches, etwas Himmlisches, etwas Ewiges hat sich doch hineingemischt. Jerusalem war und bleibt die Stadt, von der aus Gottes Segen in die Welt kam, auch zu uns hier nach Neviges. Vom alten Tempel in Jerusalem, den niemand anders wiederaufbauen wird als der Messias, stammt jenes Segenswort, mit dem wir unsere Gottesdienste beschließen: »Der Herr segne dich und behüte dich ... « So, mit diesem Segen, der jeden von uns in seinen Alltag begleitet, behalten wir Anteil am Tempel, den Jesus das Haus seines Vaters nannte und schließen uns mit dem Dichter unseres Psalmes in dem Vorsatz für Jerusalem zusammen: »Um des Hauses des Herrn willen, unseres Gottes, will ich dein Bestes suchen.« Das himmlische Jerusalem, von dem Juden und Christen träumen, wird der Sieg der Gerechtigkeit Gottes, wird das Ende aller Verzweiflung am Menschen sein. Es wird die Wahrheit dessen sein, was der Name Jerusalem vielfältig verheißt: *Jeruschalajim* – Schalom – Friede. Dafür ist Jesus Christus in dieser Stadt gestorben und auferstanden. Dafür beten, arbeiten, leiden wir – Juden und Christen –, daran glauben wir, mag auch eine Welt des Krieges und Hasses uns Hohn sprechen. Gott gab uns sein Wort, er schenkte uns im irdischen Jerusalem ein Abbild seiner Treue, ein Gleichnis des Himmlischen: Himmel und Erde werden voll sein von seiner Herrlichkeit, wenn seine Stunde gekommen sein wird. Haben wir von dieser Herrlichkeit nicht doch schon etwas gesehen? Durch alle Tränen hindurch?

So ist's beides, Dank und Hoffnung, was sich in unserem Glückwunsch für das wiedererstandene Jerusalem ausspricht: »Es möge Friede sein in deinen Mauern und Glück in deinen Palästen.« Amen.

Traugott Koch
Psalm 130 und EG 299

Aus der Tiefe rufe ich, HERR, zu dir.
Her, höre meine Stimme! Lass deine Ohren merken auf die Stimme
  meines Flehens!
Wenn du, HERR, Sünden anrechnen willst – Herr, wer wird bestehen?
Denn bei dir ist die Vergebung, dass man dich fürchte.
Ich harre des HERRN, meine Seele harret, und ich hoffe auf sein Wort.
Meine Seele wartet auf den Herrn mehr als die Wächter auf den
  Morgen; mehr als die Wächter auf den Morgen
hoffe Israel auf den HERRN. Denn bei dem HERRN ist die Gnade und
  viel Erlösung bei ihm.
Und er wird Israel erlösen aus allen seinen Sünden.

Liebe Gemeinde! Die Pastorin auf Helgoland hat mir im vergangenen Jahr zu Weihnachten ein Heft geschenkt, in dem sie Aufzeichnungen über die Totalzerstörung der Insel in den allerletzten Kriegstagen 1945 gesammelt hat. Frauen und Männer berichten, fünfzig Jahre danach, wie die britischen Bomber hundert Tonnen schwere Bomben auf die Insel abgeworfen und total alles zerstört haben, und wie dabei die angeblich bombensicheren Bunker – tief hineingetrieben in den Felsen der Insel, wie diese Bunker mit der ganzen Insel zu beben anfingen, die Wände zu bersten drohten. »Da«, heißt es in mehreren Berichten, »war niemand unter uns im Bunker, der nicht gebetet hätte.« – Wie lesen wir, Sie und ich, das: Haben die alle »aus tiefer Not« zu Gott gebetet – zu Gott gebetet aus letzter totaler Ausweglosigkeit, Hilflosigkeit, aus Angst um ihr Leben?

Der große Maler Lovis Corinth, noch immer überwältigend in manchen seiner Bilder, schrieb 1922 in sein Tagebuch, als es ihm wieder einmal gar nicht gut ging, schon lange war er durch einen schweren Schlaganfall mit rechtsseitiger Lähmung gezeichnet – er schrieb: »Mehrere Jahre sind über mein Schreiben vergangen. Ich nähere mich meinem 65. Lebensjahr. In diesem Alter sind meine Arbeitsgenossen

gestorben ... Wie lange es mir noch vorbehalten bleibt? Jedenfalls ist
mir an meinem Leben nichts mehr gelegen.« Und dann nach einer
Weile in derselben Aufzeichnung: »Ob durch Energie etwas zu erreichen ist? Ich will – und nichts wird mich hindern. ... Ich kann
alles, was ich will. Ich kann arbeiten, mehr und besser als ein Junger;
ich habe es erreicht, ... Mein Vater sagte: ›Du wirst schon beten
lernen, wenn du krank und unglücklich bist.‹ (Nein.) Der letzte Stroh-
halm, welcher den letzten Anker bedeutet? Das« – ich zitiere immer
noch Lovis Corinth – »das ist nicht mein Fall! ... Das gilt nicht,
krank und schwach Abbitte zu leisten und meine Überzeugung auf-
zugeben, die ich mein ganzes Leben durchgehalten habe; gegen einen
schwachen Augenblick, winselnd zu Kreuz kriechen. Das gilt nicht!
Heute ist mir nicht gut zumute. Ich werde aufhören, vielleicht später
das Weitere.« Ende dieser Tagebuchaufzeichnung. – Und wir? Ist das
auch ein Schrei aus der Tiefe?

Eines der allerletzten Bilder Lovis Corinths – als sich die Konturen
schon längst aufgelöst hatten, die Umrisse der Figuren nur durch
Farbkleckse als Farbkontraste gebildet wurden – eines dieser letzten
Bilder heißt: »Ecco homo«, also: Seht, den Menschen! Hinter dem
martialischen Blech des Soldaten die erbärmliche Armseligkeit – und
daneben die Würde des Geschundenen, ein aufrechter Blick. – Auch
das, denke ich, aus der Tiefe.

Wenn wir beginnen, die Not zu beschreiben, aus der gerufen, ge-
schrieen wird, dann werden wir nicht zuende kommen: die Not, wo
Menschen um ihr Leben zittern, zum Beispiel getreten, gemartert,
gefoltert; die Not einer schweren, lebenzerstörenden Krankheit bei
meinem Freund oder bei mir; die Not einer totalen Vergeblichkeit, wenn
ein Mensch am Ende ist. Jetzt wieder in den jüngst, endlich, veröffent-
lichten Gedichten von Inge Müller, der Frau des Ostberliners Heiner
Müller: »Ich schrieb und schrieb / Das Grün ins Gras / Mein Weinen /
Machte die Erde nicht nass / Mein Lachen / hat keinen Toten geweckt.«
usw. Ja, es ist so viel Not, so viel Elend auf der Welt: nicht aus-zusagen,
aus-zudenken. Und alle diese Not, alle Tiefe und alles Abgründige, alles
Selbstverlorensein und Sichselbstverlorengeben ist wohl immer ein
Schrei nach Rettung, nach Gott – und *so* ein Schrei an unsere Ohren. So
jedenfalls will alle tiefe Not von uns, jedenfalls von uns Christinnen und
Christen, gehört und wahrgenommen sein.

So vielartig, so vielschichtig, doch immer schrecklich die Not auch
ist, sie ist immer ganz subjektiv. Es leidet jeder, der leidet, für sich

allein. Und es will jede, die leidet, in ihrem Leiden, so wie sie ist, verstanden sein. Irgenwelche Allgemeinheiten oder gar Allgemeinrezepte helfen gar nichts, sind nur gemein.

Doch, jede Tiefe, jeder Abgrund an Not – ein Schrei nach Rettung, nach Lösung und Erlösung, ein verzweifelter Ruf nach Gott: lasst uns da weitermachen, weiterdenken. Was kann da helfen? Was kann da die Rettung, die Lösung und Erlösung sein? Was hilft wirklich? Liebe Gemeinde: Nur jetzt keine bloßen Worte, und seien sie noch so fromm, noch so dogmatisch korrekt, noch so biblisch. »Aus der Tiefe rufe ich, Herr, zu dir.« »Aus tiefer Not schrei ich zu dir.« Und – so fragen wir: Was hilft, was hilft heraus?

Sehen wir den Psalm an. Da kommt einer aus der Tiefe und ruft Gott an. Er weiß, würde Gott die Sünden aufrechnen und uns vorhalten, es wäre kein Bestehen vor Gott. Freilich, wer sich das klarmacht, der wird Gott fürchten, aber dennoch nicht ablassen, ihn anzurufen, auf Gott zu warten und seinen Zuspruch zu erhoffen. So reiht jener sich ein in die Gruppe derer, in das »Israel« derer, die auf Gott hoffen. Und so erfährt er im Hof des Tempels den priesterlichen Zuspruch, dass bei Gott Gnade und Erlösung ist und Gott Israel einst von allen Sünden erlösen wird. – Gut vorstellbar eine solche Situation und Gottesbegegnung im Tempel zu Jerusalem. Aber der Tempel ist für uns schon lange nicht mehr.

Und Luthers Lied: Da schreit ein Mensch – übrigens wie einige Jahre zuvor Luther selbst – aus der Sündennot zu Gott. Er schreit, er ruft, weil ihm die Sündennot unerträglich ist: Ein Mensch sieht sich selbst, sieht seine Fehler und Verfehlungen, seine Versäumnisse und sein Verschulden – und sieht, dass er da nicht rauskommt; sieht, dass kein Mensch mit sich ins Reine kommt, wenn er sich nur selbst betrachtet: er jedenfalls nicht. Und dieser daraus rufende Mensch erfährt: dass ihm schon längst, schon völlig von Gott vergeben ist und dass er nur aus sich herauskommen, alle Selbstbeobachtung und Selbstverurteilung hinter sich lassen muss und ganz Gott sich anvertrauen, ganz Gott glauben kann. Luthers Lied weiß genau, was die Rettung, was die Erlösung ist: »Bei dir gilt nichts denn Gnad und Gunst, die Sünden zu vergeben« – »bei Gott ist viel mehr Gnade.« Wer von uns wollte sagen, das sei nichts, diese Gewissheit fürs Leben, auch wenn »bei uns ... der Sünden viel« ist? Aber, ist das unser Leben und unsere Lebensnot? Ich antworte: Ja, aber nur zum Teil.

Denn: Was ist mit unserer übrigen Not: Helgoland 1945; die lebenzerstörende Krankheit und das unendlich Müdesein, sie zu ertragen;

Inge Müller und die tödliche Verzweiflung; und ... und ... und? Jede
Not hat immer zwei Seiten: das Schwere, Schreckliche, was uns da
zugefügt, was über uns hereingebrochen ist – *und* wie das ein Mensch,
eine Person, erträgt, aushält und besteht, wie sie davon selbst betroffen
ist. Immer will die Not, das Schwere, das Destruktive, – wie eine
schwere Krankheit, auch unser Innerstes, uns selbst zerstören, uns
aufreiben, zermürben. Immer geht sie an den Lebensnerv, treibt sie
dazu, uns den Boden wegzureißen und ins Sinnlose zu stürzen: »Ach,
es ist doch alles so sinnlos, wozu das Ganze, wozu?« »Ich schrieb und
schrieb / Das Grün ins Gras.« Immer will mir die Not den Glauben an
Gott zersetzen, mir den Glauben nehmen an die Wirklichkeit des
Guten und den, dass ich selbst im Guten bin, in Gott bin. Und sie will
das nicht nur; sie tut es, nur zu oft.

   »Aus der Tiefe rufe ich, Herr, zu dir. Herr, höre meine Stimme.«
Gibt es für diesen Ruf, für diese Klage aus der Tiefe, eine Antwort,
eine Erhörung, eine Erlösung? »Er hilft aus Not, der treue Gott« (EG
364,1) – »in wie viel Not hat nicht der gnädige Gott über dir Flügel
gebreitet« (EG 317,3). Ja, ja; aber wie geschieht das, wie ereignet sich
das bei einem Menschen wie bei mir und Dir?

   Ich höre: Das sei immer ganz subjektiv, das lasse sich gar nicht
verallgemeinern. Ja, natürlich, es soll ja ganz subjektiv sein, wie die
Not ganz subjektiv erlebt wird – wie denn sonst? Ja, dafür, für die
ganz subjektive Not, etwa wenn jemand am Ende ist, dafür ist nach
der ganz subjektiven Erlösung und Befreiung aus der Not gefragt: Wie
um alles geschieht das, wie könnte das geschehen? Dafür müssten sich
doch Worte finden lassen, ganz subjektiv.

   Ich versuch' mal zu formulieren: Alle Appelle helfen gar nichts,
machen die Sache nur schlimmer. Es muss da etwas bei dem Betroffenen geschehen, vielleicht ganz zufällig, plötzlich und unerwartet.
Etwas, das mich anspricht, anrührt und bewegt, dem ich nur zustim-
men, das ich nur bejahen kann, weil ich darin mich endlich wieder
selber finde, weil ich darin selbst gefunden bin. Das kann über einen
Menschen kommen wie ein Anwehen von außen, und er wird niederfallen, ohne zu wissen, wie ihm geschieht – und neu gestärkt auf-
stehen, wieder frei atmen, endlich in der Weite, im Offenen sein. Eine
Studentin schrieb: »Tiefe. / Stumm starrend / Stunde um Stunde /
bewegungslos im Sessel / Geräusche prallen dumpf auf / ohne mich zu
erreichen / unfähig mich zu bewegen / hindere ich mich am Denken
/ am Schreien nicht fähig mich zu erinnern / kann ich auch nicht

wispern / und dennoch wird eine zarte Berührung / zu einem aufdringlichen Stupsen / Gottes / und ohne es mir zuzutrauen / stehe ich wieder und / atme.«

Oder es kann auch sehr anders sein: Mit einer unfraglichen Evidenz geht einem Menschen auf an einem Spruch, an den Worten, die eine Andere, ein Anderer, ihm sagt: dass doch ungefälschte Liebe ist, und er spürt, dass da ein Anderer ist, der ihn versteht. Ganz unerwartet, ganz überraschend erfährt man das, unverdient umsonst, aber wahrlich nicht vergebens. Oder es leuchtet auf einmal ein, dass die ganze Verzweiflung ein leidenschaftliches, aber tief dunkles Verlangen nach einem Stück Liebe, nach Achtung und Verstandenwerden ist *und* dass man das doch nicht vom Anderen sehnsüchtig verlangen kann, sondern dass ich selbst dazu fähig bin, selbst das kann: »nicht dass ich geliebt werde, sondern dass ich liebe, nicht dass ich verstanden werde, sondern dass ich verstehe« (EG 825).

Wohl denen, die um solche Lösung, Erlösung aus der Not beten können. Und gegeben sei uns allen, sich hineinnehmen zu lassen in die alle und alles umfassende Bewegung der Liebe, die Gott ist – und die wirklich ist in jedem Funken von Liebe, in jeder Spur von Freundlichkeit – trotz allen Elends und trotz aller Not.

»Bete ins Dunkle, dass es zerreißt«, schrieb der Schauspieler Ernst Ginsberg, als ihn die Krankheit bereits gelähmt hatte. Er schrieb das auch für uns. »Amen, das ist: es werde wahr. Stärk unsern Glauben immerdar« (EG 344,9).

Antonius H. J. Gunneweg
Psalm 139 und Johannes 16–23a

Herr, du erforschest mich und kennest mich. Ich sitze oder stehe auf, so weißt du es; du verstehst meine Gedanken von ferne. Mein Wandern und Ruhen, du hast es ausgemessen. Denn, siehe, es ist kein Wort auf meiner Zunge, das du Herr, nicht kenntest. Von hinten und vorn umschließt du mich und legst auf mich deine Hand. Solche Erkenntnis ist mir zu wunderbar und zu hoch; ich kann sie nicht begreifen. Wo soll ich hingehen vor deinem Geist und wo soll ich hinfliehen vor deinem Angesicht? Stiege ich zum Himmel empor, so bist du dort, bettete ich mich in der Unterwelt, siehe so bist du auch da. Nähme ich Flügel der Morgenröte und ließe mich nieder am äußersten Meer, so würde selbst dort deine Hand mich ergreifen und deine Rechte mich fassen. Spräche ich, nur Finsternis möge mich decken, und Nacht sei das Licht um mich her, so wäre auch Finsternis nicht finster vor dir und die Nacht leuchtete wie der Tag. Für mich aber, wie schwer sind deine Gedanken, o Gott, wie gewaltig ist ihre Summe.

Erforsche mich, Herr, und erkenne mein Herz, prüfe mich und erkenne, wie ich's meine, und siehe, ob ich auf bösem Wege bin, und leite mich auf ewigem Wege.

In dem Sonntagsevangelium spricht Jesus ein Rätselwort: »Über ein kleines (d. h. eine kleine Zeit), so werdet ihr mich nicht sehen; und abermals über ein kleines, so werdet ihr mich sehen, denn ich gehe zum Vater.« Die Jünger verstehen dieses Wort nicht, und es entwickelt sich ein Dialog zwischen ihnen und Jesus, der mit Jesu Wort schließt: »Ihr habt zwar nun Traurigkeit; aber ich will euch wiedersehen, und euer Herz soll sich freuen, und eure Freude soll niemand von euch nehmen. Und an dem Tage werdet ihr mich nichts fragen.«

Liebe Gemeinde! Der katholische Alttestamentler Alfons Deißler schreibt in seinem Kommentar, Psalm 139 gehöre zu den besonders kostbaren Perlen des Psalters. In der Tat, wer spürt nicht die poetische

Kraft, die Dichte der Sprache, die hier gesprochen wird: »Nähme ich Flügel der Morgenröte und ließe mich nieder am äußersten Meer, so würde selbst dort deine Hand mich ergreifen.« Gleichwohl, der Psalm will uns nicht primär einen poetisch ästhetischen Genuss vermitteln, sondern als Auslegung unserer Situation und unseres Lebens ernstgenommen werden. Und da haben moderne Menschen heute doch wohl ihre Schwierigkeiten: Sind das nicht doch Äußerungen eines noch kindlichen, ungebrochenen, ja naiven Glaubens, auf uns gekommen aus einer noch heilen Welt und einer noch heilen Zeit, aus dem, wie man wohl gesagt hat, jugendlichen Alter der Menschheit? Eine besonders kostbare Perle religiöser Poesie, aber so kostbar, dass sie uns unerreichbar und unerschwinglich ist. Wir sind Menschen – und dafür können wir doch nichts – die durch Reformation, Aufklärung, Rationalismus, Historismus und nun in diesen letzten Zeiten durch eine technologische Revolution hindurchgegangen sind und die Neigung verspüren, ohne alle religiöse Poesie das Gegenteil von Psalm 139 zu sagen: Wo immer auf Erden ich suche und grabe und forsche, Gott ist nicht da; wie gründlich ich noch einmal und abermals alles Physikalische analysiere, Gott ist nicht da; und nähme ich Flügel der Morgenröte und flöge bis zum Mond und noch weiter, demnächst bis zum Mars, was immer ich dort auch entdecke, Gott ist auch dort nicht da.

So möchten wir reden, und wenn nicht reden, dann doch mehr oder weniger heimlich denken. Deshalb vorab drei grundsätzliche Vorbemerkungen: Erstens: Die biblischen Zeugen waren gewiss keine Raumfahrer, und von heutiger Technologie hatten sie keine Ahnung, aber dass Menschen Gott sehen, Gott in diesem vordergründigen, trivialen Sinn beobachten, feststellen könnten, so primitiv wie manche angeblich so aufgeklärten Leute heute sind, die da etwa schreiben, was vor kurzem an allen deutschen Kiosken zu lesen stand: »Ist Gott ein Mann?« – So primitiv waren die biblischen Zeugen nicht. Zweitens: Die Heilige Schrift bleibt stumm – vielleicht sehr schön, aber stumm –, wenn wir meinen, auch nur ein einziger Vers entstamme einer heilen Zeit ungebrochenen, unangefochtenen Glaubens. Eine solche Zeit und eine solche heile Welt hat es nie gegeben; das ist keine gläubige Feststellung, sondern beruht auf schlichtem historischem Wissen. Glaube und Frömmigkeit waren vor zwei- und dreitausend Jahren im Prinzip ebenso angefochten wie heute auch. »Ich glaube, hilf meinem Unglauben« – einen anderen Glauben kennt die Bibel Alten und Neuen Testaments schlechterdings nicht. Und Drittens: Das Gesagte können wir jetzt auf Psalm 139 anwenden. Auch hier wird nicht aus einem naiven, ungebrochenen Glauben heraus von Gott, seiner Allgegenwart und Allwissenheit in höchsten poetischen Tönen geschwärmt. Vielmehr, diese Allgegenwart und Allwissenheit haben vor allem und zumeist etwas Beängstigendes, Bedrängendes; sie bedeuten für den Menschen eine letzte Unentrinnbarkeit, wie ein Vogel oder ein Insekt, das sich in einem geschlossenen Raum verfangen hat und nicht herausfindet; wohin immer der Mensch sich wendet, ins Helle, ins Dunkle, ins Hohe oder ins Tiefe; welche Kenntnisse er auch immer erwirbt, in wieviele Früchte der Erkenntnis er beißt, er verliert wohl seine Unschuld, aber es bleibt eine letzte Abhängigkeit, eine letzte Fremdbestimmung: Keiner hat sich selbst geboren und Stunde und Ort gewählt. Und es bleibt ein allgegenwärtiges, letztes Geheimnis um einen jeden von uns.

Das ist das Besondere an diesem alles andere als naiven Psalm: Der Mensch verstanden als eingefangen in Raum und Zeit und ausgeliefert an, stoßend auf ein Geheimnis. Es ist sein eigenes Geheimnis und doch nicht sein, denn er selbst vermag es nicht zu lösen. Er mag diese letzte Frage verdrängen, aber verdrängt er sie an der einen Stelle, so taucht sie an anderer Stelle sogleich wieder auf. Die Decke unseres Wissens und unseres Verstehens ist so oder so zu kurz, und die Blöße kommt immer wieder zum Vorschein, es ist unsere eigene Blöße. Da mögen wir uns einbilden, die wichtigsten Fragen nun doch beantwortet und die wichtigsten Daten gespeichert zu haben, und nun sind sie sozusagen auf Abruf und auf Knopfdruck parat. Allein, das wichtigste Datum fehlt, es ist unser eigenes Datum, unser eigenes Gegebensein oder, wie der Philosoph sagt, Geworfensein. Das ist die Lücke, die offene Stelle im System, und keine Systemtheorie vermag sie zu schließen. Die Wahrheit als Entbergung des Verborgenen ist keine menschliche Möglichkeit, sondern beängstigende Unmöglichkeit – auch heute in einer Welt, die viel weiß und viel Wissenschaft hat und alle Tage noch hinzulernt. Gleichwohl, wir holen Psalm 139 nicht ein, und nähmen wir Flügel der Morgenröte.

Der Psalm nennt allerdings dieses letzte Geheimnis JHWH. Dieser Name wird in den christlichen Übersetzungen mit »Herr« wiedergegeben, und dieser Herr, wir wissen es, ist Gott. Aber machen wir es uns an dieser Stelle nur ja nicht zu leicht: Die Antwort: »Gott ist das Geheimnis der Welt« verschiebt die Frage ja nur. Denn wer ist Gott und wie entscheidet dieses »Gott« genannte Wesen über uns und über die Welt, und was hat er vor, mit Ihnen, mit mir, mit der Welt? Das ist das große Fragezeichen. Bis zu diesem Punkt führt uns der Psalm, bis zu dieser Frage, und diese Frage ist – das ist genau zu beachten – eine Bitte, gerichtet an ein Du:»Siehe du, ob ich auf bösem Wege bin, auf verlorenem Wege ins Nichts, und leite du mich auf ewigem Wege.« Damit, mit dieser als Bitte formulierten Frage endet der Psalm 139; die Antwort wird nicht mitgeteilt.

Und in der Tat, die Antwort auf die Frage nach Gott und uns ist keine Mitteilung und kann niemals Mitteilung sein; nicht ein »so und so ist es und nun weißt du es«; nicht etwas wird mitgeteilt, sondern wenn überhaupt eine Antwort ergeht, dann so, dass Er selbst sich mitteilt, sich erschließt, sich entbirgt, begegnet.

Aber machen wir uns auch jetzt nichts zu leicht und seien wir nicht allzu sicher. Ich kann Ihnen an dieser Stelle nicht etwas sagen, was, wie der fürchterliche und auch dumme Spruch lautet, so sicher ist, wie das Amen in der Kirche. Hier ist gar nichts sicher. Über Ihn, seine Antwort und seine Begegnung verfügen wir nicht, auch nicht in der Kirche und auch nicht im Gottesdienst. Aber vielleicht verstehen wir jetzt, nachdem wir durch die Schule von Psalm 139 geschult sind im rechten Fragen, was Jesus den fragenden und nicht verstehenden Jüngern – uns, den fragenden und nicht verstehenden Jüngern – sagt:

»Eine kleine Zeit, und ihr werdet mich nicht sehen, und wiederum eine kleine Zeit, und ihr werdet mich sehen.« Das ist gewiss nicht nur Weissagung auf Himmelfahrt und Wiederkunft, sondern auch und noch grundsätzlicher: Gott begegnet und entschwindet und begegnet und entschwindet in sein Geheimnis, wie der Auferstandene erscheint und geradezu leibhaftig begegnet, gar mitgeht auf dem Wege mit den beiden Jüngern nach Emmaus, ihnen die Schrift auslegt und das Brot bricht, dass sie ihn erkennen – und doch wieder entschwindet: Eine kleine Zeit und wiederum eine kleine Zeit, je und je, wann Er will, wenn Er will, sein Wort sagen, uns sein Wort verkündigen lassen will, das uns sagt: Ich bin's, fürchte dich nicht. Ich bin das Geheimnis, das dich unentrinnbar festhält – und nähmest du Flügel der Morgenröte, mir entkommst du nie und nimmer und nirgends. Und doch zugleich: Ich bin's, für dich gestorben, für dich auferstanden, der dich unverlierbar geborgen hält und dich auf ewigem Wege führt.

Wenn Er das, sagt, so ist dies »der Tag, an dem wir Ihn nichts mehr fragen werden, auch wenn noch so viele Fragen und Rätsel uns umgeben, weil unsere eigene Fragwürdigkeit, die Fragwürdigkeit unseres Lebens und unserer Todverfallenheit sich verwandelt hat in die Freude nicht von dieser Welt, Ihm begegnet zu sein und Ihm abermals über eine kleine Zeit begegnen zu dürfen. Das ist die Freude, die niemand von uns nehmen kann.

Und wann ist diese Zeit? Wann er will und wenn er will, so auch heute, so dass wir mit dem Lied bekennen können: »Erschienen ist der herrlich Tag, dran niemand sich g'nug freuen mag.« Amen.

Hinrich Stoevesandt
Psalm 145

*Ich will dich erheben, mein Gott und König, und deinen Namen prei-
sen immer und ewig!*

*Täglich will ich dich preisen und deinen Namen rühmen immer und
ewig!*

*Groß ist der Herr und hoch zu loben, und seine Größe ist unerforsch-
lich.*

*Ein Geschlecht rühmt dem andern deine Werke und verkündet deine
mächtigen Taten.*

*Von der Macht deiner furchtbaren Taten sagen sie, deine Großtaten
will ich erzählen.*

*Das Gedächtnis deiner großen Güte verkünden sie und jubeln ob
deiner Gerechtigkeit.*

Gnädig und barmherzig ist der Herr, langmütig und reich an Huld.

*Der Herr ist gütig gegen alle, und sein Erbarmen waltet über all
seinen Werken.*

Es preisen dich, Herr, all deine Werke, und deine Frommen loben dich.

*Sie rühmen die Herrlichkeit deines Reiches und reden von deiner
Macht, dass sie den Menschen deine Machttaten kundtun und die
hehre Pracht deines Reiches.*

*Dein Reich ist ein Reich für alle Ewigkeit, und deine Herrschaft währt
von Geschlecht zu Geschlecht.*

*Der Herr ist treu in allen seinen Worten und gnädig in all seinem
Tun.*

Der Herr stützt alle, die da fallen, und richtet alle Gebeugten auf.

*Aller Augen warten auf dich, und du gibst ihnen ihre Speise zu seiner
Zeit.*

Du tust deine Hand auf und sättigst alles, was lebt, mit Wohlgefallen.

*Der Herr ist gerecht in allen seinen Wegen und gnädig in all seinem
Tun.*

*Der Herr ist nahe allen, die ihn anrufen, allen, die ihn mit Ernst
anrufen.*

Er erfüllt der Gottesfürchtigen Begehr, er hört ihr Schreien und hilft ihnen.

Der Herr behütet alle, die ihn lieben, alle Gottlosen aber wird er vertilgen.

Mein Mund soll das Lob des Herrn verkünden, und alles Fleisch lobe seinen heiligen Namen, immer und ewig!

Bei Joseph geht es Schritt für Schritt. So erleben wir es hier ja gerade mit in der Predigtreihe über die dramatische Geschichte Josephs aus dem ersten Buch der Bibel. Bei ihm geht es Schritt für Schritt; und manche, wohl geradezu die meisten der Schritte scheinen nicht vorwärts zu führen, sondern rückwärts oder irgendwohin seitwärts. Nur manchmal blitzt in den verworrenen Wegen all der beteiligten Menschen etwas von *Gott* auf, etwas davon, dass sie nicht einfach nur verblendet, ziel- und heillos hin- und herlaufen, sondern in ihrer ganzen Verblendung *geführt* werden, dass ihre Irrwege einem heilvollen Ziel entgegenlaufen. Weit sind wir in jener Predigtreihe noch entfernt von der Einsicht, die Joseph am Ende der Erzählung seinen Brüdern gegenüber ausspricht: »Ihr gedachtet es böse mit mir zu machen, *aber Gott* gedachte es gut zu machen« (1. Mose 50,20).

Heute aber, hier im 145. Psalm, sind wir auf einmal schon wie am Ziel. Der Blick ist frei, so wie er am Ende von Josephs langer Geschichte frei war. Offen liegt da, was dem endlich, nach so vielen Tiefen und Höhen, ins Recht gesetzten und die Brüder in dieses Recht hineinziehenden, mit ihnen zum Frieden gekommenen Joseph am Ende sich eröffnet hatte: »*Aber Gott* ... « Ganz allein ist das übriggeblieben, was Gott zu tun gedachte, was er durch die endlose Kette von menschlichen Irrungen und Wirrungen hindurch, verborgen und kaum einmal auf einen Augenblick ahnungsweise sichtbar, getan hat, worauf er mit alledem hinauswollte. Ganz allein ist das übriggeblieben. Und wie weggewischt ist alles das, was auf dem langen Wege dorthin gesündigt, gelogen, betrogen, was da gelitten, gebangt, gehungert wurde. Wie weggewischt auch das, was an menschlicher Umsicht, Geduld, Klugheit, Güte mitgegangen ist auf jenem Weg, je und dann seinen Beitrag geleistet hat, dass er sich seinem Ziel näherte. Weggewischt die Hoffnungen und Verzweiflungen, die die Menschen erfüllt, angetrieben, gehemmt haben. Weggewischt alles, was diese altertümliche, orientalische, märchenhafte Geschichte für uns Menschen einer anderen Zeit in so anderen Lebensumständen ohne weiteres nacherlebbar, was sie zu einem Spiegel von Geschichte überhaupt, unserer eigenen Geschichte, was sie so farbig und spannend macht.

Weggewischt – nicht vergessen! Nein, vergessen ist nichts von dem, was die Geschichte an Herrlichkeiten und an Entsetzlichkeiten, an Freuden und Leiden birgt, was sie zur Menschengeschichte macht. Warum wäre sonst so viel Menschengeschichte in der Bibel erzählt und uns zum Nacherleben, zum Wiedererkennen unserer eigenen Geschichte vorgelegt? Und vor allem: Wie könnte es vergessen sein, wenn es doch diese Geschichte ist, in der Gott seine Hand, mit der Gott seine Absicht hat, ganz anders, als unsere Absichten sind, verborgen unter dem, was uns widerfährt und was wir tun, aber gerichtet auf uns, auf unser Tun und Erleiden?

Vergessen ist nichts davon – wie ja auch das Buch der Psalmen voll ist von allen Facetten des Menschlichen: von preisendem Rückblick auf die Geschichte Gottes mit seinem Volk, von Dank für Erhörung und Errettung nicht nur, sondern ebenso von tiefem Elend und schreiender Not, von trostloser Klage und wilder Anklage, von Krankheit, Verfolgung, Hunger und Durst, von seliger Freude wie von verzweifeltem Entbehren. Aber am Ende auch des Psalmenbuches ist der Blick frei auf Gott selbst, auf Gott allein, alles andere ist wie weggewischt.

Gott allein – das hat nun allein das Wort. *Lobgesang* ist angesagt. Einer führt hier das Wort, einer, der »Ich« sagt: »Ich will dich erheben, mein Gott und König ... Täglich will ich dich preisen ... deine Wunder will ich besingen ... deine Großtaten will ich erzählen«, und zum Schluss noch einmal: »Mein Mund soll das Lob des Herrn verkünden.« Aber das ist auch schon alles, was er von sich sagt; und dann heißt es nur noch »du« oder »er«, der Herr, und wieder »er« und wieder »du«, in buntem Wechsel. Um ihn selber geht es ihm gar nicht und ebensowenig um ein einsames Zwiegespräch mit Gott, bei dem er keine Zeugen gebrauchen kann. Im Gegenteil; bald heißt es »du«, bald heißt es »er«: der Wechsel ist ganz zufällig. Denn dieser »Ich«, der von sich selber gar nichts sagt, weil das hier ganz gleichgültig wäre, er redet *zu* Gott und redet *von* Gott so, dass alle mit ihm im Gottesdienst Versammelten es hören und dass alle einstimmen können. Er redet oder singt im Namen aller, ob sie durch stilles Zuhören oder durch Mitsingen einstimmen, ob das Gotteslob die Form des Sologesangs (oder auch etwas prosaisch die der Predigt), ob es die des Chorgesangs mit höherer musikalischer Kunst oder ob es die des anspruchslosen und manchmal etwas krächzenden Gemeindegesangs hat.

Es ist *Gottesdienst*. Und das heißt: Da kommen Menschen zusammen, viele oder wenige; sie kennen einander gut oder flüchtig oder gar nicht; sie bringen alle ihre unübersichtlichen, ihre bedrückenden, ihre stolzen Geschichten mit, sie leben gemeinsam in einem bald ruhigeren, bald stürmischen Moment der Weltgeschichte. Was verbindet sie? Dies, dass sie, hier versammelt, ein *Amt* haben: »Gott loben, das ist unser Amt«, wie wir vorhin gesungen haben. Das ist Gottesdienst, dass dieses Amt vorhanden ist und dass Menschen da sind, die es wahrnehmen.

Wie kommen sie dazu? Wie kommen *wir* dazu, wir, die wir hier zum Gottesdienst versammelt sind? Doch nicht etwa dadurch, dass uns gerade jetzt ausgerechnet danach zumute wäre, Gott zu loben! Und schon gar nicht dadurch, dass wir vorübergehend einmal uneingeschränkt zufrieden wären, zufrieden mit uns selber und hartgesotten genug, mit der ganzen Welt ringsum zufrieden zu sein, gefühllos genug, um unsere Augen abzuwenden von allen Plätzen dieser Erde, an denen Gebeugte *nicht* aufgerichtet, Hungrige *nicht* gesättigt werden, das Schreien der Gottesfürchtigen allem Anschein nach *nicht* gehört wird. Aber ist denn Zufriedenheit mit uns selbst und mit der Welt die Voraussetzung für das Lob Gottes? Sollte ein Wegsehen von allem, was die Zufriedenheit stören kann, sollte solche Unehrlichkeit der Preis dafür sein, dass Gott überhaupt gelobt werden kann?

So hat Israel es nie gemeint, so kann die christliche Gemeinde es nicht meinen: »Gott loben, das ist unser *Amt*« – und nicht eine Beschäftigung für Ruhepausen, für unbeschwerte Ferientage, für kürzere oder längere Momente ungetrübten Glücks. Es ist überhaupt nicht eine Beschäftigung für solche, die gerade einmal dazu aufgelegt sind. Das Lob Gottes hat nichts damit zu tun, dass die, die es anstimmen, mit sich selbst zufrieden sind. Im Gegenteil, wenn sich in das Gotteslob, wie das so leicht passiert, Selbstzufriedenheit, ein verschwiegenes Eigenlob einschleicht, dann wird es unaufrichtig, dann wird es verunreinigt. Und das Lob Gottes ist etwas anderes als Ausdruck des Einverständnisses mit dem Weltlauf. Gewiss, es nimmt den Dank in sich auf, den Dank für eigenes und fremdes Wohlergehen und Glück, für Erhörung, Bewahrung, Trost, für jede Wendung zum Guten. Aber es lebt nicht davon, dass wir solche Dinge erleben. Es hat seinen Grund nicht in uns und nicht in der Welt. Es hat seinen Grund, so lehrt uns

der Psalmist und spricht es uns zu, in Gottes *Namen*: »Täglich will ich
dich preisen und deinen Namen rühmen immer und ewig! Mein Mund
soll das Lob des Herrn verkündigen, und alles Fleisch lobe seinen
heiligen Namen immer und ewig!«

Die Menschen, die da zusammenkommen und sich ernannt finden
zu dem Amt, Gott zu loben, sie wissen – nein, sie wissen es auch
nicht so viel besser als die anderen, oft genug bleibt ihnen das Lob
Gottes im Halse stecken –, aber sie lassen es sich mal um mal wieder
sagen: Wenn es etwas unbedingt zu loben gibt, dann ist es der Name
Gottes. Und wenn der Name gehört wird, dann gibt es keine andere
Antwort darauf als das Lob.

Mit dem Namen Gottes ist es in bestimmter Hinsicht wie mit dem
Namen eines Menschen. Der bloße Name sagt einem nichts, wenn
man von seinem Träger nichts weiß. Je besser man aber den betreffen-
den Menschen kennt, desto mehr sagt der Name. Es gibt Namen, die
Mitleid erregen, andere Namen, die Furcht oder sogar Abscheu erwecken. Es gibt Namen, die gute Erinnerungen auftauchen und freudige Erwartungen aufkeimen lassen. Ein Name steht für ein Gesicht,
für eine Person, für deren Geschichte und für die Geschichten, die an
dem Namen haften. Wird der Name aber nicht mehr genannt, so wird
sein Träger vergessen.

So ist es mit dem Namen Gottes. Er hebt ihn ab von anderen, von
Menschen – gerade auch von den Menschen, die an ihn glauben –,
von dem, was Menschen denken und sich unter Gott vorstellen mögen,
von anonymen Kräften, die z. B. Bezeichnungen mit -ismus tragen und
gewaltige Macht ausüben. Gottes Name wird da laut und füllt sich für
unsere Ohren mit Inhalt, mit den Zügen eines Antlitzes, wo das wei-
tergeht, was der Psalmist staunend und beglückt beschreibt: »Ein
Geschlecht rühmt dem anderen deine Werke und verkündet deine
mächtigen Taten. Das Gedächtnis deiner großen Güte verkünden sie
und jubeln ob deiner Gerechtigkeit.« Niemand weiß es von sich aus,
niemand liest es aus der stummen Natur, aus seinem eigenen Leben
oder gar aus den täglichen Nachrichten ab, dass Gott dabei ist.

Das *hört* man, wo Menschen es an Menschen weitergeben, eine
Generation an die andere, vom alten Israel bis zu uns. Ein kleines
Volk war es damals und heute wieder, weltgeschichtlich unauffällig.
Und oft genug ist es unbeholfen, kleinlaut, halbherzig, durchsetzt mit
Eigensinn, Rechthaberei, Irrtum, was da weitergegeben wird, oft genug
droht es ganz zu versiegen. Aber wie schwach und gebrochen auch

immer, der Strom der Weitergabe geht bis in diesen Gottesdienst heute morgen hinein. Gottes Name macht sich hörbar; und der Psalmist lädt alle, die dabei sind, ein, es ihm nachzusprechen:»Deine Wunder will ich besingen, deine Großtaten will ich erzählen.«

Darum vertiefen wir uns in die Geschichte jenes Joseph, darum erzählen wir uns und lassen wir uns erzählen die Geschichten von Jesus Christus, die Geschichte Jesu Christi. Darum erwarten wir, dass die Bibel, die vielfältige Urkunde jener Weitergabe von Geschlecht zu Geschlecht, uns brockenweise, portionsweise erkennen lässt, wer Gott ist. Und immer hat es mit Wundern zu tun. Immer mit etwas, was wir nicht sowieso schon sehen und wissen und was die Bibel uns nur bestätigen würde.

Aus Gottes Taten setzt sich sein Name zusammen. Der Dichter unseres Psalms hat es, zusammen mit anderen Psalmisten, Propheten und biblischen Erzählern und in mehr oder weniger wörtlicher Einstimmung mit ihnen, gewagt, eine Art Summe zu ziehen und Gottes Namen zu umschreiben:»Gnädig und barmherzig ist der Herr, langmütig und reich an Huld. Der Herr ist gütig gegen alle, und sein Erbarmen waltet über all seinen Werken.« Dass das auch schmerzliche Erfahrungen einschließt, dass Menschen es auch hart zu spüren bekommen, wenn sie von Gott nichts wissen wollen, das ist an anderer Stelle im unmittelbaren Zusammenhang dieser Worte ebenfalls ausgesprochen. Es unterbricht, es stört das Gotteslob nicht. Es darf aber, wie in diesem Psalm, auch einmal schweigen. Denn es ändert nichts an der einen Erkenntnis und dem einen Bekenntnis, dass der unaussprechlich große Gott laut der Geschichte, die sein Volk von ihm erzählt, das gute und das schlimme Tun von uns Menschen, unser Ergehen und unser Erleiden, sich zu Herzen gehen lässt, dass der unausdenklich hohe Gott sich selber erniedrigt hat bis zum Tode Jesu Christi am Kreuz.

Das sagt Gottes Name. Und wo er wirklich gehört, wo er nicht mit anderen Namen oder namenlosen Mächten verwechselt wird, weckt er das Echo des Lobes Gottes. Einen anderen Grund hat dieses Lob nicht. Es dient keinem Zweck. Es scheint die zweckloseste, die überflüssigste Handlung in der Welt zu sein. Und doch ist es der Hort der Zuversicht gegen eine letzte, alles verzehrende Zwecklosigkeit. Der große niederländische Theologe Kornelis Heiko Miskotte, dessen 100. Geburtstag in dieses Jahr fällt, hat einmal geschrieben, im Gottesdienst kämen die Menschen zusammen, »nicht um ihre Erlebnisse auszutauschen, sondern um gemeinsam zu bezeugen, was jeder weiß, um gemeinsam zu wissen, was jeder auf seine Weise zu gegebener Stunde sehr klar bezeugen kann: dass alles, alles Unsinn ist, wenn nicht einmal *alles, was Odem hat*, den Herrn loben kann. Gibt es etwas aufder Welt, was ergreifender wäre als die Zusammenkunft der Gemeinde – in dieser Welt, die nicht weiß, was sie ist, was sie will, was sie soll, die die eine Richtung so gut einschlagen kann wie die andere und auf tausend Wegendoch immer in derselben bekümmert oder ernsthaft dreinschauenden Hoffnungslosigkeit endet? Ein Kirchturm in der Landschaft, ein Lied, das aus den Portalen über den Platz webt, an unsere ertaubten Ohren schlagend oder sie streichelnd, ein bisschen anwehender Klang, der auf kein Interesse aus ist, der von ferne zu hören ist wie ein Kinderlied oder auch wie ›eine Interesse aus ist, der von ferne zu hören ist wie ein Kinderlied oder auch wie, eine Stimme vieler Wasser‹, ohne Zweck; ein Erheben des Herzens, das, als werde es begleitet von der letzten Posaune, das Axiom (d. h. die unerschütterliche Voraussetzung) des menschenwürdigen Daseins, die Voraussetzung jeder wertbeständigen Freude ausspricht; ein Häuflein Menschen aus allen Ständen, Parteien und Schichten, das Weltanschauungen und Lebenshaltungen, Konzeptionen und Programme zerschmelzen sieht in Gottes abgründigem Licht … – was ist damit zu vergleichen?«

Wie »eine Stimme vieler Wasser« – nach dem Ausdruck aus der Johannes-Offenbarung (19,6) – braust dieser Psalm dahin. Man hört vor allem den Grundakkord in immer wieder neuer Instrumentierung: »Groß ist der Herr und hoch zu loben.« »Es preisen dich, Herr, alle deine Werke … Sie rühmen die Herrlichkeit deines Reiches.« »Dein Reich ist ein Reich für alle Ewigkeit … Der Herr ist treu in allen seinen Worten und gnädig in all seinem Tun.« Der Sänger des Psalms ist mitgerissen von dem, was der Name Gottes umschließt, und mitreißen will er alle, denen das Amt des Gotteslobes in diesem Augenblick gegeben wird.

Erst bei näherem Hinhören schälen sich Einzelheiten heraus. Sie stehen unter dem Vorzeichen dieses »alles«, »alle«. Da heißt es denn, dass der Herr *alle* stützt, die da fallen, *alle* Gebeugten aufrichtet, *allen* ihre Speise gibt zu seiner Zeit, *alles*, was da lebt, mit Wohlgefallen sättigt, *allen*, die ihn mit Ernst anrufen, nahe ist, ihr Schreien hört und ihnen hilft. Nimmt dieser Dichter nicht da, spätestens da, den Mund zu voll? Es ist wohl keiner unter uns, dem bei diesen Tönen nicht erst einmal etwas ungemütlich wird.

Aber nochmals, liebe Gemeinde, es wird ja nicht der Weltlauf gelobt, es wird keine Summe aus dem gezogen, was wir vor Augen haben. Der Psalmist weiß sehr wohl, dass die Welt voll ist von Gebeugten, von Menschen, die straucheln und fallen, voll von Schreien, die sich an Gott oder auch nicht an Gott richten, voll von »Gottlosen«, die kein Wort des Lobes über die Lippen bringen und ein stiller oder lauter Vorwurf an die Lobenden sind. Es ist gerade wie in der Geschichte aus dem Evangelium, die wir gehört haben (Mk 7,31–37): *Einem* armen Menschen wird geholfen, *ein* Taubstummer gewinnt Sprache und Gehör. Mehr nicht; aber die Umstehenden brechen erstaunt in das einhellige Lob aus: »Er hat alles wohl gemacht; die Tauben macht er hören und Sprachlose reden.« An einer Stelle hat Verschlossenes – ein Ohr, ein Mund – sich aufgetan, und sofort gehen andere Münder auf zum jubelnden Lob. Was sie sagen, greift weit über den Augenblick hinaus. In dem einen Wunder blitzt *das* Wunder auf, in der einen Errettung das Antlitz Gottes, der Gehalt seines Namens.

Und es ist alles anders, als es gewöhnlich geht, wo wir geneigt sind, das Wiederhochkommen der Gestrauchelten, die tägliche Speise, die Behütung unseres Lebens vor äußeren und inneren Gefahren stumpf als selbstverständlich hinzunehmen und wegen der Leiden den lieben Gott anzuklagen oder anzuzweifeln – oder auch, abgestumpft, wie wir sind, alles nicht weiter schwer zu nehmen, solange es uns selbst erträglich geht. Es ist alles anders. Wird ein Fallender gestützt und ein Gebeugter aufgerichtet, finden Hungernde ihre Nahrung, werden wir selber satt, erfüllt der Herr unser Begehr, so ist das jedesmal ein Augenblick, in dem Gottes Güte durchschimmert und sein Name Widerhall findet, jedesmal ein Zeichen, ein Vorzeichen seines ewigen Reiches. Und wir werden hellhörig und erkennen solche Zeichen. Sind wir nicht auf allen Seiten von ihnen umgeben?

Was können wir anderes sagen, als, zum Vorausschauen auf sein Reich verlockt: »Mein Mund soll das Lob des Herrn verkünden, und alles Fleisch lobe seinen heiligen Namen immer und ewig!« Amen.

Manfred Oeming
Psalm 150

Halleluja!
Lobet Gott in seinem Heiligtum, lobet ihn in der Feste seiner Macht!
Lobet ihn für seine Taten, lobet ihn in seiner großen Herrlichkeit!
Lobet ihn mit Posaunen, lobet ihn mit Psalter und Harfen!
Lobet ihn mit Pauken und Reigen, lobet ihn mit Saiten und Pfeifen!
Lobet ihn mit hellen Zimbeln!
Alles, was Odem hat, lobe den HERRN! Halleluja!

Liebe Gemeinde, ist es nicht so, als ob man in Psalm 150 die Stimme eines engagierten Chor- und Orchesterleiters vernimmt? Ich höre ihn förmlich mit seinem Dirigentenstab kraftvoll auf das Pult klopfen und ausrufen: »He, ihr Leute vom Chor, lobet Gott mit etwas mehr Feuer, bitte! In diesem Lied ist Zug drin, und hallo, ihr Posaunenbläser! Den Einsatz nicht verpassen! Und *jetzt* die Pauken!« Ich kann mir diesen Psalm sehr gut im Munde eines temperamentvollen, expressiv-dramatisch veranlagten Dirigenten vorstellen, der immer mehr Menschen gekonnt einbezieht und sie dahin bringt, mitzusingen und sich am Lobgesang zu beteiligen. »Alles, was Odem hat, lobe den Herrn!« Ein fröhliches, ja ausgelassenes *fortissimo tutti* des Glaubens! So sollte der Gottesdienst sein, damit er allen Freude macht.

Ist das alles nicht viel zu vollmundig, mag mancher denken? Wer kann schon so ausgelassen singen, wenn er in die Zeitung schaut? Erdbebenopfer im Mittelmeerraum, Mord und Totschlag in der GUS, der Krisenherd Naher Osten, Religionskrieg in Ost-Timor – bleibt einem der Gesang da nicht im Halse stecken? Man braucht aber nicht in die weite Welt hinauszuschweifen. Kommt man bei uns mit unseren Abgasen, mit unserer Ozonbelastung nicht ins Husten? Die Fülle der Probleme, die wir nicht nur vor der Haustür, sondern mitten in unseren eigenen »vier Wänden« haben, die tritt mir und Ihnen allen doch immer wieder klar ins Bewusstsein. Ist da so ein ungebrochenes Freu-

denlied nicht fast sogar zynisch? Ist dieser Psalm ein oberflächliches
»Liedchen«, ein antiker Schlager, zum religiösen Schunkeln, aber bloß
nicht zum drüber Nachdenken? Werden am Ende des Psalters die
ganzen abgründigen Klagen doch wieder mit einem »Hit« zugedeckt
und ästhetisch überspielt?

Es ist sehr bemerkenswert, dass die Bibel die Lieder, die Psalmen,
die Lobgesänge der Gemeinde durchgängig ans Herz legt.»Singt!
Singt dem Herrn! Singt ihm ein neues Lied!« Der Grund dieser kons-
tanten Mahnung ist eine tiefe religiöse und psychologische Einsicht:
Lieder können tiefere Dimensionen ansprechen als die oberflächlichen
Erfahrungen. Wir fixieren uns schnell und leicht auf das Negative.
Leicht werden wir missmutig oder bitter angesichts der uns umgeben-
den Probleme. Das ist auch eine Form der Realitätsferne. Tiefschür-
fender Kritizismus und aufgeklärte Ängstlichkeit sind der Wirklichkeit
nicht mehr angemessen als oberflächliche Glücksschlager. Gegen
beides ist Musik ein Heilmittel. Musik ist kein Opium fürs Kirchen-
volk, sondern für mich ist Musik im guten Sinne *bewusstseins-
erweiternd*. Sie schafft Zugänge zu Gefühlen und Erkenntnissen, die
sonst im Alltagsbewusstsein leicht verengt oder verschüttet werden.
Musik hält den Blick frei für die Wahrnehmung von Dur *und* Moll,
den freundlichen *und* den traurigen Seiten der Realität. Es macht
nämlich eine gewaltigen Unterschied, ob ich einen Text nüchtern
spreche oder ihn singe. Das gilt besonders für Texte des Glaubens.
Zwar werden die gleichen Worte verwandt, aber das gesungene Wort
ist von ganz anderer Wirkung, ja von ganz anderer Qualität. Es ist
plötzlich keine Alltagssprache mehr, es ist der Banalität und der
Hektik enthoben. Musik schafft Ordnung und gehobene Stimmung, sie
ist wesensmäßig meditativ – wie ein Raum, in dem alles klar struk-
turiert und gefällig arrangiert ist. Musik vermittelt in hohem Maße
Stimmungen und Gefühle. Manchmal ist der Text gar nicht wichtig;
bei mir selbst oder mehr noch bei meinen Kindern erlebe ich, dass sie
Lieder »ganz toll« finden, obgleich sie vom Text kein Wort verstehen.
Musik entfaltet einen eigenen Zauber, der verborgene Elemente der
Realität erkennbar macht. Eichendorff dichtet:

Schläft ein Lied in allen Dingen,
die da träumen fort und fort
und die Welt fängt an zu singen,
triffst du nur das Zauberwort.

Vielleicht haben sie es in diesem Gottesdienst auch ein wenig gespürt. Lieder erschließen Wirklichkeit, die dem bloß verstandesmäßigen Zugriff entzogen sind. Woher kommt diese Wirkung des Singens und der Musik?

Am intensivsten und tiefsinnigsten über Musik nachgedacht hat wohl der atheistische Philosoph Arthur Schopenhauer. Für ihn ist die Musik Abbild der Welt; die Töne spiegeln die Ordnung der Welt; sie drücken klar und unmittelbar aus, was Wirklichkeit ist. Er schreibt in »Die Welt als Wille und Vorstellung«: »(D)eshalb ist die Wirkung der Musik so viel klarer und eindringlicher als die Wirkung aller anderen Künste: denn diese reden nur vom Schatten, sie aber vom Wesen. Die Musik ist unmittelbarer Ausdruck des Willens selbst. Daher ist ihre Beziehung zur Welt eine sehr innige, unendlich wahre und richtig treffende, weil sie von jedem augenblicklich verstanden wird und eine gewisse Unfehlbarkeit dadurch zu erkennen gibt, dass sich ihre Form auf ganz bestimmte, in Zahlen auszudrückende Regeln zurückführen lässt.« Wenn das stimmt, dann müsste man daraus eine Konsequenz ziehen, die Schopenhauer freilich nicht gezogen hat. Wer Musik hört, begegnet darin dem innersten Kern des Lebens, und das bedeutet für mich: er begegnet Gott. In der Musik bricht die jenseitige Welt in das Diesseits ein.

Das, was Schopenhauer mit dem »unmittelbaren Ausdruck des Willens« meint, was ich als unmittelbare Begegnung zumindest mit einem Aspekt Gottes anspreche, hat Augustinus wieder anders zu erfassen versucht: Für ihn ist Musik das »Bild der Schöpfung Gottes«. Der große Kirchenvater hat die Musik als ein Geschenk Gottes verstanden, das zum Lobe Gottes dient und zur Erneuerung des Herzens, zu »recreatio cordis«.

Sehr viel einfacher, aber vielleicht auch eindringlicher hat es der alt gewordene schwarze Jazztrompeter Louis Armstrong gesagt. Auf die Frage, woher er die Kraft habe, in seinem Alter noch solche Musik zu machen, und warum er das noch tue, sagte er mit seiner dunklen Reibeisenstimme kurz: »I wish to make the poeple happy.« Die Menschen »glücklich« machen, das meint nicht im vordergründigen Sinne, ihre Probleme zu verkleistern und alles Negative zu überspielen, sondern ihnen den Grund zur Lebensfreude wieder spürbar und bewusst zu machen.

Was der Psalm allgemein sagt, was der Psalmenbeter konkret sagt, hilft mir, besser zu verstehen, was *Gegenwart Gottes* heißt. Der Psalm verweist singend und musizierend auf den Himmel, auf Gottes Taten in der Geschichte, auf seine unermessliche Größe; berichtendes und beschreibendes Lob in großer Dichte. Man muss die knappen Formeln mit Erfahrungen ausfüllen, mit der Bibel, mit der eigenen Biographie. Das Geheimnis des Glaubens, dass Gott Mensch wird, dass die Ewigkeit in die Zeitlichkeit hineinstrahlt, wird mir durch das Singen zugänglicher. Es ist gewiss ein widervernünftiger Satz: »Das Kind in der Krippe ist Gott und Mensch zugleich«. Feuer und Wasser kommen in diesem Kind zusammen, Himmel und Erde vereinen sich beide. Meine Vernunft kann davor immer nur kapitulieren. Aber mein Singen hilft mir, dieses Paradox zu verstehen. Lieder sind Ausdruck der himmlischen Wirklichkeit, die im Alltag leicht übersehen wird. Diese Botschaft, dass Gott zu uns Menschen kommt, damit uns Menschen unendliche Würde und Wert verleiht, macht mich froh. Es ist, mit Augustin zu sprechen, fürwahr eine recreatio cordis, eine »Wiedererschaffung« oder »Erholung des Herzens«.

Schließlich möchte ich mit Louis Armstrong sagen: Sinn der Lieder und der Musik ist: To make the people happy.

Manche haben gesagt – und ich meine zurecht –, dass das Orgelspiel bei uns in der Peterskirche jeden Sonntag eine Art »zweite Predigt« wäre. Wenn die erste, die worthafte Predigt, auch mal nicht so mitreißend und auferbauend sein sollte, dann hat schon sehr oft die zweite, die nonverbale Predigt, die Musik den Gottesdienst als ganzen klingen lassen. Die Orgel ist gleichsam der zweite Prediger für alle Fakultäten. So begreife ich die Musik als fest angestellte Verkünderin in unserer Gemeinde. Luther lobte die Musiker, weil durch sie »die Leute zur Freude des Glaubens gereizt werden und gerne singen«. So werden die gewaltigen Probleme der Welt durch das Singen zwar nicht gelöst, aber die Musik erschließt einen Blick auf die Fülle der Welt, auf den Grund der Freude, auf die Gegenwart Gottes. »Alles, was Odem hat, lobe den Herrn, Halleluja.« Amen.

Zu den Predigern und ihren Predigten

KRISTLIEB ADLOFF (geb. 1934), Pfarrer in Pullach und Bochum-Langendreer-Wilhelmshöhe, bis 1996 Dozent für Biblische und Praktische Theologie am Missionsseminar Hermannsburg.
Predigt über Psalm 122 gehalten am 10. Sonntag nach Trinitatis (19. August) 1979 in Neviges. Unveröffentlicht.

KARL BARTH (1886–1968), Professor für Dogmatik in Göttingen, Münster, Bonn und Basel.
Predigt über Psalm 46,2–4.8 gehalten am 23. Juni 1940 in Madiswil/Schweiz. Abgedruckt in: Karl Barth, Predigten 1935–1967, Karl Barth-Gesamtausgabe I/26, hg. von Hartmut Spieker und Hinrich Stoevesandt, Theologischer Verlag Zürich, Zürich 1996, S. 202–208 (wiedergegeben ohne Anmerkungen).

GERHARD BAUER (1928–1986), Leiter des Praktisch-Theologischen Ausbildungsinstituts (PTA) in Berlin.
Predigt über Psalm 23 gehalten als Predigt im Konfirmationsgottesdienst am 2. Mai 1976 in Starnberg. Abgedruckt in: Gerhard Bauer, Gottes Wort ist wandelbar, Berlin 1992, S. 84–88.

CHRISTOPH BIZER (geb. 1935), Professor für Praktische Theologie in Göttingen.
Predigt über Psalm 107,1–5 gehalten am 2. Sonntag nach Trinitatis 1991 in der Universitätskirche St. Nikolai in Göttingen. Unveröffentlicht.

RUDOLF BOHREN (geb. 1920), Professor (em.) für Praktische Theologie in Heidelberg.
Predigt über Psalm 1 gehalten am 2. August 1959 in Grindelwald. Abgedruckt in: Rudolf Bohren, Seligpreisungen der Bibel – heute, © Neukirchener Verlag, Neukirchen-Vluyn ³1974, S. 9–16.

CHRISTOPH BLUMHARDT (1842–1919), Pfarrer in Bad Boll.
Predigt über Psalm 22,23–32 gehalten am 11. November 1899 in Bad Boll. Abgedruckt in: Christoph Blumhardt, Ihr Menschen seid Gottes! Predigten und Andachten aus den Jahren 1896–1900, Zürich 1928, S. 398–406.

LUKAS CHRIST (1881–1957), Pfarrer in Waldstatt in Appenzell und in Pratteln-Augst. Präsident der evang.-reformierten Kirche des Baselgebietes.
Predigt über Psalm 113 gehalten am 12. Juni 1944 zu Beginn der Abgeordnetenversammlung des schweiz. Kirchenbundes in Liestal. Veröffentlicht als Sonderdruck, der dem Hg. mit großer Freundlichkeit zugänglich gemacht wurde von Frau Agathe K. Christ aus Basel, die den Abdruck dankenswerterweise erlaubte.

FRITZ DÜRST (geb. 1927), Pfarrer u. a. in Elm (Kanton Glarus), Binningen-Bottmingen bei Basel, von 1968–1991 Münsterpfarrer in Bern.
Predigt über Psalm 8 gehalten am 9. Dezember 1990. Unveröffentlicht.

WALTHER EISINGER (geb. 1928), Professor (em.) für Praktische Theologie in Heidelberg.
Predigt über Psalm 85,2–14 gehalten am 7. November 1993 in der Heiliggeistkirche in Heidelberg. Unveröffentlicht.

ANTONIUS H. J. GUNNEWEG (1922–1990), Professor für Altes Testament in Bonn.
Predigt über Psalm 130 gehalten am 20. April 1986 in der Kreuzkirche Bonn. Unveröffentlicht. Abdruck mit freundlicher Genehmigung von Frau Irene Gunneweg, Bonn.

CHRISTOPH HINZ (1928–1991), Studentenpfarrer in Halle, Leiter des Pastoralkollegs in Gnadau, Probst in Magdeburg.
Predigt über Psalm 80 gehalten am 6. Mai 1984 in den Pfeifferschen Stiftungen Magdeburg zum Jahresfest. Unveröffentlicht. Abdruck mit freundlicher Genehmigung von Frau Roswitha Hinz.

KATHARINA HÜBNER (geb. 1940), Pfarrerin in Bellach (Kanton Solothurn) und seit 1978 am Universitätsspital Zürich. Im Nebenamt Supervisorin CPT.
Predigt über Psalm 62 gehalten am 15. Oktober 1989 im Universitätsspital Zürich. Unveröffentlicht.

EBERHARD JÜNGEL (geb. 1934), Professor für Systematische Theologie und Religionsphilosophie in Tübingen.
Predigt über Psalm 121. Aus: Eberhard Jüngel, Unterbrechungen. Predigten IV, München 1989, S. 31–39. Abdruck mit freundlicher Genehmigung des Autors.

TRAUGOTT KOCH (geb. 1937), Professor für Systematische Theologie und Sozialethik in Hamburg.
Predigt über Psalm 130 gehalten am 30. Juni 1996 im Universitätsgottesdienst in St. Katharinen in Hamburg. Unveröffentlicht.

WERNER KRUSCHE (geb. 1917), 1968–1983 Bischof der Evangelischen Kirche in der Kirchenprovinz Sachsen.
Predigt über Psalm 103 gehalten am Bußtag 1991. Unveröffentlicht.

RUDOLF LANDAU (geb. 1946), Pfarrer der Evangelischen Landeskirche in Baden in Ahorn-Schillingstadt und Boxberg-Schwabhausen.
Predigt über Psalm 84 gehalten am 24. August 1997 in den Evangelischen Kirchen in Schillingstadt und in Schwabhausen im Zuge der Predigtreihe: »Mit Psalmen predigen«. Unveröffentlicht.

MANFRED OEMING (geb. 1955), Professor für Altes Testament in Heidelberg.
Predigt über Psalm 150 gehalten am 19. September 1999 in der Peterskirche in Heidelberg. Unveröffentlicht.

LOTHAR PERLITT (geb. 1930), Professor em. für Altes Testament in Göttingen.
Predigt über Psalm 30 gehalten am 11. Mai 1980 im Universitätsgottesdienst in Göttingen. Unveröffentlicht.

GERHARD VON RAD (1901–1971), Professor für Altes Testament in Heidelberg.
Predigt über Psalm 43 gehalten am 14. Januar 1962 in der Universitäts-(Peters-)Kirche in Heidelberg. Abgedruckt in: Gerhard von Rad, Predigten, München 1972, S. 99–106 © Chr. Kaiser/Gütersloher Verlagshaus, Gütersloh.

CARL HEINZ RATSCHOW (1911–2000), Professor (em.) für Systematische Theologie und Religionsphilosophie in Marburg / Lahn.
Predigt über Psalm 66 gehalten am 15. Januar 1978 in Marbach bei Marburg/Lahn. Abgedruckt in: Carl Heinz Ratschow, Leben im Glauben. Marbacher Predigten, Stuttgart und Frankfurt am Main 1978, S. 125–133.

GERHARD SAUTER (geb. 1935), Professor für Systematische und ökumenische Theologie in Bonn.
Predigt über Jona 2 gehalten am 19. Januar 1997 im Universitätsgottesdienst in der Schloßkirche Bonn. Unveröffentlicht.

KLAUS SCHWARZWÄLLER (geb. 1935), Professor em. für Systematische Theologie in Göttingen.
Predigt über Psalm 90 gehalten am Bußtag (17. November 1999) in der Johanniskirche in Witten innerhalb der Predigtreihe »Zeitpunkte«. Unveröffentlicht.

MANFRED SEITZ (geb. 1928), Professor (em.) für Praktische Theologie in Erlangen.
Predigt über Psalm 37,3 und 5 gehalten am 4. Mai 1994 in der Universitätskirche Erlangen im Semesteranfangsgottesdienst. Unveröffentlicht.
Predigt über Psalm 43,3 und Psalm 87,7b gehalten am 2. November 1989 in der Universitätskirche Erlangen im Semesteranfangsgottesdienst. Unveröffentlicht.

RUDOLF SMEND (geb. 1932), Professor em. für Altes Testament in Berlin, Münster und Göttingen.
Predigt über Psalm 24 gehalten am 11. April 1976 (Palmarum) in der Universitätskirche St. Nikolai in Göttingen. Unveröffentlicht.

HARTMUT SIERIG (1925–1968), Pfarrer an St. Katharinen in Hamburg.
Predigt über Galater 4,4–7 und Psalm 2,1–7. Abgedruckt in: Don Quixote und der Menschensohn. Predigten, Hamburg 1970, S. 83–90.

LOTHAR STEIGER (geb. 1935), Professor em. für Praktische Theologie in Heidelberg.
Predigt über Psalm 91,15 mit Psalm 42,7 gehalten am 16. Februar 1997 (Invokavit) in der Universitäts-(Peters-)Kirche Heidelberg. Unveröffentlicht.

HINRICH STOEVESANDT (geb. 1931), 1966–1971 Landespfarrer der Evangelischen Kirche im Rheinland als Dozent an der Evangelischen Jugendakademie in Radevormwald. Seit 1971 Leiter des Karl Barth-Archivs in Basel und verantwortlicher Herausgeber der Karl Barth-Gesamtausgabe.
Predigt über Psalm 145 gehalten am 24. Juli 1994 im Basler Münster. Abgedruckt in: Basler Predigten 58, 9, 1994, Friedrich Reinhardt Verlag Basel.

HEINZ EDUARD TÖDT (1918–1991), seit 1961 Kollegiumsmitglied der Forschungsstätte der Evangelischen Studiengemeinschaft (FEST) in Heidelberg. Ab 1963 Professor für Systematische Theologie, Ethik, Sozialethik in Heidelberg. Seit 1983 Leitung eines Forschungsseminars zur Kirchlichen Zeitgeschichte. Mitarbeit in der Ökumene, besonders im Lutherischen Weltbund.
Predigt über Psalm 119,25–32 gehalten am 4. Mai 1975 (Rogate) in der Universitäts-(Peters-)Kirche in Heidelberg. Unveröffentlicht. Abgedruckt mit freundlicher Genehmigung von Frau Dr. Ilse Tödt.

CLAUS WESTERMANN (1909–2000), Professor (em.) für Altes Testament in Berlin und Heidelberg.
Predigt über Psalm 19 verfasst 1996, nicht gehalten. Unveröffentlicht.
Predigt über Psalm 71 verfasst 1999, nicht gehalten. Unveröffentlicht.

HANS WALTER WOLFF (1911–1993), Professor für Altes Testament in Heidelberg.
Predigt über Psalm 73 gehalten am 27. Mai 1973 (Rogate) in der Universitäts-(Peters-)Kirche in Heidelberg. Abgedruckt in: Hans Walter Wolff, ... wie eine Fackel. Predigten aus drei Jahrzehnten, Neukirchen-Vluyn 1980, S. 79–90.

HANSFRIEDER ZUMKEHR (geb. 1958), Pfarrer und Studienleiter des Theologischen Studienhauses in Heidelberg.
Predigt über Psalm 36,6–10 gehalten im Juli 1996 auf dem Rührberg bei Lörrach. Unveröffentlicht.